中国校本教研与校本课程数字出版平台
中国校本教研网 www.schooledu.com.cn
◎特别推荐◎

ZUISHOU XUESHENG
HUANYING DE KETANG

最受学生欢迎的课堂

刘 俊 周德兴◎主编

江蘇教育出版社

本书编委会

主　编　刘　俊　周德兴

编　委　（按姓氏拼音排序）

陈卫华　胡　晔　李　强

刘先锋　冉茂清　汤继光

尹小红　张　凤

鲜活的故事，朴素的定义

关于课堂，有不少隐喻。比如，帕克·帕尔默说，每一次走进课堂，就是返回人类古老的舞池，教师与学生就是跨越年龄的舞伴，他用此来揭示师生关系……

我想，不管用什么样的隐喻，用最直白的话来说，最好的课堂应当是最受学生欢迎的课堂。也许，用“最受学生欢迎”来界定并不严谨，但这朴素的定义却很“权威”，因为课堂存在的价值就是让学生获得最适合自己的发展，如果学生不喜欢，他们怎么可能快乐，又怎么可能发展？所以，课堂好不好，还是问问学生喜欢不喜欢吧。如果我们的课堂是最受学生欢迎的课堂，那么，不管是课堂还是教师，都将永远让学生怀想。

出于这样朴素的想法，武胜县教育局主编了这本《最受学生欢迎的课堂》。这一书名，给教师最直接的刺激与反应就是：我的课堂是最受学生欢迎的吗？教师要不断地这样提问自己，在内心深处常常有这样的回响：我的课最受学生欢迎吗？我的课最受学生喜欢吗？久而久之，教师心中就会永远住着一群人，他们的名字叫“学生”。有这样永远的情怀，以学生发展为本肯定不是一句口号。从这个角度看，武胜县教育局通过这本书将会在校园形成一句流行语，进而成为永恒的完美存在，成为最亮丽的文化符号。

不用过多论述而多用故事，是这本书的一大特色。课堂应当是最有故事的，教师也应当是最能创造故事的人。课堂教学，在某种程度上说，就是在演绎一系列的故事，或者说正是通过一系列的故事，学生与课本的距离才一步步拉近，课堂教学才能有声有色地展开。当然，故事也为我们提供了一个可以分享的世界。讲故事，其实就是一种叙事研究。这种研究方式让广大教师有了亲切感，感受到漫溯内心的温暖，但是书里的这些故事不只是感性的，而且充满理性，因为他们不仅讲述故事，还进行分析、概括、提炼，研究充溢在全书的每一个地方。你可以从一行行的文字里读到触摸灵魂的思想，从而拥有一种从身体内部生长起来的力量。

文化是一个个故事，而故事需要命名。这本书选了28个故事，而且给每一个故事命了名，可以说，这本书从28个方面描述了最受学生欢迎的课堂的特点，也为经典课堂的创设提出了28个方面的要求。可贵的是，这28个方面的要求没有从成人的角度，而是从学生的视角提出，道出了学生的心声。你看：引用故事的课堂、充满情感与智慧的课堂、有互动的课堂、融入游戏的课堂……学生在乎，可我们常常轻慢甚至忽略。读这本书，就是在倾听学生发自内心的呼唤。

课堂教学的最终目的是让学生受益，让学生个性而全面地成长。这本书从另一个角度阐释了如何创设最受学生欢迎的课堂。老师们，静下心来读一读吧，想一想这个朴素的关于优秀教师的定义。

成尚荣

目录 MuLu

引用故事的课堂

（一）以故事为媒，吸引学生的注意力

李嘉诚早年办塑胶厂时，起初生意火爆，后来因产品质量大幅下降，客户便要求退货，银行也拒绝贷款，工厂因此陷入了困境，濒临破产。

一天，母亲庄碧琴把李嘉诚叫到身边，给他讲了老家开元寺元寂住持选择接班人的故事。

元寂年事已高，想找个合适的接班人。候选人是他的两个徒弟，一个法号一寂，一个法号二寂。元寂对这两个徒弟说："我现在给你们每人一袋稻谷，明年秋天，谁收获的谷子多，谁就是我的接班人。"

次年秋天，一寂挑来满满的一担谷子，而二寂则两手空空。元寂见状，立即当众宣布二寂为接班人。

一寂听后很是不服。元寂微微一笑，高声地对众人说："我给他们的谷子，都是用开水煮熟的。显然，二寂是诚实的，理应由他来当住持。"话毕，众人信服。

说到这里，庄碧琴话锋一转："经商如同做人，诚信当头，则无危而不克。"听了母亲的话，李嘉诚深有感悟。此后，他用诚信打动了银行、供货商和员工，使工厂迅速摆脱了危机。

从上述实例可以看出，李嘉诚的母亲没有一上来就给儿子空洞地谈经商要诚实、不能糊弄人的大道理，而是先讲了元寂住持选择接班人的故事来吸引他的注意力，同时也生动形象地揭示了诚信的重要性，让李嘉诚明确了自己的努力方向，进而取得成功。

讲故事是人们传递和获取信息、认识世界的重要途径。基于此，许多管

理者、教育家、政治家等都比较喜欢用讲故事的方法来达到教育目的。

沃尔玛老板山姆·沃尔顿常用讲故事的方法激励员工，传承企业文化。

海尔集团前总裁张瑞敏说："提出一个新观念也许不算困难，但要让人认同，才是最困难的。我常想，《圣经》之所以在西方深入人心，靠的是里面的一个个生动的故事。推广某个理念，讲故事是一种好方式。"

美国前总统里根曾经用讲述故事的方式对公众宣扬自己的大政方针获得选票，最终赢得了大选。他说："事实上，对听众来说，以故事作为话题开端比理性的说服更真实，因为它更容易抓住听众的心，并且使听众从故事中找到你想提供给他们的所有疑问的答案。举例来说，我在国会的数次成功表述，每次都离不开事先准备好的幽默、引用和故事。"

儿童教育家孙敬修先生的故事影响了几代人，许多人都把童年和少年时期听孙爷爷讲故事当成一件快乐的事，并作为一生中最美好的回忆。

在课堂上，故事对极具想象能力和好奇心的中小学生来说，其吸引力和影响力绝不逊色于多媒体和网络。在美国，幼儿园和小学每周都专门有听老师讲故事的课，很多幼儿园甚至每天至少有一节故事课。

利用故事教学，就是教师在教学中用一些相关的故事去说明、注解教学内容，以吸引学生注意，激发学生的兴趣，启发学生思考、悟出道理，达到深入浅出、化繁为简、寓教于乐的教学效果。

课堂上，教师如果总是直奔主题，学生就会感觉乏味。这时，教师不妨另辟蹊径，以故事来开展话题，让学生在轻松愉快的氛围中，不知不觉被生动的故事感染。

具体来说，故事教学具有以下几点意义：

1. 集中学生的注意力

学习成效很大程度上取决于学生注意力的保持。故事教学是一种趣味性很强的教学方式，它以故事贯穿教学过程，让学生产生极大兴趣，从而更专注于学习。

2. 激发学生的想象力

根据故事情节具有连续性的特点，学生在听故事时能够发挥自己的想象力，让自己预测下面的故事情节。

3. 有助于学生体验生活

来源于生活的故事，可以让学生身临其境，无形中将故事与生活联系起来，进一步加强生活体验。

4. **活跃课堂气氛**

故事语言生动，情节曲折，内容形象，教师讲述这样的故事后，课堂气氛不再沉闷和生硬，变得更加活泼、热闹。

(二) 发掘故事内涵，帮学生树立正确的世界观

石家庄外国语小学一年级的语文老师高晓瑜非常爱讲故事，她的课上“尽是故事”，但这些故事都不跑题。她在深入地挖掘故事情节的同时，帮助学生树立了正确的人生观、世界观和价值观。

1. 通过故事体现温情

一天，高老师在读书课上讲起了《我爸爸》的故事。高老师满含深情地讲着，学生也满含深情地听着。当书中“这就是我的爸爸，他真的很棒”的话被高老师一次又一次重复说出口的时候，学生的心被感动着，学生在感受自己爸爸的深深的爱的同时，也感受着主人公对爸爸的那份深情，那份不舍。

“孩子们，你们觉得他的爸爸真的有这么厉害吗？能跳到月亮上去，唱歌比歌唱家还动听，跑得比罗伯斯还快？”高老师想知道学生是否真正理解了主人公的情感。

“不是的，因为他爱他的爸爸，所以，爸爸在他的眼中才是最棒的。”

“在爸爸的眼中，你们也是最棒的！”高老师被学生感动了，在黑板上写着：“因为我爱爸爸，所以，爸爸在我的眼中是最棒的。”接着，她又引导学生写：“因为爸爸爱我——”学生齐声不假思索地接着说：“所以，我在爸爸眼中也是最棒的。”

高老师紧握粉笔写下：“爱是可以战胜一切的力量！”

顿时，班里所有学生都被“爱”深深地感动着，默默地感受着父母的无私的博大的爱。

2. 通过故事联系生活

在讲《猜猜我有多爱你》时，高老师从学生发光的眼睛里看到了陶醉。故事讲完了，高老师大声地问：“告诉老师，你们有多爱妈妈！”

“对妈妈的爱像大海那么深。”

“对妈妈的爱像森林那么广。”

“对妈妈的爱像天上的星星那么多。”

“对妈妈的爱像宇宙那么深广。”

……

学生深有感触地回答着。

高老师问：“你们的妈妈都很幸福，拥有你们这么多的爱，那你们的爱，有没有让妈妈感觉到呢?”

学生若有所思，不知从哪方面说起，欲言又止。

这时，高老师引导学生：“爱妈妈，首先要让妈妈放心，每当妈妈送你们来学校时，你们都哭着不让妈妈走，妈妈回去能安心工作吗？还有，妈妈因为惦记着你，会吃不好饭，睡不好觉，要是妈妈病了，谁来照顾你呢？所以，爱妈妈，就要让妈妈放心。”

这时，学生都纷纷抢着说：“老师，妈妈再送我的时候，我会高高兴兴地和妈妈说再见，让妈妈放心。”

看到学生这么懂事，又因为是周末，高老师就留了个特殊的作业，让学生晚上睡觉的时候，要和妈妈道晚安，并且悄悄和妈妈说：“妈妈，我永远爱你!”

没有想到，特殊的作业让很多妈妈感动地哭了。当天晚上，很多妈妈纷纷在高老师的博客上留言，说孩子们带给她们的惊喜和感动。

3. 通过故事促进成长

“我是小青蛙，我羡慕小鸭会飞，我羡慕小猪会做蛋糕，我羡慕小鸟儿知识丰富，我自己什么都不会，我什么都做不好，我怎么这么笨啊，谁来帮帮我啊?”高老师扮着小青蛙，带着哭腔讲着《我就是喜欢我自己》的故事。

学生被高老师绘声绘色的讲解打动了，纷纷“安慰”着她。

“你会跳水啊，我就不会。”

“你会捉害虫啊，小鸭子就不会，小猪也不会。”

“你学东西的时候细心一些啊，做蛋糕的时候好好做，不要什么都往里放，再试一次，你也会做出好吃的蛋糕来的。”

“你唱歌很好听啊，农民伯伯最喜欢听你唱歌，害虫也最害怕你啊。”

……

学生们齐心协力帮助着小青蛙脱离伤心，树立自信。最后，小青蛙有了自信，高老师学着小青蛙反复跳着，喊着：“我就是喜欢我自己！我就是喜

欢我自己！我就是喜欢我自己！”

看到“小青蛙”找到了自信，学生也认识到了自己存在的价值，看到了自己身上的优点，有了自信，下决心要做独一无二的自己。

4. 通过故事加强沟通

在《有个性的羊》《小海螺和大鲸鱼》《小蜡笔头儿》的板书中，学生积累了“与众不同，帮助别人快乐自己”“大开眼界”“梦想”“历险”“有梦想谁都了不起”“悲伤”“感激”等精彩词句；在“这就是我的爸爸，他真的很棒”“小海螺在大鲸鱼的尾巴尖上稳稳坐”“是的，所有的羊都要去剪羊毛，除了赫尔伯特”的反复述说中，学生明白了复沓语言对增强作品文学性的作用。在猜情节、猜题目的含义、谈感受的互动活动中，学生对表达产生了浓厚的兴趣，语言表达也变得日益准确和完整。更重要的是，在高老师的鼓励下，学生有了表现的欲望，开始回家把故事讲给爸爸妈妈听，和他们一起努力营造家庭的书香氛围。

《爷爷一定有办法》是一个充满温情的爱的故事，故事围绕着一块神奇的毯子展开，分别描述了约瑟一家和老鼠一家的幸福生活，故事中的毯子及最后的扣子，都包含着爷爷对约瑟无尽的爱。在课上，高老师根据书中的描述，加上自己丰富的想象，把两个家庭的生活讲述得绘声绘色。学生在老师的引导下根据画面的背景，画面中人物的动作、表情，联系自己的生活体验，展开了丰富而有趣的想象。

当故事中约瑟出生的画面出现的时候，约瑟躺在小床上，爸爸妈妈、爷爷奶奶围在摇篮的周围。这时，高老师停下来，问：“你们猜猜约瑟的爸爸妈妈会说些什么，爷爷奶奶会说些什么。”

学生马上说出了许多精彩奇特的答案：“宝贝，笑一个。”“爷爷给你买糖吃。”“来，让妈妈亲一亲。”“想喝奶吗，我的小孙子？”“快快长大啊，我们一起跑步去。”……这些答案都是学生生活的积累，是自己爸爸妈妈、爷爷奶奶的关爱给了他们灵感，给了他们想象的源泉。这让高老师非常高兴，也让她深深明白了营造爱的家庭的意义。

在当天的博客中，高老师写了一篇日志，希望学生的爸爸妈妈周末能放下一切繁忙的工作认真听孩子讲《爷爷一定有办法》的故事，并对孩子的讲述进行评价，写在书的最后一页。

周一的语文课上，高老师一本一本翻看着学生的故事书，欣喜地发现家长对孩子的评价不再是简单的签名，而是一段段发自他们内心的肯定和赞美。

徐崇泉教授说：“好的课程就像电影脚本，需要精心设计和编排；要讲好课就像说评书和演戏一样，要不断制造小高潮，充分调动学生的情绪……”

在这一点上，高晓瑜老师无疑是成功的。她的故事课给学生一种幸福的体验，赢得了学生的喜爱。

高老师把故事引向学生的生活，“告诉老师，你们有多爱妈妈”“你们的妈妈都很幸福，拥有你们这么多的爱，那你们的爱，有没有让妈妈感觉得到呢”“我怎么这么笨啊，谁来帮帮我啊？……我就是喜欢我自己”，使学生能够反思自己的生活体验，从而认识自我，发现自我，反省自我，提升自我。

高老师还注重对学生语言表达能力的培养、词句的积累、复沓语言的学习、互动活动的展开以及家庭书香环境的营造，使学生敢于表达，能够说出精彩漂亮的话。

高老师利用故事上课，较好地激发了学生的学习兴趣，净化了学生的心灵，让教学效果更加显著，称她为讲故事大师也绝不过分。

（三）故事课堂的实施策略

故事具有无穷的魅力，就像一只神鸟，让孩子们骑在背上，张开彩色的翅膀飞向广阔、神奇的天地。那么，教师该如何实施故事教学呢？

1. **精选故事**

（1）考虑学生的接受程度

学生的接受程度有高有低，教师应从学生的知识、能力、思想实际出发选择故事，让学生由此想到彼、由因想到果、由表想到里。

对于低年级的学生，教师应选择一些童话故事、神话故事、民间传说，尽量简短些；对于高年级的学生，教师应选择一些历史人物故事、成语故事、谚语故事、科幻故事、侦探故事和社会时政故事等，要富有哲理和思辨性。

（2）要具有较强的针对性

选择的故事不能脱离教学内容，一开始就要把学生的思路带入一个新的知识环境中，让学生对要学习的新内容产生需要。

（3）注意正面引导

学生的认识经验有限，是非分辨能力不高。如果教师总是在课堂上讲一些反面的故事，势必会使他们误入歧途，影响心灵健康。所以，在选择故事时，教师应该以正面教育为主，反面教育为辅。

（4）要有一定的趣味性

生活化、通俗化的故事浅显易懂，富有趣味，学生往往喜闻乐见。教师应多选择一些亲切有趣、易于理解的故事来增强学生的学习兴趣和自信心。

有时候，教师还可以将故事情节进行适度改编，如有些外国故事的主角名字较难记，不妨改成中国名字，学生听起来就会更亲切些。

2. 选择恰当的述说方式

（1）多个故事述说

为了从各个方面说明教学内容的难点、重点，教师可以选择多个有代表性的故事开“故事会”，从不同角度揭示现象，说明问题。

（2）点评式述说

如果教师想通过故事来反映整课内容，就需要一边讲故事，一边分析点评故事，引导学生挖掘深层意思，以达到传授新知识的目的。

（3）让学生参与讨论

故事教学不是叙事，不能只是教师讲学生听，要以“学生为主，教师为辅”，适当设置互动环节，让学生参与讨论。

教师在讲故事时，要先介绍相关知识，提出有关问题，然后让学生围绕故事进行自主思考分析并参与讨论。

（4）让学生自己述说

在教学中，如果教师能够让学生亲自述说故事，无疑对他们的语言、记忆、思考、逻辑、想象等诸方面能力的提高都会有帮助。让学生亲自述说故事的方式一般有三种：

①复述。复述不是照背，而是要学生用自己的语言或教师出示的词句来表述故事情节。

②小组练习。把全班分成若干个小组，让每个小组扮演一个角色，讲述故事。

③表演。由几个学生上台扮演故事中的角色，对故事作真实的再现，这是述说故事的最高形式。

通过表演故事情节，不仅可以培养学生的语言、想象、模仿等综合运用能力，而且可以加深学生对所学知识的理解，还有利于加强学生的合作意识。

3. **述说要声情并茂**

教师讲故事要声情并茂，尽力表现当时、当地事件参与者的心理变化以及环境气氛。如果教师能够充分表现愉快、愤怒、失望、难过等情绪，学生就会感同身受，产生共鸣。

有人曾预言，21 世纪将是“说书人”的世纪。讲故事教育人已成为新世纪的时尚，教师不妨学学，做一个会讲故事的老师，让故事为课堂增添新奇的色彩，让自己的课堂变得更丰富多彩，更受学生的欢迎。

让学生辩论的课堂

（一）学生在辩论中提升素质

现在，几乎各大电视台都有自己的辩论性节目，比如中央电视台的《经济与法辩辩辩》、上海台的《撞击》、凤凰卫视的《时事辩论会》等。与其他电视节目相比，这些辩论性节目嘉宾的参与热情很高，现场氛围很热烈，也受到台下和电视机前的观众的热烈欢迎，因为从这些节目中观众不仅可以学到很多知识，还会引发自己的思考，进一步锻炼了思维。

参与度、参与热情最高的时候，也是论辩双方争论谁是谁非的时候，如果此时不认真、不热情，就会被对方打败，让自己丢面子。

依此推论，如果教师能把课上成一堂辨别是与非、对与错的辩论课，相信一定很受学生欢迎。课堂辩论之所以为学生所喜欢，是因为它本身具有不一般的教学价值。

1. 凸显学生的主体地位

辩论课堂首先可以创设一个民主、和谐、自由的学习氛围，激发学生的学习热情，增强学生学习的积极性、主动性。课堂上，当学生围绕辩题自由而有序地展开辩论时，不管是辩论的一方，还是倾听的一方，都会为将对方驳倒而进行积极思考。其间，除了教师偶尔的引导外，多半时间都是学生在发言、思考。这样的课堂，能不是学生的天下吗？

2. 激发学生的团队意识

在辩论过程中，为了论证本方观点，每个学生都会动起来，讨论分析，阐述意见，反驳对手，你一言我一语地相互补充，相互完善。

在维护己方利益的基础上，反驳对方，让对方无可争辩，是辩论的最基本目标，这就需要小组成员相互协调，在“与敌斗争”中恰到好处地处理竞争与合作的关系。这不仅有利于学生竞争意识的培养，还有效地激发了学生的合作精神、团队意识和集体观念。

3. **培养学生的能力**

摆出辩题之后，教师往往会给学生留一段时间查阅资料、收集整理素材、明晰自己的观点，这有助于锻炼学生的动脑、动手以及动口能力。

在辩论时，学生要倾听双方言论又要反击对方言论，这就需要积极思考，提炼对方观点，思考己方对策，以应对对方不断提出的新观点，这就有利于发展学生的思维能力。

4. **张扬学生的个性**

“以人为本，促进每一个学生的发展”是课程改革的目标，落实到课堂教学中就有张扬学生个性的含义。

传统课堂上，学生主动探索、独立获取知识的机会较少，根据自己的理解发表看法与意见的机会也不多，而在辩论课堂上，学生便有较多的时间自主思考，也有一个公平的平台自由对话，还有很多机会来展示个性。

课堂上，适当的辩论像一泓清泉，给原本沉闷的讲解带去了一丝清凉。教师应好好利用，缓解课堂教学的紧张感、枯燥感，给学生营造一个轻松、自由的学习氛围。

（二）课堂在辩论中产生火花

语文教师何国跻在给广州市第四十七中学高一学生讲《胡同文化》时，就上了一堂“辩论课”，让课堂变得精彩而热闹。

“同学们，汪曾祺先生用朴素简洁的文笔表达了他对胡同文化的留恋与对胡同文化走向衰亡的理性认识。那么，你们是如何看胡同文化的呢？与取而代之的‘高楼文化’相比，你更喜欢哪一种，认为哪一种更好呢？”

很多学生举起了手。

“因为认同胡同文化的多一些，我就把你们划分为两个‘派别’——‘胡同派’和‘高楼派’吧！同学们对照课文，想一下胡同文化与高楼文化哪一个更有优势，各自有什么弱势？给大家3分钟时间准备，怎么样？”

“好。”学生看书讨论3分钟。

“胡同派有代表发言吗？”何老师问。

学生1："胡同文化有优势，很热闹，人们之间的距离近，大家能够不约而同地会鸟、喝酒、下棋。"

"'高楼派'注意听人家的发言以展开反驳啊！"何老师提醒"高楼派"一些还在看书的学生。

学生1继续说："那两位老人对打小姑娘的事情的态度，就是住了'高楼'的缘故，所以他们不管'闲事'了。"

"噢，他们如果住了胡同就不会是这样的态度了，是吗？"何老师反问。

没等学生1回答，学生2就说："还有，胡同里没有车水马龙，远离了热闹。"

"噢，你说的是环境安静。"

"胡同还有很典雅的感觉。"学生2继续补充。

"'高楼派'呢？"

"刚才他们说的不管闲事的两位老人原是住在胡同的，与高楼无关。"学生3说。

"不是，他们中有团结、文明的精神传统。我们要继承这种传统，而且要发场。"学生2反驳道。

学生4说："我是'高楼派'！我认为，高楼是科技发达的象征，是历史发展的必然结果。"

学生齐声喊"哇"，接着就欢呼鼓掌。

"你说高楼是历史发展的必然。发言好有高度啊！"何老师赞叹道。

"住高楼的人思想就应该进步一些。"学生4有点得意地说。

"那你认为，住高楼的人就应该管一管打小姑娘的事，住胡同的人就可以不管。所以，住胡同的人就说，让他道歉没有理由，那同一个事例怎么证明相反的观点呢？"何老师问学生4。

学生5举手想回答。

"请。"

"我觉得，这是不同的生产力背景下发生的事。"

学生又齐呼"哇"。

"你又开拓了一条新的思路啊！"何老师夸奖道。

"我认为高楼文化是胡同文化发展过来的。"学生6说。

"那你是哪一派的？"何老师问。

“中间派的。”学生 6 继续说，“高楼文化是在历史中形成的。这并不代表高楼文化好。二者各有优缺点，即高楼使人们之间的墙越来越厚，邻里之间交往更少了，这二者都不好。但这些是人造成的，不是环境造成的。”

“你认为不论什么文化，关键在人，是吗？”

“是的。”

“你看问题似乎站得更高一些！”

学生 7 说：“这两种文化都画地为牢。胡同画出的是四合院，书中说他们各人自扫门前雪，而高楼则切分为每一户人家，人们之间的隔膜深了。按照‘天下为公’的说法，我不认为高楼好，我不希望有这样的文化，还是自然一些好。我想穴居也好，人与人之间没有那么多提防，夜里睡觉可以不用关门。用现在流行的睡袋也好。如果硬要选择，我选择穴居文化。”

“很有老庄风格啊！”

学生 7 继续说：“我希望过小国寡民的生活，希望人们有交往也有独立的空间，人要少一些。人多麻烦多。”

“你是计划生育委员会主任的理想人选啊！”

学生笑了。

“同学们发言有理有据，条分缕析。请接着来！”

“小典（学生 7）的说法太理想化了，不可能实现的。”学生 8 说。

学生 9：“我是中间派的。我赞同小枫（学生 8）的观点。有人曾说，在城市这个用钢筋混凝土浇筑的人性的沙漠上，我感到十分的孤独和无助。但高楼为什么代替了胡同？这是历史发展的必然。胡同里的人很清闲，年老的摇一把蒲扇，年轻人无所事事去会鸟，生活节奏缓慢，不符合现代生活的节拍，所以被高楼取代了，但进步的文化也是双刃剑，至于为什么，我在前面已说清楚了。”

学生鼓掌，然后纷纷举手。

“这么多人要发言，我该叫谁呢？你！”

学生 10：“我代表胡同文化的，我首先反驳小典的观点。她说的那种夜晚不关门睡觉的生活是不现实的。胡同文化具有历史意义，是传统文化，不会完全被取代，一定会得到一定的发扬。”

学生 11 说：“我是‘胡同派’。如果说到人与人之间的关系，请大家看一看课文第 73 页的第一段。”

“特别注意，我们听，她讲话的依据是从课文中来的。很好。”何老师提醒其他学生。

学生11继续说：“北京人也‘处街坊’。看得出来，北京人讲究独门独院，也讲究‘处街坊’。这与现代人相似，现代人讲究交往，也保持个人的独立自由空间。现在高楼大厦里的人，人们心理的隔膜更大了。刚才有同学说过，混凝土已经使人们之间的距离更远了，我们应该感谢胡同文化，它使我们既保持一定距离又不会使人们之间的距离更加拉大，而现代高楼里的人，邻里已经完全是陌路人，见了面也不说话。”

“在你看来，胡同文化并不是那么有隔膜的。它有适度的交往，又使人们保持了适度的个人空间，今天的高楼文化也是胡同文化发展而来的，是吗?”何老师问。

“是的!”学生11回答，“还有，今天的高楼里的人有一定交往，也是从胡同里继承下来的，所以，我们应该感谢胡同文化。”

“汪曾祺先生说：‘再见吧，胡同。’那么，你的意思呢？是‘你好，胡同’，对吗?”何老师问。

“是的。”

“好，请坐下。还有吗，有请‘胡同派’!”看到“胡同派”有人举手，何老师说。

高楼派的学生不满地说：“又是‘胡同派’啊!”

“好，我改正！待会儿多请你们‘高楼派’发言。”

学生12回答：“胡同文化还有使用价值，如课文里说到有上马石、拴马桩等。它们的历史价值还在，为后人提供了考查的依据。”

“好，有请这边。”何老师指着“高楼派”的学生说。

学生13说：“我赞赏高楼文化，从74页第17段看出，胡同正在走向衰败没落。如果外国游客来看到残破的景象，就认为中国还没有发展起来，影响中国的形象。”

“哦！她是站在国际交往的角度来看胡同的，发展高楼就可以让外国人看见中国的发展，如广州的中信大厦骄傲地矗立在中国的大地上，可以让人充分感受到中国的发展。”

学生鼓掌。

学生7站起来说：“我先反驳一下小辉（学生13）的观点。我自己刚才也没有说完整。大家觉得胡同已经不适合现在了，已经 too old。”

“她是英语科代表，说话要用英语才能较好地表达啊！”何老师幽默地说。

学生大笑。

学生 7 继续说：“大家看看物理书，知道物质小到原子大到宇宙，看似两极但都是可以统一的。同样，我说的穴居文化，不是过钻木取火的生活，我讨论的是理想。我们现在处于社会主义初级阶段，但我相信随着生产力的发展，人们会更适应物质生活更丰富的将来，人们可以夜不闭户地生活。”

“运用了邓小平的初级阶段理论来论证啊！”

学生 14：“为什么高楼这么多，我们学习的地方也是高楼？这是现实存在，胡同总会走向没落。”

学生 15：“我比较支持胡同文化，对胡同有很亲切的感觉。”

“你住过胡同吗？”

“住过类似胡同的院子。高楼只是随着人口增长与时代发展而形成的，我们住高楼只是因为人多了，如果建胡同要占用更多的土地。”

“你是从国土资源部部长的角度来考虑的。”

学生笑。

学生 16：“外国人不会因为看到胡同就说中国落后，这可能还是他们喜观看的特色建筑。”

“你是从旅游局长的角度看的。是啊，北京有一个旅游项目就叫‘到胡同去’，很卖座噢！”

学生鼓掌。

“请继续。”

学生 9：“我说高楼是胡同发展的结果，但我更倾向于胡同文化。书上说的‘偶有剃头的“唤头”之类’，这些在高楼里是见不到的；还有，课文说北京人容易满足，高楼是从胡同发展来的，不好说谁优谁劣。至于高楼的‘隔绝’状况是不会长久的。古话说：‘穷则变，变则通，通则久。’人的本性是趋于交往的。”

“你是说人的社会性会使得人们自然打破高楼的封闭。好，现在给每个派别一次发言机会。”

学生 2：“胡同是我们的特色，民族特色，它不会消失，就算高楼文化发展了，胡同还会保留下来。”

“有请‘高楼派’。”

学生17问：“我想请问小俊同学（学生15），如果广州有胡同，你住哪儿呢?”

看学生15不说话，何老师催促道：“回答啊!”

学生15：“广州有很多城中村，类似于胡同的。”

学生18：“我告诉你，这些村已经被改造了，被高楼取代了。”

学生19：“这是发展的结果。”

“是啊！难道你到学校学习不是为了发展吗?”何老师问。

学生热烈地鼓掌。

“啊呀!”何老师指着学生19，“被他抓住‘尾巴’了呀!”

学生大笑。

学生17：“还有，高楼文化是追求现代化生活的结果，胡同文化是一段历史。”

学生鼓掌。

“请中间派。”

学生7：“有人说我的观点太理想化了，其实没有理解我的意思。”

“那我问你，小典，白云山上有个洞，你去住吗?”何老师问。

“如果我的一切都那么现实，那我还有什么理想追求呢?”学生7反问道。

“你看，我问她，她反问我了，这就是语言运用的艺术。”

学生鼓掌。

“是的，我不能住山洞，我要上学，要考大学。虽然我不能住山洞，但我不能丢掉理想。当年有人想象电脑、高楼时，他旁边的人也会觉得他的想法荒唐可笑，但理想是前进的动力。”学生7继续说道。

学生鼓掌。

“同学们的辩论非常精彩，发言彬彬有礼，显示了应有的辩论风采，并且各自从不同的角度分析论证了自己的观点。大家从两种文化的历史渊源、文化价值、现实发展、未来展望等方面结合自己的认识与理解，做了充分的交流和热烈的探讨。我听了大家的发言很受启发，很有收获。”

辩论，是指观点相反、对立的双方或者多方围绕同一个辩题，运用语言进行针锋相对的争论，力求证明自己的观点的正确性并指出对方观点的谬误，最终说服对方的语言活动。

高年级学生普遍好胜心强，有独立的思考能力，敢于大胆挑战“权威”，敢于质疑，敢于发表自己的真实想法。课堂上，如果教师结合教学内容，预先或随机给学生出一个有辩论价值的论题，让学生大胆去辩，凭学生的想象力与理解力，肯定能辩出与教师讲解不一样的精彩来。

“话不说不知，理不辩不明。”胡同文化和高楼文化谁优谁劣，每个学生都有自己的想法，并且也都有说得通的理由。如果仅知道自己的想法，学生获得的知识未免就太少了。学生上课是为了学到更多知识，教师自然就应尽可能地教给他们更多的知识。课堂上，给学生安排一个小小的辩论会，不仅可以活跃气氛，还能集思广益，将学生个体的知识收集起来，成为大家可以共享的知识。而且学生在辩论中还能急中生智，碰撞出思维火花来。

如果讲《胡同文化》这一课时，何老师不采用这种灵活的方式，而是生硬地一条条地将双方的优缺点摆给学生的话，学生就会觉得这堂课枯燥、无聊，会不喜欢这样的课，自然不会好好听课，也不会对所讲知识有深入了解。

为了避免这种情况，何老师就给学生安排了一场辩论，让学生各抒己见，自己寻找证据支持自己的观点。何老师这一放手让学生很开心，他们积极找证据，组织语言去证明自己，反驳对方。何老师适时而恰当的点评与引导给了学生很大鼓舞、启发，一堂课就这样精彩而热闹地结束了。

（三）辩论课堂的实施策略

有辩论的课堂，将会为教学带来生机和活力。那么，具体说来，教师应如何操作呢?

1. 设置好辩论主题

辩论课堂能够获得成功，很大程度是因为教师选择了一个好辩题。选择合适的辩题，能引起学生探究知识的欲望，激发学生去积极思维，使学生的情绪处于最佳状态，有利于学生掌握知识、发展智力、培养能力。

选择辩题时，教师通常要选择趣味性强、有可辩性、切合教学内容的题目。具体操作时，教师可以抓住以下三点设置辩题：

（1）课文的自相矛盾处

认知结构的发展和思维的矛盾是学生积极学习的内动力。教材作者往往会有意安排一些耐人寻味的矛盾，这些矛盾极有可能是一颗能激起千层浪的小石头。教师不妨将这些“小石头”抛向学生，也许能在学生的脑海里掀起一波巨浪。

（2）空白处和启发处

学生的生活积累是不可低估的，学生的想象力之丰富也是不可低估的。不少课文都有一些空白处、启发性的内容，教师不妨将其设置成辩题，帮助学生打开思路，发展创造性思维。

（3）学生有价值的疑问

课堂上，学生总会自然生成一些很有价值的疑问，对此，教师可以不必先给予回答，而将其演变为一个辩题，交给学生去辩论。这些疑问一旦解决，学生往往会产生“柳暗花明又一村”的感觉，获得极大的精神满足，并产生深入探究的欲望。

2. 选择恰当的辩论时机

课堂上的辩论是在教师组织、引领下由学生自主完成的学习行为，所以教师不能单凭一厢情愿，想什么时候让学生辩论就让他们辩，而应看学生有没有展开辩论的希望、兴趣以及能力。这就需要教师选好辩论契机。

教师揭题或学生初读课文后，学生往往会产生诸多疑问，其中不乏一些有价值的疑问。此时，教师可抓住这些疑问，引导大家深读课文，并展开辩论。选择此时让学生辩论，是因为学生的质疑很有价值，正好可以顺势引导他们深读课文，同时，往往每个学生对这个疑问都会有自己的见解，从课堂情绪上看，此时的学生更积极。

深读并理解课文内容是辩论得以顺利而有效开展的基础。学生不认真思考，没有掌握材料和事实，没有表达所必需的语言积累，就无法开展有效的辩论，也不可能通过辩论有所提高。如果课文有矛盾之处，教师不妨将其放在学生深读理解课文、掌握充足的材料和事实、经过认真思考的积累之时让学生展开辩论。此时学生的情绪肯定会越来越高涨，辩论也会越来越激烈，从而将课堂推向新的高潮。

3. 创设良好的辩论氛围

课堂辩论需要一个良好的氛围。教师不要害怕学生提问，不要害怕完不成教学任务，同时要注意保护学生的自尊心、自信心，对学生的大胆提问和超乎常规的回答，不管多么荒谬可笑，都不要急于否定，而要引导学生说出理由或与其共同探讨，积极为学生创设宽松、和谐、愉悦的课堂情境，建立民主、平等的师生关系，以消除学生学习中的紧张感、焦虑感。

教师这样做还能启发、诱导学生积极思考，主动发现问题。教师鼓励学生互相讨论、互相争论、各抒己见，鼓励标新立异、大胆发言，可以使学生更为积极、热情、自由地展开辩论。

4. **引导辩论**

在辩论课堂上，教师要善于观察、协调，及时调整辩论信息，还要善于捕捉时机，根据论辩内容，适时地向学生进行引导性或引发性提问，引导他们向更深处思考，多向学生“踢皮球”。

具体操作时，教师可以抓住以下时机对学生的辩论进行引导。

（1）当辩论离题时

当学生的辩论偏离主题，漫无目标地游走时，教师要及时调控，采用强化思维目的等手段，引导学生向预定目标靠拢，要让学生明白辩论要有明确目标，要与学习目标有关，而不能毫无目的地信口开河，只为辩而辩。

（2）当学生的思维出现偏差时

当学生思维有偏差或停滞、卡壳时，教师不能批评、责怪学生，而应及时引导、鼓励、点拨和疏通，让学生把思路说清楚。这样可以促使学生始终处于积极思考的状态，从而保证辩论能够顺利进行。

（3）当辩论质量不高时

受知识积累、生活阅历、心理条件等因素限制，课堂辩论有可能会出现学生的思维缺乏广度和深度并造成辩论质量不高甚至产生错误的情况。此时，教师不能强行终止或生硬地将学生的思维往教师的思维轨道上拽，否则会全面暴露学生的思维缺陷，打击学生的辩论积极性，应尽可能地用激励性语言，给学生帮助、鼓励和信心，找机会引导学生的思维向纵深发展。只有这样，学生才会心甘情愿地反思自己的辩论过程，并努力提高辩论质量。

5. **点评辩论**

教师在课堂上安排辩论，是为了让学生提高认识，发展能力，达成教学目标。辩论结果如何，怎样处理，也是一门艺术，直接关系到这节课能不能上完，能不能上好。这就需要教师在点评时有所注意。

教师可以适当阐述自己的观点、看法，指出辩论中的优缺点，对一些无法统一的观点，要允许学生保留自己的看法，而用不着强迫学生接受“标准答案”或教师的答案，要尽可能地综合辩论双方的独到之处，形成一个比较全面、合理、科学的观点，并与教材中的相关知识产生联系，加深学生对教学内容的理解和记忆。

布鲁纳认为，知识的获得是一个主动的过程。学习者不应是信息的被动接受者，而应该是知识获取的主动参与者。不少受欢迎的课堂实践也表明，让学生主动获得知识的课堂最受欢迎。

将辩论引入课堂，不仅培养了学生敏捷的思维、流畅表达的素质，还让学生真正实现了向课堂学习主体的转化，真正成为学习的主人。

充满情感与智慧的课堂

(一) 让课堂成为激发学生情智的阵地

一个演讲家在演讲，可是下面的听众却昏昏欲睡。演讲家很不理解，心想：我讲得多有内容啊，可是为什么他们不喜欢听呢?

正在他百思不得其解时，有个听众找到他，不满地说："你直接把你要说的重点告诉我们好了。像你这样白开水似的演讲，其实我一点都不想听。如果不是你讲的一些内容很有道理，我早走了。"

"那我应该怎么讲，你们才愿意听啊?"演讲家问。

"要带点感情，用感情讲。如果你只给我们讲道理，不如只让我们看你的书。既然叫我们来听演讲，就应该带着感情给我们讲，而不能从头到尾一个样儿。"

次日演讲，演讲家照这位听众说的做了。听众掌声雷动。

有听众直接找到他说："这次我真的很喜欢你的演讲!"

如果演讲家不带感情地演讲，听众就会感到乏味无趣。教师上课也一样，如果只给学生传递知识而不激发学生的情感的话，学生一样不喜欢。

当今，让学生在课堂上仅能学到知识肯定是不行的，还应让学生发展智慧，丰富情感。情智课堂就是这样一种激发学生情感、发展学生智慧的课堂，势必会深受学生的欢迎。

概括起来，情智课堂主要有以下三大特征：

1. 实现情智的融通

教育带有一定原创性的理念，这就需要对情智的两极融通、相克相生进行一番深入而理性的追寻。只有这样，教师才能构建、运作和践行情智课堂，确定一个方向和坐标，提供一套策略和方式。

作为情智课堂的鼻祖，孙双金老师十分强调情感在教育教学中独特而重要的地位，但又认为“知识不等于智慧，但智慧统帅知识（陶行知语）”，力求凸显智慧在教育教学中的重要作用。与此同时，他更注重从心理学角度阐述人的情感与智慧密切相连，努力通过创设平等、民主、宽松、愉悦的教学氛围，使学生和自己思维灵动、智慧闪现。

2. 发掘学生的情智潜质

每一位学生都具有丰富的情感潜质和深厚的智慧潜能，然而，它们却只有一小部分被唤起、激发。孙老师形象地描绘情智课堂的外显特征，这是学生的情智潜质得到唤醒和激发的生动表现。他认为，学生喜欢情智课堂多会表现出四种特征：

（1）小脸通红

这说明学生的情感受到了触动。只有当教学触及学生情感，激发学生的学习欲望和学习兴趣，让学生兴奋起来时，学生的小脸才会通红，否则只会眼睛黯淡无神。

（2）小眼发光

这是学生产生智力冲动的表现。当学生智慧的火花被点燃时，当学生的情感闸门全部打开时，学生的眼睛就会炯炯有神，否则只会发直、发呆。

（3）小手直举

这说明学生产生了极强的参与意识，并已将此意识化为积极的行动。当学生真正将自己视为学习的主人，有了积极参与课堂学习活动的强烈愿望时，就会争先恐后地举起小手，去主动争取每一次自我展示的机会。

（4）小嘴常开

这说明学生有了极强的表达欲望，想发表自己的见解。只有学生想要“我口表我心”，坦陈己见、畅所欲言，才能大胆发言、表达自己的见解。

3. 激发情智的互动

情智课堂的终极目标是培育情智融通的学生，这就要求教师必须首先将自己打造成为一个情智融通的教师。

试问一个寡情少智的教师怎么可能拥有情智教育的理念和操作技术，并乐意打造情智融通的课堂，培育情智共发展的学生呢？

（二）让学生的情智在课堂上共生

江苏省南京市北京东路小学校长孙双金，是情智课堂的创始人。他在讲《林冲棒打洪教头》一课时，充分显示了情智课堂的魅力。

师：同学们，今天这节课我们重点研究一下课文中的两个人物。一个是谁？

生：林冲。

师（板书“林冲”）：黑板上有一个填空。读了这篇文章后，你觉得林冲是怎样一个人？在前面该加一个什么词语？理由是什么？你是从课文哪些句子中找的这些理由？同桌之间讨论一下。待会儿讲的时候，不仅要讲出你认为林冲是一个怎样的人，还要讲出同桌认为林冲是一个怎样的人。大家要学会倾听同桌的发言。知道了吗？

生：知道。

（学生开始互相讨论）

师：先说自己的，再说同桌的。

生：我认为林冲是一个谦虚的人。

师：我先把你认为的写在黑板上。这不是孙老师认为的，这是你认为的，了不得啊！谦虚的林冲，你从哪里看出来的？

生：从第三段中看出来的。

师：不要讲全段，要讲从第三段的哪些句子中看出来的？

生：林冲连说：“不敢，不敢。”

师：这是你的理解。你同桌的呢？

生：和我一样。

师：你们俩说的都是一样的——英雄所见略同。你们俩是英雄。英雄请坐。还有不同的吗？孙老师最喜欢不同的。

生：我觉得林冲是一个机智的人。

师：谈谈你的见解。

生：第七段中“洪教头恼恨林冲……还了个拨草寻蛇的招式”，还有“洪教头一棒落空……直扫到他的小腿骨上”。

师：你从哪儿看出他的机智？洪教头把火烧天，林冲拨草寻蛇，你就看出他的机智了吗？我不那么认为。你没有说服我。为什么这里能说明他的机智呢？理由不充分。找到了句子，说不出理由来，没关系，同桌来帮帮她。

生：因为洪教头用的是“把火烧天”的招式，是从上往下打，肯定要把脚提起来，而林冲用的是“拨草寻蛇”的招式，正好打在他提起来的脚上。

师：“把火烧天”的招式是一种什么样的招式？谁来做一做？

（一个男生上台，两手做了一个握棒的姿势，高高举起来）

师：“把火烧天”是把棒高高举起，棒朝着天。他这种招式一摆，必然露出一个破绽——脚露出来了。林冲“拨草寻蛇”打他的脚，这就是林冲的聪明机智。对不对？

生（齐答）：对。

师：给他掌声！（生鼓掌）林冲是机智的。我看这位女孩也很机智，说得好。还有不同的吗？

生：林冲是一个心胸广阔的人。

师：哦！他又与众不同了，心胸广阔的林冲。我把它写上去。你从哪看出来的呢？

生：我从第三段中的“林冲寻思……洪教头也不相让”这两句话可以看出虽然洪教头心胸狭窄，对林冲不理不睬的，但林冲却丝毫没有和他斤斤计较。

师：洪教头这样无理、傲慢，但林冲根本没有和他计较，看出林冲是一个心胸广阔的人，彰显好汉的风采。我看你将来也一定是心胸广阔的人。还有不同的吗？

生：我觉得林冲是一个勇敢的人。

师：勇敢的人，黑板上没有，我写上去。你从哪看出来的呢？

生：从课文的第四段看出来的。

师：说说看。

生：还从第七段中的“洪教头跳起来大叫：来！来！来！”这两句可以看出来，因为洪教头那样大喊大叫，而林冲却并没有害怕，依然接受了洪教头的招数。

师：依然接受了洪教头的——挑战。那样气势汹汹、仗势吓人，但是林冲没有害怕，仍然沉着应战，这就看出他非常勇敢。你看出他……

生：我看出林冲是个善于思考的人。

师：我也把你的写上去。请讲理由。

生：我从“林冲寻思……这想必是柴大官人的师父了”这句看出林冲是个善于思考的人。

师：因为洪教头是柴大官人的师父，所以林冲对他非常——

生：尊敬。

师：有礼貌。从这儿看出他是一个善于思考的人。这是你读出来的。（转身对另一举手的女生）你读出什么了？

生：我觉得林冲是个善于思考的人。

师：观点相同，再补充理由，是吗？

生：是的。因为“洪教头一棒落空……又举起了棒”，林冲见他虽然气势汹汹，但脚步已乱。我从这几句话中感觉到林冲善于观察。

师：善于观察，能够很快地捕捉对方的破绽。这是一个善于思考、善于观察的人。

生：我认为林冲还是一个镇定自若的人。

师：你认为林冲是个镇定自若的人，请说说理由。

生：“洪教头恼恨林冲……还了个拨草寻蛇的招式”，从这几句可以看出林冲是一个镇定自若、不慌不忙的人。

师：说得好。可我认为大家还没有说出来林冲最主要的本事，林冲最大的本事是什么？

生：他是一个武艺高强的人。

师：说说你的理由。

生：“洪教头恼恨林冲……还了个拨草寻蛇的招式”，洪教头使出了自己浑身的功夫，而林冲只是把棍一横，没有使出自己的真功夫。

师：洪教头使出了浑身的功夫，把火朝天，劈头打来，如果这一棒打在林冲的头上，会把林冲怎么样？

生：把林冲打死。

师：置人于死地呀。你看林冲打的人家什么地方呀？

生（齐答）：腿。

师：有没有打在人家要害？

生（齐答）：没有。

师：有没有一棒打在人家头上？

生（齐答）：没有。

师：林冲仅仅打了一下洪教头的小腿骨，这在武打里面，武林高手叫——点到为止。还有什么补充？

生："这位林武师非比他人，乃是东京八十万禁军教头。"

师：八十万禁军教头，什么军叫禁军？

生：在重要的时候才用的精锐部队。

师：保卫皇帝的部队——御林军，也叫禁军，最精锐的部队，人人武功高强。多少禁军？

生（齐答）：八十万。

师：林冲是这八十万禁军的教头，武功了得啊！那是什么样的本事啊。洪教头没有见过大世面，他自认为是柴进的师父，自认为自己有点本事，就谁也不放在眼里了，这真是有眼不识泰山。林冲究竟是什么人？一起读读第七段。

（生齐读第七段）

师：研究了林冲，必然还要研究一下另一个人物，谁？

生（齐）：洪教头。

师（板书"洪教头"）：你认为洪教头是个怎样的人呢？

生：洪教头是一个骄傲而心胸狭窄的人。

师："心胸狭窄"这个词用得好，我把它写上去。你从哪里看出他心胸狭窄？说说理由。

生："连忙站起来躬身施礼……便竟上首坐了。"

师：便竟上首坐了，坐在最好的位置上，在最尊敬的客人的位置上坐了。

生：我觉得洪教头是个自不量力的人。

师："自不量力"这个词用得非常好。说说理由。

生："洪教头向柴进问道……我就承认他是真教头"。

师：洪教头怎么样？

生：非常自不量力。柴进说林武师是东京八十万禁军教头，他不信，他觉得自己也是武师，肯定比他强。

师：不知道对方有多大本事，不知道自己有多大本事，这叫自不量力。

生：我觉得洪教头是个自以为是的人。

师；"自以为是"，又是一个不同的词语。说说理由。

生："林冲寻思……全不理睬。"从这看出林冲很谦虚，但是洪教头摆出一副唯我独尊的样子，对林冲全不理睬……

师：刚才我听得不是很清楚。你再说一遍。

生：林冲躬身施礼，但是洪教头显出一副唯我独尊的神气，对林冲的施礼并不理睬。

师：说得好。我发现你的词汇很丰富——唯我独尊。在柴进庄上，我洪教头是老大，你们都得听我的。什么八十万禁军教头，什么林冲，都不在我眼里！自以为是，唯我独尊。

生：我觉得洪教头是个小肚鸡肠的人。

师（笑）：小肚鸡肠。从哪里看出来的？

生："洪教头恼恨林冲……使出个把火烧天的招式"，从这里可以看出洪教头不但想赢了林冲，显显自己的本事，还想赢得那锭银子。

师：见钱眼开、见利忘义、小肚鸡肠，这样的人怎么成得了大事？怎么成得了大气候呢？

生：我也认为洪教头是个自以为是的人。我是从这里看出来的，"洪教头见他退让，以为他真的不会枪棒，便越发要跟他交手"，从这句话可以看出来洪教头以为他不会枪棒，就越是要跟他较劲。

师：哪里知道林冲这叫真人不露相，露相不真人。人家是含蓄，人家是藏而不露，人家是真人不露相，他却以为人家没本事，真是没见过世面的人。你还有什么补充？

生：洪教头是一个心胸狭窄的人。"洪教头见他退让，以为他真的不会枪棒，就越发要跟他交手"，因为林冲是八十万禁军的教头，洪教头才是一个柴大官人的师父，就看不起林冲，不知道天外有天，人外有人。比他厉害的人多着呢！

师：讲得好！天外有天，人外有人。能人太多了，天地太大了。

生：我觉得洪教头是一个骄傲自满的人。他以为自己是柴大官人的师父，就全不把林冲放在眼里。

师：说得好！请坐。什么叫名著？《水浒传》是名著，名著就"名"在一句话就把人物的性格写出来了。洪教头是什么人呢？课文中是怎么写他进来的？歪戴着头巾，挺着个胸脯，这是什么人呀？

生：自不量力。

生：高傲自大。

师：名著就应该这样来体会，它的每一句话、每一个词当中都有着丰富的内涵，都能够读出人物的形象、读出人物的性格来。好，请大家看黑板，我现在来问你们：什么样的人是好汉？（在黑板上“好汉”一词的后面打上“?”）你们说，林冲是好汉，还是洪教头是好汉？

生：林冲是好汉。

师（指着黑板上的词语）：好汉应该具有什么样的性格？

生（齐）：谦虚、机智、心胸广阔、善于思考、镇定自若……

师（指着黑板上的词语）：洪教头是什么人？

生（齐）：骄傲、心胸狭窄、自不量力、自以为是、小肚鸡肠。

师：本文的题目是《林冲棒打洪教头》，我们读了全文，洪教头要棒打林冲，处处挑衅林冲，要跟林冲打，要和林冲比，而林冲一让再让，最后一棒打在他的小腿骨上，点到为止。洪教头只能满面羞惭，灰溜溜地走了。两个人形成鲜明的对比，在比较当中凸显了人物的性格。

……

关注人的情感发展是教育的一个本源性、根基性问题，因为情感是属于个体的，是内在而独特的真实意向的表达。实施情智教育，构建情智课堂的核心要素就是情智共生。

以往的课堂，学生的情感服从于认知，服从于知识，服从于分数，这使得教育有些荒凉、枯燥。课堂不该是教师的独角戏，而应是师生尤其是学生释放情感、增长智慧的舞台。

教学除了传授知识，还有一个因素更重要、更应占主导地位，这就是智慧。知识可以轻而易举地获取，但智慧却未必。情智课堂并不是否定知识，而是将智慧置于知识之上，用智慧去统率知识，让知识化为智慧。

纵观孙双金老师的这堂课，我们不难看出他是很善于用欣赏性的语言去激发学生的情感，促使他们进行积极思考的。“这不是孙老师认为的，这是你认为的，了不得啊”，“你们俩是英雄。英雄请坐”，“老师最喜欢不同的”等话语，让学生都觉得自己很了不起，给出的答案都是有价值的。其间，结合学生读书读出来的对林、洪二人的情感，孙老师也会表达出自己的情感，与学生在情感上产生共鸣，让学生感觉到自己得到了认可。

能够有理有据地夸奖学生的教师，哪个学生不喜欢？亲其师，信其道，喜欢教师，自然会愿意上教师的课，愿意绞尽脑汁地去回答他提出的每一个问题，并努力让自己的问题有价值、有智慧。

(三) 情感与智慧课堂的实施策略

情智课堂着眼于发展学生的情感和智慧的潜能，着力于唤起学生沉睡的情感，点燃学生的智慧火花，让学生的情感更丰富、更高尚，让学生的智慧更灵动。

实践中，教师应如何操作才能产生情感与智慧共生的教学效果呢?

1. 情智课堂的一般模式

(1) 入境，启动情智

这个过程是教师根据教学特点采用有效方法，寻找契机，调动学生的学习积极性，让学生迅速启动情智，进入学习情境，以良好的心境体验文章情感，产生认知情感和愉悦情绪。

在情智触发的教学环境里，学生可以自由地徜徉在轻松愉悦的精神活动中，使个性与创造力得到最大限度的张扬，而教师则可以成功地按照预定的教学规范来引导学生接受新知。比如，教师可以结合教材特点，制造悬念，揭示矛盾，诱发学生的探究欲望；通过预习，主动设疑，促使学生伸出思维的触角；创设适宜情境，使学生受到触动、感染，从而诱导学生情智的萌发。

(2) 感悟，生成情智

学生在生趣盎然的情境中感悟丰富多彩的语言，或概括，或想象，或思考，发展创造性思维，生成情智。教师在引导中以情牵情，在点化中以智激智，最终实现学生情智的生成和发展。

教师还可以充分利用学生在已有的学习、生活中形成的情感，如对动植物的喜爱、对英雄的崇拜、对太空的向往等，让他们将此类情感迁移到学习中，从而推动学生对课文语言的欣赏、品鉴，并在这种欣赏、品鉴中发展、升华这些“原始”的情感。

教师还可以充分利用自己的情感，以情悟情，唤起学生对课文的体验，促使他们带着已有的体验，投入课文的学习之中。

(3) 交流，发展情智

学生个体智慧的发展、升华，离不开群体的情智碰撞和互激。情智的火花就是在这种群体碰撞中“擦”出来的。因此，课堂交流就成了学生情智发展的重要过程。

教师可以采用各种交流形式，让学生展示情智，发展能力。比如，学生在感悟语言文字的基础上形成鲜明的立场时，教师可以让学生各抒己见，让学生越辩越明白；当学生对课文有了深入的感悟后，会产生急需倾诉的欲望，想马上把自己的理解化成有个性的语言倾诉表达出来时，教师可以做一个倾听者，并在之后成为倾诉者，与学生产生共鸣。

除了关注学生对文本的理解，教师还应关注学生超文本的阅读感受，因为只有这样，学生对语言、对事物、对人的认识才会更立体、更多元化。只有达到这个境界，师生之间的交流才算是拓展性交流。

（4）表达，展现情智

课堂上口头和书面的表达，无疑是学生情智的综合亮相，而表达本身又是不可缺失的情智宣泄过程。这种宣泄过程往往又起着一种不可替代的提升情智的作用。

通常，学生的表达主要有以下三种：

①迁移表达。这是一个让学生由模仿到创新的成长过程。迁移过程中，学生能进一步提高自己的语言运用能力。

②想象表达。学生时期是一个充满想象的时期，情感一旦被激发，想象的翅膀就能迅速张开。教师要善于寻找想象点，引导学生想象，要将开发学生的想象力、培养学生的开阔情怀和学生的言语能力训练有机结合起来，使之共同得到提高。

③感受表达。对阅读材料，每个学生读后都会有自己的体验。教师不仅要引导学生表达自己的这种体验，还要引导学生感受别人的体验；要让学生把对语言的感知不仅体现在理解语言符号上，还要体现在理解、体会语言符号所包含的情感上。

2. 情智课堂的实施技巧

（1）创设言语氛围激励学生

只有在平等对话的氛围中，学生的个性和活力才能展示出来。情智课堂需要营造一种宽松的、令人欢欣鼓舞的学习氛围。这就需要教师在课堂上善于肯定，乐于赞美，注意呵护学生的自尊心。教师亲切的话语、随和的态度、热情的鼓励，是与“生本理念”紧密联系在一起的，能让课堂产生一种磁性，紧紧抓住学生的心。

（2）言语激情感染学生

情智共生需要内在的动力支撑。这个动力就是学生的言语欲求、言语激情。以情为纽带，引领学生亲近文本、接触言语，让课文的情感不仅感染教师还感染学生，让学生在情感体验中实现价值观的提升，这是情智语文课堂的显著特征。

这就需要教师在讲课时语言要富有感染力，可以惜句如金，但务必传神；可以酣畅淋漓，一泻千里，但务必言之有物。不管使用哪种语言，教师都要力求和缓地触动学生的心弦，对学生的心灵产生或刺激或安慰或鼓励的作用，进而实现“讲到庄严处，学生竦容端坐；讲到豪壮处，学生热血沸腾；讲到义愤处，学生横眉立目；讲到欢快处，学生笑意盈盈”。

（3）言语感悟唤醒学生

情智共生是一个言语感染、感悟、内化的过程。情智课堂要求教师处理教材时要有自己的见解、胆识，要尽可能地给学生创造一个多元启悟、自由对话的言语环境，以教师对文本的生命化感悟来唤醒学生沉睡的感觉和悟性。

这就需要教师胸襟开阔，视角独特地处理教材，紧紧抓住教材的“精气神”，高屋建瓴、别具匠心地安排教学程序，让学生在“视界融合”的对话中达到既以我为主又开放接纳，既情感激荡又思维缜密的阅读境界。

（4）言语表现激发学生

情智课堂指向表现、创造，指向学生的有效思维，指向“情”与“思”、“感性”与“理性”的有机融合。这样的课堂完全走出了那种“纯吸收”“纯接受”的观念，非常注意创设“言语表现”（思考、质疑、表达）的情境，注重多侧面、多角度地引导学生伸展思维的触角，从而让课堂充满思辨之美。这就需要教师在与学生交流、表达的过程中，尽可能地抓住学生语言的闪光点、争论点、疑难点，并引导他们进行深入对话。

没有情感、没有智慧的课堂是苍白的、枯燥的，是令人厌恶、反感的。想让自己的课堂为大多数学生所接受、喜欢，教师应尽快认识到这一点，在课堂上演绎更多的精彩，让学生的情感得以释放，智慧得以发展。

有“小教师”参与的课堂

（一）“小教师”课堂概述

古时候，有一个书生很笨。先生教的琴诗书画，他总是花比别人长两三倍的时间才能学会。因为笨，不仅其他同窗不喜欢他，就连先生都不想教他。

后来，国家有了战事。大家集体逃往安全的地方。在路上，有几个追兵过来，其他人都吓得腿发软，但是笨书生不怕，从路边捡了几块石头，拿在手里，不慌不忙地站在路边，等待对方追过来。

大家都说他犯傻了。他却不理会，等追兵将近时，他随手将石头丢过去，那三四个追兵就一个个地倒下了。大家很奇怪，跑过去看，原来追兵被砸晕了。

大家很奇怪笨书生原来还有这本事，就纷纷请教他，希望能把绝技教给自己以防身。

没用笨书生自荐，他的同窗就自动请他做“小教师”了。由此可见，尺有所短，寸有所长。每个人都有比别人强的地方，就算成绩最差、资质不高的学生，也有自己优秀的一面。教师不妨让他们当当小教师，把他们的长处展示给其他学生。

“小教师”，就是让学生来当老师，协助或“替代”教师开展教学活动，其脱胎于陶行知先生倡导的“小先生制”。当年，“小先生制”是陶先生为了普及市民教育而提出的一种教育方法，其主要内涵是“孩子教孩子”“孩子教大人”，是一种即学即传的教育方式。

课堂上，如果教师放手让学生当“小教师”，让学生自己“教”自己，就可以不仅让学生掌握一定的学习自主权，还能让学生之间教学相长，获得更多的体验与知识。这样独特的课堂，一定会让学生感兴趣，并乐于参与。

1. "小教师"课堂的基本模式

（1）优秀学生代替教师授课

每个班都会有几个在某学科成绩优秀的学生。他们或学习基础扎实，或对某学科有浓厚的学习兴趣，或肯动脑、爱钻研，这正好是"小教师"的最佳人选。

为了保证教学进度和课堂秩序，课前教师要认真准备，周密安排。通常需要做好以下四步：

①教师指导"小教师"备课。哪些内容由小教师讲解，可以由教师确定，也可以让"小教师"自己选择。选好了，"小教师"需要尽快做充足而精心的准备。他们可以通过查阅资料、求教教师、与同学商议等方法，确定教学内容的难重点以及大致的讲授程序。

②"小教师"试讲。为了保证课堂教学效果，"小教师"也可以在正式上课之前试讲。通常只需在教师和极个别学生的小范围内进行。试讲中，往往会发现一些问题，小教师应及时改正，或调整教学策略。

③课堂教学。这个环节最关键。从知识讲解到课堂提问到解答疑惑到课堂讨论，课堂几乎全部由"小教师"自己掌控，按照平时教师讲课的形式进行。此时，教师只是顾问、听众，只有出现"小教师"解决不了的问题时，教师才会出面引导学生解决，或者课堂秩序失控时，教师才会出面维持。

④教学点评。虽然已经做了比较充分的准备，但是课堂上难免会发生一些突发事件，也难免会有一些学生提出一些"小教师"事先预料不到的问题，而"小教师"也难免因自信心不足等在讲课过程中出现或大或小、这样那样的差错。这都需要教师的及时总结和纠正。

（2）"小教师"做好辅导工作

学生替代教师上课，虽然比较新奇活泼，也容易激发学生的学习兴趣，但毕竟只能作为课堂的一种调剂和点缀，而不是长久之计，因为学生对教材的把握和课堂的安排，还是欠火候的，因此不能过于常态化、过分提倡。

为此，教师可以让"小教师"担任其他学生的辅导员。比如，实验课上，教师讲解后，都会安排学生动手操作，但是总有一些学生没有完全理解和接受教师的讲解，而单凭教师一个人，也不可能顾及每一位学生。这就需要有人提供帮助。这时，学得快、学得好的学生，就可以担此重任了。

课堂上，讲解完知识点后，如果还有个别学生不太理解，或是对某个问题不是很清楚，教师可以让该组学得较好的学生做“小教师”，辅导本组学生，解答他们提出的问题和疑惑。

（3）随机产生“小教师”

这种“小教师”不是教师提前选的，也不完全是由优秀学生所担当的，而是根据某些教学内容随机出现的。

每个学生都有自己擅长的方面，都有可能灵感突现，对某一个问题有独到的理解或解决之道，即便这个学生在平时没有什么特殊之处，甚至还有可能反应慢、爱调皮。当这种“小教师”突然出现之时，教师应尽可能地给他们机会，让学生把自己知道的、想到的全部说出来，哪怕这个学生平时表现不好。这样的“小教师”对某个知识点可能只有一知半解，可能对某个问题只有一点线索，这些都无妨，因为他找到的那些蛛丝马迹没准就能帮助其他学生解决大问题。

2.“小教师”课堂的教育意义

（1）以学生为本

“没有自我教育就没有真正的教育。”教学过程中，学生的主动性、积极性、独立性是促进学生认识发展的动因。学生把教师代表社会对他们提出的要求转化为内部需要，这种需要同他们原有心理水平之间的矛盾，成为认识发展的内因。无论什么样的教学和教育，对学生都只是外因，都必须通过学生自身的体验领悟才能发挥作用。

传统课堂上，教师居于绝对的中心地位，学生则完全是被动的，被迫成为不停运转的进行机械记忆的机器。“小教师”课堂上，教师则把担当主角的机会让给学生，把学生推向讲台，让“小教师”自己发现问题——研究问题——解决问题，做学习的主人。这样的课堂，真正体现了“学生为主体”的教育教学原则。

（2）让学生更自信

“小教师”课堂可以锻炼学生的心理素质，极大地增强学生的自信心。

学生能够走上讲台，担当“小教师”就是自信的最好表现。哪怕仅仅有一分钟的成功的上课经历，都能使他们的自信心得到空前增强，也同样会给其他学科的学习带来积极的影响。对于某些学生来说，只要敢站在大庭广众之下，就算是自信的表现。

在“小教师”课堂上，学生不仅尝到了自己解决问题的甜头，还锻炼了收集资料、分析总结、当众表达等多项能力，摆脱了长久以来对教师的依赖和等待教师“喂食”的惰性，树立起真正属于自己的、用成功换来的自信，也让教师对他们刮目相看，愿意重新审视学生。

（3）让课堂更民主

“小教师”课堂上，学生都能大胆地畅所欲言，各抒己见，这会使得课堂气氛越来越民主，越来越和谐。有时候，教师的建议与学生的意见不符，学生也敢于据理力争，这样便拉近了师生的心理距离。

（4）增强学生的兴趣

课堂上，让学生当“小教师”，会给学生自我展示的机会，会让学生自己做主做很多事情。这对于很多方面都受制于人的学生来说，无疑是个新尝试。对此，学生自然会很感兴趣，会积极做好每一件事。

（5）培养学生的自学能力

课前，为了更好地在课堂上展现自我，“小教师”往往会仔细研究教材，其间，难免会发现自己不明白的问题，为了解决它们，他们就会去请教教师、家长或其他同学，或者千方百计地查找相关资料，解决问题。这本身就是一个很好的自我学习过程，这样学习的效果可能远胜于教师课堂上不厌其烦的讲解。

在这个过程中，学生已经自觉地将课堂延伸到了课间、家庭、社会。除了学到了知识，“小教师”还增强了收集资料、解决问题的能力。

（二）发挥特长，让“小教师”展现风采

浙江省德清县逸夫小学信息技术课教师姬秋芳像往常一样把学生带到电脑室，准备按计划讲新课“有趣的纸牌游戏”。

等学生都找到座位安静下来后，她开始上课。姬老师先绘声绘色地给学生来了一个精彩的课堂导入，正要转入正题时，突然一个男生叫了起来：“老师，这么简单的课，你就别讲了，让我们自己玩吧！”

姬老师刚要制止他，但转念一想：有道理！这个小游戏根本没必要一点一点地去教。小学生天性好奇、贪玩，再加上很多学生早就在家接触过电脑，肯定能自己搞定。

想到这里，姬老师示意大家安静，说："同学们，这节课我们要学的是玩纸牌游戏！"话音刚落，教室里一片欢腾。

学生都急急忙忙地想动手开始了。

这时，有几个学生叫了起来："老师，怎么启动呀？我不会！"

"老师，纸牌游戏在哪里呀？我怎么找不到。"

姬老师鼓励他们说："别急，慢慢找。如果还找不到，可以先看看书或者请教一下同学，与同学讨论一下。老师相信你们一定行的！"

"老师，我启动了。"很快就有一位男生叫了起来。

姬老师一看正是刚才那个要求自己玩的学生小明，于是就利用多媒体教学系统把屏幕切换到他的电脑上，让全班学生都能看到他的计算机屏幕。

姬老师说："同学们，我们先停一下，让小明同学给大家讲讲他是怎样启动'纸牌游戏'的。"

没想到，小明却很尴尬，拘谨地站在那里不动。

姬老师想这可能是因为小明是班上有名的捣乱鬼，经常在课堂上没头没脑地发几声怪叫，平时老挨教师训的缘故。这次他肯定是以为教师又要批评他，或者想办法让他出丑了。于是，她就说："小明，这次我可不是想批评你哦！我是看你动作那么快，想让你做一次老师，给大家讲讲刚才你是怎么启动的。"

听姬老师这么一说，小明立刻表现出了被认可的兴奋，然后还得意地说："这个没问题。小菜一碟！"说着，他就动手操作起来，而且还一边操作一边讲解，像"小老师"似的，很认真。

小明一口气说了四种启动的方法：第一种，单击开始——程序——附件——游戏——纸牌游戏；第二种，双击桌面快捷方式；第三种：右击桌面快捷方式，弹出快捷菜单再单击打开；第四种：单击桌面快捷方式选定，再敲回车。

听了他的讲解，同学都很惊讶，没想到这个调皮鬼居然这么厉害，一下子能说出四种启动方法。

"小明讲得非常好！下面，大家自己试试看。"姬老师说道。

早在小明刚说完时，学生就已经很兴奋了，想立刻打开游戏痛痛快快地玩一下，这下有了姬老师的命令，他们自然更兴奋了。

学生都开始动起来了，很快就都启动了"纸牌游戏"。

突然，小爽站起来说："老师，我又发现了一种启动方法。我可以讲一下吗?”

什么？还有一种启动方法？姬老师简直不敢相信自己的耳朵，因为她可从来没听说过还有别的启动方法。

“当然好！你赶快给大家讲讲你是怎样启动纸牌游戏的。老师也很想知道呢!”说着，姬老师就把屏幕切换到小爽的电脑上。只见他熟练地在键盘上按下“开始”菜单快捷键，然后用光标移动键往上移到“程序”，按回车键；出现子菜单后再将光标移至“附件”，按回车键；在接着出现的子菜单中将光标移到“游戏”，再按回车键；再次出现子菜单后，将光标移到“纸牌游戏”，再按回车键，就打开了“纸牌游戏”。原来他是用键盘来操作的。

“老师，这样太麻烦了。”这时，又有学生叫起来了。

姬老师马上说：“虽然用键盘来操作比鼠标麻烦一点，但是小爽能通过自己的努力发现这个启动方法，也很好。下面请小爽说说他是怎样发现这一方法的。”

“老师，刚才你表扬了小明，我很不服气，就想这有什么了不起的，我也可以找到。我就想会不会还有另外不同的方法。我动脑筋想了半天，可是操作时我的鼠标一点都不听话。我一着急就乱敲键盘，无意中按下了一个键，刚好出现了‘开始’菜单。于是我又试了一下，发现原来按下这个键相当于单击‘开始’按钮，再加上刚才小明讲的敲回车键也能起到单击这个作用，再加上以前我在家里玩游戏机时经常用方向键来控制方向，于是我就想出了这种方法。”

听他这么一说，姬老师又惊又喜，看来这堂课交给学生上真不错。这些“小教师”个个都讲得不错，比教师讲得都好。

想到这里，姬老师当即表扬了小爽的探究精神和创新意识：“同学们，如果你们都能像小爽一样，在学习中多动脑、多实践，相信用不了多久就能超过老师，成为中国的比尔·盖茨。好！下面，让我们来比比看，看谁最先成功!”

尝到了自主学习的甜头，学生再一次忙碌起来。

不一会儿，各种图案的纸牌就出现了，真是五花八门。

咦！怎么有学生看起“帮助”来了？原来他们发现了 Windows 自带的“帮助”对纸牌游戏的讲解比书上更详细。真是一帮有心的学生呀。

好东西要大家分享，姬老师马上请他们向全体学生推广经验：“请问谁知道怎么用 Windows 自带的‘帮助’帮助我们玩纸牌游戏啊？谁来给大家讲讲？”

“我，老师！”又是一个男生站起来。

在他讲解的过程中，一些学生还在操作着。

“老师，您看，我赢了！”一声惊喜的喊声传来。

姬老师走近那个学生一看，果然扑克牌正在屏幕上跳着梦幻般的舞蹈。看着他兴奋的脸，瞧瞧周围学生羡慕的神情，姬老师马上请他当“小老师”，向全班学生介绍经验。

……

结果一堂课就在三四个学生当老师给大家解决疑难问题中热热闹闹地结束了。有学生对姬老师说：“以后我也好好学电脑知识，这样我也可以像他们一样给大家解决难题了。”

“三人行，必有我师焉。”孔老先生早在两千多年前就这样告诫我们。没错，不管是谁，都有自己独特的擅长的一面，哪怕他在某个领域里不是做得最好的，只要比很多人强或比一部分人强，他就有资格做教师。

同时，人天生就好为人师，喜欢享受做教师、教别人的快乐。因为这表明他在某一方面很优秀，比别人强，受到了外界的认可。

“小教师”课堂就是教师抓住学生的这种心理特点创设的一种新型课堂，因而受到学生欢迎。

陶行知先生说过：“学生有了兴趣就会全副精神去做事，学与乐不可分。”此话不假，当学生对当“小教师”这件事感兴趣了，就会积极探索。

一句“让我们自己玩吧”让姬老师上了一堂别开生面的信息技术课。姬老师让学生自己学怎么玩纸牌游戏，就相当于把探讨怎么玩纸牌游戏的主动权交给了学生。

对于怎么用电脑玩纸牌游戏，学生的能力是有高有低的。

小明平时调皮捣蛋，别的科目学得不好，但不代表他不会用电脑玩纸牌游戏。果然，他率先发现了好几种启动方法，而其他学生则连一种都没有发现。见此情景，姬老师就趁机让他当“小教师”，将自己会的教给其他同学。

挨惯教师批评的小明，起初有点不相信姬老师会让自己教其他同学，转而就认真地一丝不苟地做起了“小教师”，将自己肚子里的“墨水”全部

“倒”给了其他同学。

看到小明当“小教师”受到学生的尊重与崇拜，小爽很是羡慕，就更努力地去思考、操作，结果果然找出了一个不一样的“启动”方法。尽管这种方法有点烦琐，但它是小爽创新思维的结果。

所以，教师千万不要低估学生的潜力，应信任学生，大胆放权，适当地把课堂交给学生，让学生当一回教师。正如陶行知说的那样：“只要把儿童解放出来，小孩也能办大事，也能互教互学，自己当‘小先生’。”学生也一定不会辜负教师的期望，在“小教师”的带动下，热情高涨而富有成果地完成教学任务。

（三）“小教师”课堂的实施策略

“小教师”课堂，不仅满足了学生表现自己的欲望，还锻炼了学生的表达能力，同时还能激起其他学生一较高低的兴趣和信心，让知识的传授、接收和应用变成一个更为自然、更为融洽的过程。

那么，教师怎样做才能让“小教师”的课堂更受欢迎，并更能收到效果呢？

1. **大胆放手，让学生“能者为师”**

课堂上，让学生当“小教师”教课，首先需要教师充分信任学生，相信学生不仅能学还能教，并且在教学中敢于交权，给更多学生提供当“小教师”的机会。比如，学新课前，教师可以让“小教师”组织复习旧知识；学完新内容后，让“小教师”组织本组学生做强化训练……这样，不仅调动了学习成绩好的学生的学习积极性，还给了后进生更多的学习机会。

其间，教师只需要进行宏观调控，而没必要事必躬亲，就能使课堂时间得到合理、有效的利用。更为重要的是，这种由学生自己调控的课堂学习充分体现了学生的主体地位。

2. **巧妙激励，让学生乐为人师**

一般在课堂上，学生都乐于表现，勇于表现，但也有个别学生因性格孤僻、缺乏自信或由于其他原因而不愿或不敢展示自我。针对这些学生，教师应从鼓励、引导他们当“小教师”入手，保护、激发他们的学习兴趣和自我表现欲望。

鉴于学生能力的层次不同，教师可以给他们难易度不同的当“小教师”的机会，尽可能使每个能力层次的学生都品尝到为人师的幸福感和成功感。

在让学生当“小教师”前，教师还可以针对不同的学生采取不同的激励方法，如对好胜但勇气不够的学生说“你能行吗”来激将；对自卑的学生说“我相信你，你一定行”来鼓励，真正激发出他们当“小教师”的信心与勇气，帮他们认识自我，超越自我。

对于学生当“小教师”期间表现出的不尽如人意的情况，教师不要指责，应尽量安慰、鼓励他们，让他们能够知错就改，再接再厉。

3. 引导学生能教会教，让学生善为人师

每一位学生都有可能当“小教师”，当了“小教师”后都必然要教学生，但怎样教才能教好，才能教得学生叫好，就需要教师做好引导、指导工作，帮助“小教师”能教会教。

教师可以先从鼓励模仿与尊重创造两方面着手培养“小教师”。比如，平时教师可以提醒学生“注意观察老师是怎样教你们的”，并鼓励他们“像老师平时教你一样去教”，让他们回顾教师是怎么教的，从中受到启发并加以应用。

教师不能想当然地认为学生的水平一定不如自己，而应相信“青出于蓝胜于蓝”，应尊重学生的创造力。这就需要教师对“小教师”在教法上的每一次突破都及时给予肯定，让学生明白该怎样教学生、怎样提问、怎样回答问题，并从中总结出教法、学法，提高自身的综合能力。

4. 引导学生认识自身的主体地位

学生要当好“小教师”，除了教师做好引导、调控工作外，学生自己也应做好一些准备工作。比如，优秀学生当“小教师”时，需要像教师一样备课、设计教学程序，预设学生要提出的问题及解答方法。

要做好这些工作，学生就要认真地查阅资料，求助其他人。然而，一些学生可能会因自己对该知识点已经很熟悉了，就不认真备课。此时，教师就应提醒学生，学得好不一定教得好，要想教好就必须积极主动地做好准备工作，对教学环节中可能出现的一切事情，都要做出预测。

5. 做好课堂调控

就算是完全让学生当“小教师”讲课，教师也不能放手不管，而应发挥教学引导者的作用，尤其要在课堂纪律、教学方向等方面特别注意，不能让学生离题。

“小教师”的课堂没有严格的定式与套路，但能给学生耳目一新的感觉，所以他们才会积极、努力争当“小教师”。教师应抓住这一点，给学生创造更好的条件，让更多的学生主动提高自身的“硬件”条件，争当“小教师”。

多方互动的课堂

（一）在互动课堂上让学生展示个性

问："为什么保险丝会断？"

答："因为掉进铁屑。"

问："为什么会掉进铁屑？"

答："因为没有防护罩。"

问："为什么没防护罩？"

答："因为车间没有统一安排。"

……

这是日本的"管理之王"石田退三与丰田公司员工之间为解决浪费问题进行的对话。他认为员工是解决任何困难和问题的最好的方法和答案，并提出了"15个为什么"规章制度。丰田绝不允许重复犯同样的错误，每遇一次新的错误，全员皆动，全员出主意，全员解决。就是因为这样，丰田才一次次地腾飞。

丰田通过互动解决问题，新时期的教学更应该提倡互动，有效开展互动课堂。

互动课堂教学是师生共同进行的活动，教与学交互影响和交互活动，它通过优化师生互动、生生互动、师生与教学中介的互动，强化人与环境的交互影响，以产生教学共振，优化教学效果。

互动课堂教学以学生为主体，回归教育的本质。新一轮的基础教育课程改革强调，教师要在教学活动中让课堂真正地"动"起来，这个"动"不是教师或学生的单方面的"动"，而是一种"互动"，既有教师的"动"，也有学生的“动”，是师生之间、生生之间，师生与所有教育资源之间的一种互动。

《基础教育课程改革纲要（试行）》提出，教师在教学过程中“应与学生积极互动、共同发展，要处理好传授知识与培养能力的关系，注重培养学生的独立性和自主性，引导学生质疑、调查、探究，在实践中学习，促进学生在教师指导下主动、富有个性地学习”。

互动课堂教学解决了传统课堂的单一、枯燥的问题，改变了沉闷、焦虑的课堂气氛，有利于学生系统地学好本课程的基础知识和基本技能，提高分析和解决问题的能力；有利于激发学生学习的积极性，提高学生的动手和动脑能力，为其不断学习和发展打下坚实的基础；有利于学生按自己的兴趣学习，培养和发展自己的个性，形成自己的知识和技能特色；有利于教师与学生沟通，了解学生学习中存在的问题，以便因材施教，提高教学效率；有利于教学相长，促进教师不断学习专业及相关知识，改进教学方法，提高自己的文化水平和教学技能；有利于保证教学计划的贯彻执行，全面提高教学质量。

对话、交流、互动已成为新课程课堂的主要活动形式，然而，在当前的课堂实践中，内容的贫乏、形式的单薄严重影响了互动课堂教学的质量，往往是只见对话，不见思维；只见交流，不见引导；只见互动，不见内容。少数教师设计大量的问题让学生围绕问题团团转，利用“满堂问”而进行“满堂灌”；学生与学生之间缺乏有效的交流、沟通与互动，互动形式太单一；课堂上看似热热闹闹，实际上内容偏颇，多认知互动，少情意互动和行为互动。

互动课堂教学既不是流于形式闲聊的沃土，也不是教师个人和特殊学生表演的专场，它应面向全体，讲究实效，进而焕发出应有的光彩，成为最受学生欢迎的课堂形式之一。

（二）在互动中提升学生的自主学习能力

开平小学孙立华老师的美术课很受学生欢迎，常常能给学生带来愉悦、兴奋、激动、欢笑……

孙老师上美术课究竟有什么“魔法”呢？原来，孙老师在课堂上非常注重教师与学生、学生与学生之间的互动交流，并能够使每个人参与其中，共同体验成功的喜悦。

一天，学生刚进画室，就一反常态，围着孙老师说了起来，一张张小脸掩饰不住兴奋与激动，一双双小手把孙老师拉到这儿，又拉到那儿。

从吵闹声中，孙老师了解到这一天是小媚的生日，她的妈妈已经把蛋糕和一些零食送到了学校，准备让她跟班里的同学一起过。班主任也将第三节的活动课改为生日庆祝会。“小寿星”邀请孙老师一起参加生日庆祝会。

看着学生情绪如此高涨，孙老师就临时改变了这节课的教学安排，微笑着说：“这节课可以做自己想做的事，内容、材料不限。”

学生听后一片欢呼。

经过自由讨论，大家决定以个人或是小组形式来为小媚准备生日礼物。他们讨论得很热烈，有的说要做贺卡，有的说要送生日蛋糕，有的说要买面具，有的说要画一张画，有的说要唱一首歌，有的说要几个人合作排童话剧……

接着，学生就去准备工具或收集制作材料了。这时他们的活动范围已经不仅仅局限于画室了，有的跑去办公室向老师求助；有的去校园捡落叶、花瓣；有的拿着画板坐在学校的草坪上写生……这时，所有能让学生想到的东西全成了宝贝，甚至是那些不起眼的小石头（有个学生无意中就想出了要把石头变成小脸蛋当生日礼物）。

此时，画室不再是课堂，学生自由走动，交流声不断。每个学生都参与其中，一切都在忙乱而有序地进行着。

孙老师也没闲着，一直在教室来回巡视、提建议，并尽可能多给学生提供他们所需要的材料与工具，确保每个人或小组能认真实施并完成自己的计划。

快下课了，学生的作品也陆续完工了。他们相互介绍着自己的礼品，交流制作中的心得，表达自己的心意。

“我要用彩色纸做一束花送给小媚！花枝用纸卷起来做。”

“我妈妈刚给我买了本书，我要把它送给小媚。不过我想把它先包装得漂亮点再送！”

“我要做几张请柬送给老师，邀请他们参加我的生日庆祝会，可是我不知道请柬应该怎么写！”

“我们几个人准备一起合作，用彩带布置教室。我们已经想好了，彩带可以有很多种做法！”

“我想做一张贺卡，很想做得特别一点，准备用一片大树叶来做，只是不知道用什么笔在上面写字会更清楚点。”

……

在交流过程中，很多学生帮助遇到困难的同学出主意、提建议，而孙老师只是点了一下重点。

在互动课堂教学中，老师扮演的角色是“援助者”，而非“教导者”。

纵观学生为小媚准备生日礼物的过程，孙老师做的更多的是启发、引导学生尽情地表现自己的想法，让他们在相互交流和合作中不断提高自主能力。

互动课堂教学当然不是“满堂灌”，更不是“放羊”。所以，当有学生说“我想做一张贺卡，很想做得特别一点，准备用一片大树叶来做，只是不知道用什么笔在上面写字会更清楚点”时，其他学生积极出主意，而孙老师则“画龙点睛”。

在这节美术课上，孙老师不用成人化、专业化的要求来限制学生，而是尊重他们的主体地位，允许他们充分表现自己内心的感受，允许他们选择不同美术门类及工具材料，甚至改变自己的教学计划。所有这些，都是孙老师站在学生角度考虑教学、倾听他们声音的体现。

一堂美术课能够做到这么真实、生动、“放纵”，难怪学生都喜欢上孙老师的课。

扬州教育学院附属中学的语文老师李霞，充分发挥师生双方在教学中的主动性和创造性，实现共创和谐课堂。下面，就通过《论美》一课的教学过程，来谈谈李老师在这方面的尝试。

一上课，李老师便通过多媒体播放优雅的音乐和优美的画面。学生一边欣赏着美妙的旋律，一边观赏着优美的自然风光、精彩的艺术造型和生动的社会生活场面的图片，接受着美的感染，沉浸在美的意境中。

这时，李老师自然而然地将学生所感受到的画面美归纳为三种形式——自然美、艺术美、社会美，并将这些美引导到《论美》这篇课文的教学中，让学生对本堂课有一个清晰、理性的认识，对美的层次性有一个整体的了解，为整堂课的展开奠定基础。

接着，李老师范读课文。虽然有的人说课文录音的音色音质可能会更好，但作为语文老师，李老师一直身体力行朗读课文。因为李老师认为这样会起到示范作用，学生会感受更深，注意力会更集中。

李老师开始解读文本。在文本解读时，李老师打破常规的教学模式，不是就课文而讲课文，也不是去分析、解读、讲深、讲透，而是把文章中“最高的美是画家所无法表现的”作为切入口，充分发挥学生的主体作用，引导学生探讨课文。这一切入口的恰当选择，引发了一场激烈而精彩纷呈的争论。

学生根据座位自然分成三组，围绕“为什么最高的美是画家所无法表现的”进行讨论交流，筛选信息，并确定了本组发言的代表，以便在全班交流。

大概十分钟后，各组代表开始发言。

第一组代表认为，最高的美是“美德”，因为美德是一个抽象的概念，看不见，摸不着，所以画家难以勾勒；第二组代表认为，最高的美是“优雅行为”，因为优雅的行为的表现形式并不唯一，所以画家也难以勾勒；第三组代表认为“晚秋的景色是最美的”，因为晚秋的景色太丰富，画家难以以偏概全，同样无法勾勒。

待每组代表发完言后，其他各组的学生便纷纷提出问题，穷追不舍，进行反驳；发言组的学生也不甘示弱，立即还击辩驳，李老师也适时提出一些问题，插入一些俏皮的话语，缓和紧张激烈的气氛。

后来，在学生对课文有了比较充分了解的基础上，李老师顺势提出：“本文作者所讲的属于社会美的范畴，那还有什么美呢?”

这个提问把学生的思路由课文内引向了课文外，调动了学生的发散性思维，开阔了学生的审美视野。学生的答案可谓五花八门，如善良、气质、人内心的感觉、像孔乙己一样的悲剧美、得不到的东西是最美的、文学诗词是最美的、缺陷美、微笑也是美、美是一种发展的文化共识……

学生畅所欲言，各抒己见。

因为李老师教的是初三学生，他们对外形美的追求更甚于初一、初二的学生。所以，李老师接着前面学生对美德的认识有意提出：“既然美德如此重要，我们还要追求外形美吗?”

这一问题，又引发出新一轮的讨论。学生之间的辩论同样精彩而又激烈。在讨论中，学生摆正了世界观、人生观。

当孙老师提到“培根在文章中是怎样说的”时候，学生的思路立马被拉回到了课本上，恍然大悟：

“美德好比宝石。”

“形体之美要胜于颜色之美，而优雅行为之美又胜于形体之美。”

“把美的形貌与美的德行结合起来吧。只有这样，美才会放射出真正的光辉。”

讨论结束，李老师用罗曼·罗兰的一句名言“人类的使命在于自强不息地追求完美”作为这次讨论的总结，这里的总结俨然已经不再是对课文内容的简单提炼，而是对作者所表现主旨的拓展和升华。这样的总结，对学生思维能力的提高有很大的促进作用。

解读完文本，为了让学生明确“美”的含义，进一步巩固前面的知识，李老师还安排了几个简短的练习，其中一个是结合语境，给课文中的一句话加上适当的修饰语。该文句是：“美犹如盛夏的水果，是容易腐烂而难以保持的。”李老师要求学生们将画线的部分改成其他类似的语句。于是，学生又私下进行讨论，胸有成竹地写下自己认为的美。

最后，李老师重放课开始时的优美音乐，学生集体朗读《论美》。至此，在师生双方的共同努力下，这节课的教学任务就圆满完成了。

“教育的主体是学生，教师是引导学生学会学习、具有探索意识、学会实践活动的人，是使学生形成积极主动的学习态度的人，是学生信息素质的培养者。”这就要求教师必须做好课堂互动，尊重学生，以学生为本，认真体会学生的所思所想，据此灵活地引导学生去探索、思考、学习。

本堂课，李老师做到了以学生为主体、以教师为引导，师生在互动的基础上，共建了一个和谐的课堂；摒弃了一味由教师提问、学生思考回答的教学模式，真正地让学生去探讨、发现、理解、掌握，教师只是起着舵手的作用；让学生成为课堂上真正的主角，让他们自己去思索、去辩论、去总结、去收获；力争让学生通过自主合作、探究交流，达到丰富知识、锻炼能力、提高审美修养的目的。

本堂课，李老师并没有沿袭先解题、介绍写作背景、逐段分析课文内容、提炼中心意思等旧习，而是选择了一个恰当的切入口，突出了一个教学重点、明确了一个教学目标，特别注意了对学生进行素质训练。这样，学生在交流讨论时就不会像在大海里捞针，四处撒网。

通过讨论式的互动课堂教学，李老师围绕问题，激发了每一个学生的兴趣，引导他们合作交流，使学生不仅在能力上，而且在情感上获得了“美”的体验。

（三）互动课堂的实施策略

1. 实现师生平等

平等是文明社会人际关系的基本准则，而在师生关系中体现得更为显著。把学生放在平等的位置，有利于充分调动他们的主观能动性，有利于发挥他们作为教育主体的积极作用，促使他们形成不依赖、不盲从，一切以客观真理为标准的品质，养成积极自信的健全人格。教师在开展互动课堂的教学中平等对待学生，尊重学生的人格、思想，理应成为教育教学的最基本准则。

2. 搭建争辩平台

建构主义认为，儿童是知识的创造者而不是被动接受者，他们主动构建属于他们自己的知识和对事物的理解。

现在的学生见多识广，敢于发表自己的意见。教师应为学生搭建一个争辩的平台，让学生经历一系列的质疑、判断、比较等多样化的思维过程，以达成多种观点的碰撞和争论，使学生最终得出正确科学的结论。

3. 转变学生的学习方式

学生学习方式的转变是互动课堂教学的目标，又是互动课堂教学顺利展开的保证。教师在互动课堂教学中要引导学生做到以下三点：

（1）学会倾听

倾听，是对他人的尊重，是与他人产生互动的前提。学会倾听，才能够与他人真诚沟通，才能够真正地理解他人的思想和行为。

教师应有意识地加强对学生“学会倾听”的训练，引导学生做到：当老师讲课或同学发言时，一定要细心听；当其他同学踊跃发言时，一定要耐心等待，等他们把话说完了自己再发言；当别人提出与自己不同的意见时，一定要虚心倾听；当采纳别人的意见时，一定不能盲从，要做到有选择的接受，说、听、思并重。

（2）学会交流

通过交流，不仅可以使每个学生展示自我，享受成功，也可以使学生从他人发言中得到启发，自觉地对自我认识系统进行修整，达到思维的深入与发展。

教师在要求学生倾听别人的发言时，应引导学生学会对话提问，如质疑型、反驳型、补充型提问等。

(3) 学会评价

在交流互动的过程中，教师要让学生带着欣赏和尊重去接受别人的优点，引导学生学会从别人的发言中捕捉闪光点，取人之长，补己之短，让交流的过程成为大家共同提高的过程。

4. **创设真实的教学情境**

在生动、多样的教学环境中，学生可交流的话题增多，情感体验丰富，容易打开思路，增强沟通能力。

教师应充分利用学校、家庭和社会上的教学资源，在教学设计上，应由“给予知识”转向“引起互动”，通过互动活动，让学生主动地获取体验，获取新知。

5. **多提问**

哈尔莫斯说：“有了问题，思维才有了方向。”提问是实现师生互动的平台，是传递信息的一种渠道，是激活学生思维的一种有效方式。

在教学过程中，教师应根据教学计划和教学内容的要求，事先设计出要学生理解的问题，引导学生主动发现、积极探索、实践体验、解决问题，以便深层理解并掌握和运用基本知识，促进学生运用所学知识分析和解决问题能力的提高。

6. **分组讨论**

为了正确评定学生和便于因材施教，教师应在课堂上设计一些题目和任务，让每一位学生通过分组讨论积极主动地发言。

讨论中，教师应认真聆听每位学生的发言，适当控制讨论的进程和发展方向，防止学生在某个环节上纠缠过多而影响其他问题的探求，以确保讨论的质量。

互动课堂教学应努力摒弃那些虚假的互动，要不遗余力地追求课堂教学互动的真实性和有效性，充分发挥学生的主体性，力求使每一位学生真正参与课堂，从而使教学质量不断提高。

引入谜语的课堂

（一）引“谜”入课，激活学生的思维

谜语是文艺百花园里绮丽多姿、永不衰败的鲜花，因其生动形象、内容丰富、形式多样、朗朗上口、寓智于乐等特点，有着广泛的群众基础。几千年来，上至文人学士、达官贵人，下至村夫野老、愚妇顽童，无不对其感兴趣。

谜语是暗射事物或文字供人猜测的隐语。常见的谜语有以下几种类型：

（1）事物谜。谜底是动物、植物、各种器具、人体器官、自然现象等生活中常见常用的事和物。

（2）文义谜。通常指灯谜，谜底是表达任何一种意义的文字，包括单字、各种词语、词组、短句等。

（3）画谜。用图画作为谜面的谜语。画谜一般采用别解、会意的方法去猜射。如果用看图识字的方法就可以猜到的谜语，严格来说不能称为谜语，如从“左面画一棵树，右边画一只羊”中就容易猜出“样”字。

（4）字母谜。以字母作谜面的谜语。如果是按汉语拼音拼读的就是拼音谜，如果是以外语拼读的就是外文谜。

（5）实物谜。用实物作谜面，通过展示一件或几件物品，让人们通过它们本身的特征和内在联系去猜射谜底。

（6）哑谜。它和实物谜有些相似，除了用实物作谜面外，还要求猜谜的人做出某种动作。

（7）对联谜。用对联作谜面的谜语。

（8）数字谜。由阿拉伯数字组成谜面的谜语。

(9) 故事谜。把谜语融于故事中，让人们去猜射。故事谜在我国民间源远流长。它有人物，有情节，比其他谜语形式更完整、更丰富，趣味性更强。

(10) 神智体谜。利用字的大小、笔画多少、位置正斜、排列疏密等作谜面，以意写图，使人自悟。

在民间，谜语作为高雅的文娱活动启迪智慧、开阔视野、娱乐身心、陶冶情操，因而广为流行。同样，在课堂，谜语丰富了课堂文化生活，备受广大师生的欢迎。

谜语形象、生动、风趣，让学生学习兴趣增强，课堂气氛活跃；谜语联系学习实际，寓谜于教，让学生的观察、思维、想象、自学等能力得到提高，课堂效果显著。教师应在课堂教学中恰当运用谜语，以激发学生的学习热情，让他们获得更多的知识。

(二) 引“谜”入课，让课堂生动活泼

口语交际课是一种全新课型，对于小学教师和学生来说具有一定的难度，因为小学生的接受能力、想象能力、表达能力、交往能力都相对较弱。那么，怎样才能上好口语交际课呢？以下是义乌市实验小学语文老师方敏通过猜谜语活动，正确引导学生学习交际本领，使学生形成与人交往、待人处事的交往能力。

“同学们，猜谜语不仅有趣，而且能使我们变得越来越聪明。你们想怎么猜谜语呢？”

“我们可以向别的组发起挑战。”

“方老师，你出谜面，我们猜。”

“可以两个组进行比赛，老师出谜面，我们在老师的耳朵边悄悄地说谜底，看哪个组猜得对。”

“每个组派一名代表进行猜谜比赛。”

讨论了一会儿，方老师就按照学生的想法来组织玩猜谜语游戏。方老师提醒说：“今天猜谜语跟平时有点儿不一样，不光要猜出谜底，还要说说你是怎么猜出来的。所以要仔细听，仔细想哦！”

“第一个出谜的机会给我吧！”方老师抢先一步说：“叫猫不是猫，眼被黑圈包。竹叶是粮食，珍贵又稀少。”

生："熊猫。"

师："把话说完整，好吗?"

生："谜底是熊猫。"

生："我决定谜底也是熊猫。"

师："是'决定'吗?"

生："我确定谜底也是熊猫。"

师："真不错，马上有进步了!"

生："我认为谜底一定是熊猫。"

师："认为谜底是熊猫的，请把你们的小手举起来让老师看看!"

这时，学生都神气地把手举得高高的，方老师就故作疑惑地问："咦，你们是怎么猜出来的呀?能说出自己是怎么猜出来的小朋友才是最了不起的!谁能说出自己是怎么猜出谜底的?"

"我从'黑眼圈''珍贵''竹叶是粮食'去猜，觉得是熊猫。因为熊猫眼圈是黑的，又是珍贵的保护动物，爱吃竹叶，所以我认为是熊猫。"

"熊猫是吃竹叶的，谜面里有这句话，我就知道是熊猫了。"

"我知道熊猫是国家一级保护动物，谜面里说'珍贵又稀少'，所以我想应该是熊猫。"

看到学生听得仔细，又会动脑筋，能根据事物的特点来猜谜语，方老师感到非常高兴，就拿出了一只可爱的小熊猫毛绒玩具作为对学生的奖励。

方老师趁势又说出了第二个谜语："奇怪奇怪真奇怪，头顶长出胡子来，剥开衣服看一看，颗颗珍珠露出来。"

所有的学生齐声回答："玉米!"

不过方老师说："你们是猜对了，但谁能把刚才这个谜面完整地说一遍呢?"

经过三个学生的相互补充说明后，谜面才被完整、正确地表述清楚。方老师便提醒说："我们要猜出谜底，就要先听清楚谜面。"

接着，方老师拿出了一个玉米实物，让学生回答猜出谜底的原因。学生很快就回答上来了。

为了进一步验证学生是不是真的会猜谜语了，方老师又出了一个谜语。学生信心十足地积极等待着。

师："尾巴像辫子。"

生:“我认为是大象!大象的尾巴很长的,像辫子。”

生:“我猜是木马。”

生:“我认为谜底是猪。因为猪的尾巴又细又长,还会像女同学的辫子那样搞来搞去。”

师(笑):“是‘搞来搞去’吗?应该说是——”(方老师用手势做甩来甩去的动作)

生:“噢,是——甩来甩去!”

方老师和全班学生一起鼓起了掌。

学生继续猜着,谜底五花八门,狮子、猴子、斑马、长颈鹿、老虎等,凡是大家知道的有尾巴的动物,都被一一陈列出来,似乎大家说得都很有理。

这时,方老师打断说:“你们猜得都没错,也很好,但这究竟是什么动物呢?请大家接着听——耳朵像扇子。”

“我认为是大象。因为大象的耳朵很大,像扇子,扇起来风力可大了!”“我确定这个谜底是大象,因为只有大象的耳朵是大大的,像扇子。”学生一致认为谜底是大象。

究竟是不是大象呢?方老师又补充了两句:“腿儿像柱子,鼻子像钩子。”

生:“我确定是大象。因为大象的腿像柱子一样,鼻子长长的,会卷起来,很像钩子。”

师:“你看到过大象吗?在哪儿看到的?”

生:“看到过。我是在杭州动物园看到的。”

生:“我对他的回答有意见。我觉得机器狗的腿也像四根柱子,所以我认为是机器狗。”

生:“不对!不是机器狗,因为这个谜语让我们猜一种动物,机器狗不是动物,所以我认为是大象。”

生:“老师,我还有补充!机器狗的鼻子不像钩子,还有前两句也告诉我们耳朵像扇子,机器狗的耳朵不像扇子,所以不是机器狗。”

这时,方老师在投影屏幕上点出了大象的图片,并表扬了该生:“大家听出来了吗,他猜谜语的方法很好!他能把整个谜面前后联系起来想一想,猜一猜,这可是猜谜语的好办法。好,奖励你一个小动物!”

全班立刻响起了热烈的掌声。

掌声过后，方老师总结道："看来呀，我们猜谜的时候，不仅要读懂每一句话的意思，还要弄懂整个谜面的意思，前后联系，这样去猜，就容易多了。否则，猜出来的谜底五花八门，就不知道究竟是什么了，对吧？谜语还有很多，你们想不想再猜呀？"

"想！"

看到时机已经成熟，方老师就让学生自己出谜语，并说："出谜语的人应该怎么做，大家能给他提个建议吗？"

"我觉得他应该先说'请大家听好'。"

"他可以说'我给大家出个谜语，请大家听好了'。"

"他可以想请谁猜就请谁。"

"谁先有谜底谁先说。"

方老师同意了大家的看法，学生开始出谜语和猜谜语。

生："我给大家出个谜语，请大家听好谜面——有个古怪老公公，网儿撒在半空中。白天不做事，夜里捉小虫。打一动物。"

生："我猜是猫头鹰。"

生："不对。"

师："你可以问问他为什么猜猫头鹰啊。"

生："因为猫头鹰晚上出来捉田鼠。"

师："你认为他猜对了吗？"

生："不对，因为'网儿撒在半空中'，猫头鹰是没有网的。"

生："我认为是青蛙。"

生："也不对。你为什么认为是青蛙？"

生："因为青蛙晚上还在捉虫子啊！"

生："可是青蛙没有网啊！谜面中说这种动物是有网的。"

生："我认为是蜘蛛。"

生："你是怎么猜的？"

生："蜘蛛把网织在树枝上，挂在半空中，用网捉虫子。"

生："恭喜你，你答对了！"

师："出谜出得好，猜谜也猜得对，还能说出自己是怎么猜出来的，很不错！谢谢你们。谁还想出谜语让大家猜呢？"

生："今天我给大家出个谜语，谜面是：两根带子四只脚，天天夸我快长高。又装课本又装笔，又装歌声又装笑。"

生："我认为是书包。"

生："恭喜你答对了！你是怎么猜出来的？"

生："因为你说是可以装东西的，而且可以装课本和笔，所以我认为是书包。"

生："我不同意他的意见，因为谜面说什么东西都可以装，书包里不是什么东西都可以装的。所以不一定是书包。"

师："其他同学怎么想的？"

生："我猜是书包。因为刚才我听到谜面是说可以装笔，又有两根带子，所以我猜是书包。"

师："究竟是什么呢？可能有的同学刚才没有听清楚谜面，请你把谜面再说一遍，好吗？"

生："我的谜面是：两根带子四只脚，天天夸我快长高。又装课本又装笔，又装歌声又装笑。"

师："听清楚了吗？现在你们认为谜底是什么？"

生："书包！"

还有许多学生都抢着要出谜语。为了使每一个学生都能参与这项活动，方老师请每个小组长带领组里的学生一起出谜语、猜谜语。同时，方老师准备在黑板上给认真进行游戏的小组加上"主动学习星"。学生很兴奋，积极行动起来。

一段时间过后，桃子队、蘑菇队、向日葵队等小组的图标旁边分别多了一颗"主动学习星"，这些队的队员心中都感到无比自豪。

为了挑战难度，提高小组团队的竞赛意识，方老师让六个小组来比一比，看哪一个小组猜出的谜语多，哪一个小组说得最清楚、最流利。于是，各小组展开讨论，选择出了组里最难的谜语，想难倒其他组。

桃子队："我们向蘑菇队发起挑战。"

师："请其他同学当评委。"

桃子队："蘑菇队请听好，我们的谜面是——西瓜不够大，埋在地底下。如果碰到它，马上开火花。"

蘑菇队："……"

桃子队："其他队同学有猜出来的吗？"

生："我猜是地雷。因为地雷就是埋在地底下的，像西瓜，圆圆的，可是没有西瓜大。所以我认为是地雷。"

生："我也认为是地雷，因为地雷埋在地底下，如果谁踩到它，它就会爆炸，那不就开花了吗？"

师："他们猜得对不对呀？"

桃子队："猜对了！"

师："桃子队挑战成功，我们要给桃子队加上一颗智慧星，大家说好吗？这两位同学猜对了，老师也要送你们一份小奖品，因为你们很了不起！"

师："好，下面，哪个组准备向别的组发出挑战？"

香蕉队："桃子队请听好，我们的谜语是：细长身子大圆点，绿绿叶子黄脸蛋，每日对着太阳笑，结的籽儿嗑不完。打一植物。"

桃子队："向日葵！"

香蕉队："恭喜你们猜对了！"

师："桃子队猜对了，应该给桃子队再加上智慧星。其他组可别灰心，后面还有更多的谜语、更多的机会等着你们呢！"

方老师一边鼓励着大家，一边播放着伴有歌曲《火车司机》的"神童列车"奔驰前进的动画。师生们一起看着屏幕上的画面，一起拍手唱起《火车司机》，一起去"蓝精灵快乐迷宫"。

"蓝精灵快乐迷宫到了！我们就要举行猜谜会了！大家看，这里的谜语可多了！"方老师拉开了小黑板上遮着的幕布，由各种图形组成的谜语园地出现在学生眼前，一下子就把学生给吸引住了。"这里呀，有水果宫，有动物宫，还有更多的各种各样的谜面，同学们想不想去猜啊？哪几位同学想当水果宫、动物宫，还有综合宫的宫主？"

有四名学生把手举得很高，还喊着，最后他们当上了宫主，戴上了宫主头饰。

动物宫宫主："朋友们，我这里是动物宫，这里的谜语可多了！你们如果到我这里来猜谜语，我会让你越猜越聪明！"

水果宫宫主："我是水果宫宫主，你们可一定要到我这里来猜谜语啊，我这里有好多谜语，你们一定会喜欢的！"

综合宫宫主（两位）："我们是综合宫的，我们这里的谜语又多又有趣，可以让你们猜个够！如果猜对了，说得好，还可以得到奖品呢！”

“哎呀，每个宫都很吸引人噢！在你们去之前，我提两点要求：首先要把谜面读正确，然后要说清楚你是怎样猜出谜底的。你猜出来了，就把谜底说给小宫主听。如果猜对了又说得清楚，小宫主就会给你发奖品。最后，我们还要评出今天的猜谜大王。去吧，好好猜！”方老师富有激情的语言感染着每一位学生。

于是，学生离开座位，来到“迷宫”前，听着轻音乐，读着谜语，猜着谜语，说给宫主听。

不一会儿，音乐停了，学生回到座位上。究竟谁能当上今天的“猜谜大王”呢？学生们个个都想当今天的“猜谜大王”，抢着上台汇报，并让别的同学来评自己是否能当上今天的猜谜大王，这时下课铃声响起，来不及评出猜谜大王了。

“没关系，老师把这顶‘猜谜大王’的桂冠放到教室里，你们回去以后可以继续猜，然后评出猜谜大王，好不好？”

“好！”

纵观这节口语交际课，学生个个像着了迷，各方面的能力得到了提高和发展。

方老师明确要求学生在猜出谜语的同时还要说清楚自己是怎么猜出来的，提高了学生的思维能力。方老师说出谜面后，还让学生复述谜面，这便加强了学生的听觉能力。方老师不仅自己出谜语，也让学生出谜语，这便促进了学生自主学习能力的培养，既达到巩固、增识汉字的目的，也体现出口语交际要求互相参与的特点。方老师还特别注意对学生语言表达能力的培养，总是耐心地启发和引导，帮助学生改正，让学生说正确、说规范，如“把话说完整，好吗”“是‘决定’吗”“是‘搞来搞去’吗？应该说是——”等。

从这些可以看出，方老师把谜语引进课堂，是为教育教学服务，不是为猜谜语而出谜语，而是利用谜语让课堂远离沉闷，充满活力，拥有谜一样的魅力。

（三）引“谜”入课的实施策略

有人说，谜语有着较高的文化娱乐价值，但是它毕竟有其自身的特点和作用，用在此可以，用在彼就不一定行得通。在课堂教学中，教师如何让谜语发挥它应有的效力呢?

1. 为教学服务

教师选用的谜语，一定要紧紧围绕教学内容和过程来安排，让学生感兴趣，让知识有利于迁移，让学生学有所得，千万不能为谜语而谜语，牵强附会，影响教学效果。

2. 内外结合

学生学习的知识不仅有课内的，还有课外的。为了让学生学好课内知识，教师应设法向课外拓展知识，让课内外知识有机结合起来。

生活中的谜语带有一定的启迪、教育作用，利用好它们，可以达到有效的教书育人的目的。平时，教师可以精心挑选一些有趣、有教育意义的谜语张贴在教室里，让学生讨论、想象和感受。

3. 教给学生猜法

(1) 会意法

也叫正扣法，即从正面总体理解谜面的意思，得出谜底，如从“脸上长钩子，头角挂扇子，四根粗柱子，一条‘小辫子’”的谜面可以猜出一种动物——象。

(2) 别解法

利用汉字一字多义的特点，将某些字不作原意解释，而以另外的含义来扣合谜面，如“暑期展销”打一教育名词——夏令营。这里，“夏令”正扣“暑期”，“展销”正扣“营业”，“营业”就别解为“营”字了。

(3) 运典法

用古典小说、诗词、历史、名人传记等作谜面，而将意义别解，从而扣合谜底，如“孟母三迁”打一医学名词——转移因子。

(4) 加法

将谜面提示的部分字的笔画予以增加或将某些字相加，来扣合谜底，如“好山好水”打二字——崔，淮，这里“好”扣“佳”，“好山”即“佳山”，相加得“崔”;“好水”即“佳水”，相加得“淮”。

(5) 减法

将谜面提示的部分字的笔画减少，或用某些字相减来扣合谜底，如“池中没有水，地上没有泥”打一字——也。

（6）象形法

根据事物的特征、汉字的结构进行拟人拟物，加以形象化而出的谜语，如“冰上两点嫌它多，石头压水水爬坡”打一名词——水泵。

（7）直谐法

谜底是利用发音相同或相近的字来代替本来应该用的字，以求把人的注意力引开，达到隐藏谜底的目的，如“增加十两”打一城市——天津，这里的“增加十两”即“添斤”，“添斤”与“天津”谐音，故得谜底。

（8）排除法

排除一面取一面，排除多方取一方，排除容易而取难，如“说不叫说，拿不叫拿”打一字——最，这里排除“说”而取“曰”，排除“拿”而换成“取”，“曰”“取”相加得“最”。

此外，猜谜语的方法还有反射法、借扣法、侧扣法、分扣法、溯源法、加减法、离底法、离面法、象画法、间谐法、比较法、拟人法、拟物法、问答法等。它们或单独出现，或交叉出现，需要教师根据具体情况灵活把握。不过，在猜谜底前，教师一定要让学生看清谜面、谜格（谜面扣合谜底时所遵守的格律，一般指谜底的字数）、谜目。

4. 让学生自编谜语

中小学生的求知欲、想象力和创造力非常强，教师应加以正确的引导。

让学生自编谜语、互猜谜语甚至表演谜语，他们才能找到属于自己的乐趣，才能满足自己的求知欲望，才能不断激发想象力和创造力。

谜语教学不失为一种激发兴趣、培养思维能力的好方法。诚然，如果仅仅以谜语吸引学生是远远不够的，重要的是通过谜语培养学生持久的学习兴趣，让他们对谜底念念不忘、刨根问底，并带着健康的心理走向未来，一步一步实现自己的理想。

融入游戏的课堂

最受学生欢迎的课堂

（一）把学习融入游戏中

柏拉图说："生活必须作为游戏来过。"席勒说："只有当人是最充分意义的人的时候，他才游戏；并且只有当他游戏的时候，他才是完全的人。"可见，游戏是人的存在方式，是人类的天性。的确，现实生活中，绝大多数人都喜欢游戏，学生尤其喜欢。游戏之于学生，犹如奶水之于婴儿，无论是古老的，还是新鲜的，无论是真实的，还是虚幻的，总是让学生乐在其中、迷恋不舍。

游戏这么有魔力，如果能够把它请进课堂，教学将会产生独特的魅力。

1. **吸引学生的注意力**

爱玩、好动是学生的天性。在传统的以讲授为主的教学模式中，中小学生在课堂上很难长久集中注意力，往往课还没有上到一半，有些学生就开始做一些小动作，有些学生看似坐得笔直，其实思想已开了小差，身在课堂里，心在课堂外。

游戏进入课堂可引起学生的无意注意，有利于吸引他们的注意力。教师通过游戏可以把复杂甚至是无趣的教学内容寓于轻松愉快的玩乐之中，让学生不知不觉地去主动学习。

2. **发展学生的智力**

许多游戏有提升智力的作用，学生通过参加游戏，观察力、记忆力、想象力、思维能力等都能相应得到提高。这样，学生的学习能力也能随之提高。

3. **创造轻松愉快的学习氛围**

视、听、说、写、画、唱、表演等丰富多彩的游戏活动可以充分调动学生的眼、耳、口、手等感官，满足他们好动、好奇、好胜的心理，使他们心情舒畅、无拘无束、轻松愉快地学习。在这种活跃的课堂气氛中，学生们精神振奋，积极地开动脑筋，努力争取提问和回答问题的机会，学习效果自然良好。

4. **激发学生的竞争意识**

有些教学游戏具有较强的竞争性，比如“淘汰”游戏和知识竞赛。在比赛中，学生的竞争意识被激发，每个学生都想尽力做到最好，力求自己或者本组能取得好成绩。这种竞争意识有利于培养学生不服输、敢于向困难挑战的精神。

5. **培养学生的合作意识**

团队合作越来越受到重视，善于合作已作为人的一种基本素质被提了出来。一个人若想生存，就必须审时度势，学会合作。因此，培养学生的合作精神已经成为教育者的一项重要任务。

课堂中的游戏恰好改变了教师“一言堂”的局面，创设了师生间、学生间平等交流的机会。在游戏中，学生不仅学会了倾听、赞美、批评、接受，而且还展现、认识、完善了自我，使个性得到和谐健康的发展，同时也养成了合作意识。

玩是孩子们的专利，教师应该“放手”让学生去游戏，让他们懂得游戏，“玩中学，学中玩”。然而，在部分教师眼中，游戏即“玩”，即嬉笑娱乐，即不严肃。在他们看来，游戏与教育目标无关，与认知世界相对抗，会使人玩世不恭、不求上进，于是便堂而皇之地放弃游戏。在这样的教育氛围中，学生不得不将“玩心”收起，接受“能令其成才的”程式化的教育。这是对学生天性的最大伤害，也严重影响了教育效果。

游戏具有强大的吸引力，具有浓厚的趣味性，把游戏带进课堂，学生定会如鱼得水，快乐、自由地游动。

（二）让学生在游戏中有所思、所得

新学期开始了，江苏省无锡市盛岸中心小学迎来了一年级新生。这些新生即将在陌生的环境中开始新的生活，结交新同学，认识新老师，学习新书本……

为了增强同学间的友谊，也为了激发学生对美术课的喜爱之情，李莹老

师把原为第十课的“我的新朋友”调至第一堂课上。

“小朋友们，欢迎你们来到美丽的中心小学！今天，李老师先唱首歌给你们听，好不好?”面对新来的小朋友，李老师很激动。

“好!”学生感觉李老师很像是自己的亲人和朋友，一点也不拘束。

“注意听啊，看看谁的小耳朵灵，听听我唱的是什么!”

“找啊，找啊，找朋友，找到一个新朋友，敬个礼呀，握握手，你是我的新朋友……”

听到是自己熟悉的《找朋友》，学生不由自主地跟唱起来，脸上洋溢着愉悦的表情。同时，他们自主地把李老师唱的“新”字改为了“好”字。

唱完歌后，李老师好奇地问：“你们唱得真不错，可是为什么把我的‘新朋友’变为‘好朋友’呢? 是不是你和你的新同学已经成为好朋友了呢?”

“没有。我们以前唱的就是‘好朋友’。”

“真的没有? 其实人与人第一次见面就是新朋友了，就像李老师今天刚跟你们认识，我们就是新朋友了。请寻找一下你的新朋友吧。别告诉我你是谁，让我来猜一猜。”

听了李老师的话，学生左顾右盼寻找自己的新朋友。

李老师一边鼓励学生，一边引导学生仔细观察自己的新朋友，以便把新朋友描绘得更详细一些：“新朋友是胖胖的，还是瘦瘦的?”“脸长得什么样?”“有没有什么很特别的地方?”“头发是怎样的?”“是男孩儿，还是女孩儿?”“穿什么衣服呢?”……

学生觉得非常好玩，争着要让李老师猜自己的新朋友。这时，李老师灵机一动又改变了游戏方法，她请一位学生描述，另一位学生来猜，自己旁观指导。

学生参与游戏的热情非常高。为了让更多的学生参与这个游戏，提升更多学生的观察和描述能力，李老师再次改变游戏方法，请同桌的学生互相猜：“你猜猜我的新朋友是谁，我猜猜你的新朋友又是谁。”

教室里立刻热闹起来，学生积极、认真、细致地猜着，描述着新朋友，有的甚至离开座位，将新朋友指给同桌，看自己猜得对不对。

一阵“嘈杂”过后，李老师停止了游戏，说：“好，你们有没有都猜出来的，来，为自己的聪明鼓鼓掌!”

教室里立即响起热烈的掌声，学生还纷纷要求和李老师交朋友。

李老师特别开心，接着，她出示几张图片，让学生与图片中的人物结识为新朋友，并让他们描述图片中自己记得最牢、感受最深刻的地方。

看到图片，学生不由自主地笑了起来，并踊跃举手回答。

“头发乱乱的。”

“像乱稻草。”

“眼睛是三角形的，挺好玩的。”

“脸好大哦，却戴着一副小眼镜。”

“嘴巴像蛤蟆嘴了，咧着在笑呢！”

“一颗颗牙齿像珍珠米塞满了嘴巴。”

……

虽然李老师只出示了图片只不到一分钟，学生却找到了图片中人物最突出的特点。这时，李老师便提示说：“你们记得最牢的地方就是这位新朋友的最大特点，也是他跟其他人不同的地方。如果要画新朋友，你也要把他的最大特点画出来哦！”

当一张脸由红、黄、白三色画成的人物图片出现时，学生都表现出了不喜欢的神情，不愿意描述。

李老师便代学生描述：“世界著名的大画家毕加索就是用这种方法画人物的。（出示《戴帽子的女人》）毕加索认为人脸是高低不平的，就应该画不同的颜色。你看‘她’（指着画中的女人）左脸红色，右脸由黄、白二色涂成，是不是显得很光亮啊？”

“是！”学生好像懂得欣赏这样的画了。

“你们画画的时候，也可以画出五颜六色的头发、衣服、手哦！”李老师希望学生们大胆地用颜色画画。

最为奇怪的一张画是由纸做的，画上的小花、头发等全是用纸剪贴出来的。学生无不惊奇，跃跃欲试。

看到大家对画画已经有基本的了解，也有了画画的欲望，李老师说：“这些新朋友都被留在了纸上，你们想不想也把自己的新朋友在纸上留住呢？”

学生充满信心地齐声说：“想！”

“其实画新朋友的方法还有很多，不信我们看书上第十课，请你拿着书到你的新朋友那儿去一起聊聊有哪些方法，你准备用什么方法。聊好了，边商量边画，也可以两人一起画。”

李老师让没有找到新朋友的学生分别配对后，就开始巡回指导学生画画。

“这是我和新朋友画的我们一起坐着公交车到无锡城里去玩的情境。”

“这是我和新朋友莉莉一起画的，这是她画的我，这是我画的她。我们晚上一起看星星。”

“子娟当小老师，在帮我背拼音。”

“我们把自己的照片剪下来贴在一起，再添点风景，多好看！”

……

学生一一为老师介绍自己的画作。

面对学生大胆随兴画出的造型各异、内容独特的图画，李老师被深深地感染了。其间，一位学生介绍说：“我还用白颜色画了伟国在流鼻涕呢。”李老师并没有批评他表现的内容不好，而是巧妙地引导：“那你是不是该在他手上画块手帕，让他把鼻涕擦干净，这样你的新朋友就是个人见人爱的爱清洁的小孩了。”该学生欣喜地接受了李老师的意见。

下课铃声响了。学生都交上了新朋友，李老师的教学目的也已达到。她高兴地说：“大家画的新朋友太让我喜欢了。其实，生活中还有许多东西都可以成为我们的新朋友。妈妈带回家的可爱小猫，你可以和它做朋友；爸爸的同事叔叔来家里做客，你也可以和他做朋友；你还可以把雪人、大树、娃娃都当成你的朋友，但我们现在首先要学会和班里的每一位同学友好相处，让每位同学都成为自己的好朋友，好吗？生活中处处有朋友，愿你们今后能结交更多的新朋友！”

“好！”学生欢呼起来。

回顾整堂课，学生一直沉浸在游戏的欢乐氛围中，他们的欢乐涟漪不仅激荡在第一节美术课上，还将延续到他们今后的美术课中。

新生入学，最重要的是尽快和同学搞好关系，在欢乐、轻松的气氛中学习、生活、成长。李老师把“我的新朋友”调至第一节课上，正是从学生的实际出发。她用唱错歌的方式拉近与学生的距离，引出上课的主题，然后利用猜新朋友的游戏，既让学生结识了新朋友，也通过描述新朋友让学生从整体上感知了图画的特点。

通过出示图片，李老师很自然地把结识真实朋友变为欣赏画面中的人物。在搞笑的图片中，李老师并不是让学生一乐了之，而是启发、引导学生讨论和理解，一步步深入教学，引起他们大胆尝试，激发他们画画的欲望。

另外，“加强团结，增进友谊”这一人文目标在本堂课的每个环节都得到了较好的实施：通过互猜新朋友，对朋友的外貌更加了解，加深了彼此的友谊；通过画画，同学之间的友谊转变为合作实践；通过让学生与生活中的人、物结交朋友，扩大了朋友的概念，使学生的感触由浅入深，由淡渐浓。

小学生好奇好玩，青阳实验小学数学老师张亚红便利用学生的这个特点，经常在课堂上让学生做分一分、数一数、画一画、摆一摆、拼一拼、摸一摸的游戏，使抽象的数学学科变得形象化、具体化，从而激发学生的学习兴趣，启发学生的思维，提高学生的实践能力。

在教授“可能性”一节内容时，张老师一进教室就和学生玩起了“剪刀、石头、布”的游戏。不过，张老师在每次出拳时都告知学生自己要出什么，这让大家不解。

当学生又一次赢了张老师后，他提问说：“为什么你们总能赢我呢？如果不知道我出什么时，你们能赢吗？”

“能。”

“不能。”

“可能赢，也可能输。”

学生争论不休。

张老师说：“有些事情的发生是能确定的，有些却不能确定，这就叫事情发生的可能性，今天我们就来研究‘可能性’。”

板书完“可能性”后，张老师便让学生玩摸球游戏，初步感悟“一定”“不可能”“可能”的表现情况。

张老师把全班学生分成男女两组，定下游戏规则：分别在两个口袋中任意摸一个球，然后再放回去搅一下。如果摸到的是红球就加10分。

比赛开始了。

“第一回合：开始摸，看谁能得分。”

……

“第三回合：开始摸，又是女生赢了。”

……

“男生加油啊!”

……

“第六回合：开始摸，还是女生赢了。”

……

结果，男生一分也没有得到，他们摸到的都是绿球，而女生摸到的都是红球，她们得到了 80 分，赢得胜利。男生们既狼狈，又懊恼，怀疑地说：“女生的口袋里装的肯定都是红球，而我们的口袋里装的肯定都是绿球!”

张老师一边打开球袋，一边安慰男生说：“你们真聪明，一下就猜出女生口袋里装的都是红球。”他又问：“如果让女生再摸一个，结果一定是红球吗？如果让你们再摸一个，有没有可能摸到红球呢?”

男生很是不服气地大声回答着：“一定。”“不可能。”

看到男生很不服气的样子，张老师笑着说：“看来刚才的比赛不公平，比赛结果无效。现在，我给两个口袋分别放入四个红色球和四个绿色球，我们重新玩一次比较公平合理的摸球游戏。不过这一次摸出来的球不能再放进口袋里。”

张老师又一次鼓舞了学生的斗志，尤其是男生，他们表现出不取得胜利绝不罢休的架势。

又开始摸球了。学生一会儿摸到红球，一会儿摸到绿球。没过多久，男女两队各摸到四个红球，各得 40 分，双方打了个平局。

胜负没有分出，所有的学生开始对张老师设计的游戏不满意：“老师的游戏太公平了，比赛结果没有胜负!”“摸球时间没有限制，结果怎么能分出胜负呢?”“球都一样多，我们男生没法赢啊!”……

“好好好，你们都是赢家！‘友谊第一，比赛第二’嘛！重在参与，后面还有好多游戏，但是你们从摸球游戏中发现了什么?”张老师打开投影屏幕，上面出现三句话：

(1) 在全是红球的口袋里，任意摸一个，(　　) 是红球。

(2) 在没有红球的口袋里任意摸一个，(　　) 是红球。

(3) 在有红球和绿球的口袋里，任意摸一个，(　　) 是红球，(　　) 是绿球。

学生若有所悟，看着屏幕，填着空：“一定”“不可能”“可能”“也可能”。

为了让学生进一步理解巩固对“一定”“不可能”“可能”的认识并准确运用，张老师又给学生设计了下面四个游戏：

1. 摆一摆球。

(1) 任意摸一个一定是绿球。

(2) 任意摸一个不可能是绿球。

(3) 任意摸一个可能是绿球。

2. 选一选：“一定”“不可能”“可能”。

地球每天都在转动。(　　)

太阳从西方升起来。(　　)

叔叔买的彩票，会中奖。(　　)

两个数的和是10，这两个数是3和7。(　　).

3. 说一句话。

用“可能、不可能、一定”中的一个词、一句话说说自己生活里的事。

4. 玩转盘。

转动转盘，说出最后指针会停在哪里。

一下子又有这么多好玩的游戏，学生兴奋不已，他们积极地、自信地摆着球，填着空，说着自己的生活琐事，猜测着转盘的指针……

教育家洛克说：“教导儿童的主要技巧是把儿童应做的事变成游戏。”

学生特别喜欢“剪刀、石头、布”的游戏。张老师通过让学生玩这个游戏来集中学生的注意力，调动学生参与学习的积极性。当张老师提出“如果不知道我出什么时，你们能赢吗”的问题时，更是激发起了学生的思维积极性，最重要的是通过这个问题学生在整体上感知了生活中有些事件的发生是可确定的，有些事件的发生不可确定，存在着多种可能性。

两次摸球游戏，张老师又让学生在思维矛盾中经历了“一定”“不可能”“可能”的事件发生情况，诱发他们的内在学习动机，逐步使学生的认识从模糊到清晰。通过对三句话的填空，学生逐渐学会了描述事件发生的可能性。

当学生初步感悟“一定”“可能”和“不可能”后，张老师又通过四个游戏活动让他们在应用训练中形成准确运用描述事件发生的可能性的知识经验，巩固所学知识，丰富生活经验，发展思维想象能力，最终高效完成教学目标。

张老师教授“可能性”的过程中，自始至终用让学生参与游戏活动的方式进行教学，而这正符合低年级学生好玩的年龄特征。正是张老师的精心设计、细心组织、耐心引导，让学生玩有所思、玩有所得。

（三）游戏课堂的实施策略

在教学中加入游戏有很多好处，教学离不开游戏，但教学并不等于游戏，游戏的作用不能被夸大。那么，如何让游戏真正走进课堂，与教学内容有机融合呢？

1. 应有一定的目的

游戏是为教学服务的，必须与教学密切相关。在设计游戏时，教师要充分考虑教学的要求和教学效果，把握教学的重难点和其他要求，不让游戏流于形式，如在学习表示颜色的英语单词时，教师可以模仿设计幸运大转盘的游戏，让学生猜颜色，这样，游戏的目的性很强，学生的参与面也会很广。

2. 把游戏交给学生设计

学生是教学的主体，对于如何设计教学，他们最有发言权。学生喜欢做游戏，更喜欢做由自己设计的游戏。教师要多听取学生的意见，与学生协商设计游戏。这样设计出来的游戏，学生更容易理解，更乐于参与。

3. 创设具体的情境

教师应创设一个具体的情境，吸引学生充分投入，通过移情作用，让学生体验此情此景的情绪感受，真正实现在“玩中学，学中玩”。有时候游戏的场所不一定选择教室，可以调整到室外、球场、草地……

4. 形式要多样化

游戏不可久玩。再好玩的游戏，玩过几次后就没有新鲜感了。所以，教师要不断设计新游戏，不断翻新游戏。

现在，电视、电脑、手机等多媒体设备不断涌现出五花八门的游戏，吸引着学生的眼球，教师可以博采众长，“拿来”使用。

5. 应有一定的层次性

（1）目标的定位要有层次

游戏既包括为掌握语言形式而设计的具有机械意义的操练性质的，又包括着眼于语言内容的具有交际意义的。这些游戏的操练活动在一堂课中要从低级向高级有序安排。

(2) 难度要有层次

在游戏教学过程中，面对程度不同的学生，同一个游戏或同一堂课中不同游戏内容难度的设计要有一定的梯度，以适合不同层次的学生参与。

教师可以根据学生的个人素质、性格特点、记忆力、反应速度等，做到心中有数，把全班分组，因材施教，分层要求，以最有效的激励机制促使学生不断上进。游戏时，对于后进生教师可适当给予提示，启发并鼓励他们在游戏中获胜；对于成绩好的学生，则要让他们感觉到一定的难度。

6. 让学生有成就感

在电脑游戏中，如果取得胜利，就会有升级、过关等相应奖励，学生会产生一种成就感，感到特别喜悦和满足，所以在失败后，他们仍要去努力取得胜利。

课堂中的游戏同样要制订相应的奖励方法，以激励学生的学习动机。例如，在教学中，教师应给予学生适当的表扬和赞许，对于那些在游戏活动中表现好的学生或小组要给予奖品或加分等。

7. 注意培养学生的智力

开展游戏是为了学习和巩固所学知识，活跃课堂气氛，但也应该在游戏中注意培养和开发学生的想象力、创造力等多方面的能力。

8. 开展游戏要适时适度

游戏课毕竟不是娱乐，教师把游戏引入课堂教育之中一定要注意一堂课中游戏的类型搭配与时间安排，适时、适度地开展游戏活动。

让游戏进课堂，可以让学生真正感受学习的乐趣，对学习充满信心。广大中小学教师应努力把游戏贯穿于教学中，让游戏为教学服务，寓教于乐。

让学生表演的课堂

最受学生欢迎的课堂

（一）让学生“演戏”，让知识变活

我们都知道，与看彩色的图书相比，学生更喜欢看有着同样内容的动画片。为什么？因为其中有表演。动画片把书本上的人物、事件等都演活了，演得学生一看就懂，一看就产生深刻的印象。

喜欢表演是学生的天性。主体教育论认为，犯错是孩子的权利，求知是孩子的天性，好表现是孩子的需要、孩子的特点。从课堂实践看，学生的表演欲确实特别强，他们喜欢表演，渴望表演。

教师如果把枯燥乏味的课有技巧地上成表演课，不仅可以带给学生无穷的乐趣，还能让学生获得不一般的课堂体验。

1. 表演课堂的形式

（1）片段表演

这种表演在语文、英语课堂上用得比较多，也最能即时显现效果。实践中，师生可以就某一角色讲的一句话或者做的一个动作进行表演。

这种表演用时少，但每一个学生都可以参与，展示自己的个性、理解力与表达能力。此外，它还能创造一种“围绕一个概念，打开多扇窗户”的效果，让学生更充分地培养与发展多元智能。

（2）综合表演

这种表演多被安排在课堂即将结束时，或在一个专门时间，能加深学生对教学的深层感悟，并且给学生更多的选择空间——学生可以自主选择角色、内容、表现方式等。这可以促进学生的多元化、个性化发展。

综合表演的具体形式多为小组组合、群体表演，可以锻炼学生的分工协调能力、组织能力，提升学生的集体意识和荣誉观念。

(3) 创造表演

创造表演是指在紧扣教学主题的基础上，适当增加一些细节来丰富表演内容的表演形式。

学生可以结合教学内容，根据一定的语境进行大胆而合理的再创造。这不仅可以培养学生的创新意识和创新能力，还能促使他们联系已有的感悟与体验，产生认识的新飞跃。

(4) 即兴表演

相对于以上三种有“预谋”的表演来说，即兴表演不需要提前设计好程序、安排好角色及情节等，而是信手拈来。

2. 表演课堂的意义

(1) 激发学生的学习兴趣

布鲁纳说：“学习的最好刺激是对所学材料的兴趣。”要使学生愿学、乐学、爱学，首先要调动学生的学习兴趣。这一点，对于任何阶段的学生都一样。

课堂表演就为学生创设了一种轻松、活泼的学习氛围，使原本“静”的课堂“动”了起来，使原本“死”的课堂“活”了起来，把学生真正“解放”了出来。

表演中，教师和学生用丰富的想象、诙谐的语言、夸张的动作，给课堂带来一次又一次的高潮。学生的这种表演热情必然会很快转化为对相关教学内容的喜爱，进而延伸到对相关学科的学习兴趣。

(2) 培养学生的能力

有一些课堂表演需要学生提前做准备，写表演稿。这就培养了学生运用词汇、语言，调整语句段落关系等方面的写作技巧，从而锻炼了学生的写作能力。

表演之初，学生难免会因胆怯、害羞出现停顿、啰唆、用词不当等现象，但是只要教师给予耐心的指导、热情的鼓励，学生就会在表演中不断改善自己，提高自己，纠正语言表达的错误，提高自信心，使自己越演越大胆，越演越形象。课堂表演能大大提高学生在公众场合的语言表达能力。

(3) 激发学生的想象力和创造力

曹禺说过：“学生参加演戏可以加深对课文的理解，演戏里的人，就必须理解他们的思想与感情，要具备活泼生动的想象，也要有一定的表演能力。”“课本剧可以启发学生的潜在的智力，使他们对听课、读书发生兴趣……”

课堂表演集合了各种智力因素和非智力因素，调动和调节着以情感需要为核心的一切心理、生理因素，这能促使学生进一步开阔思维，发挥想象力和创造力。

（4）融洽师生关系

课堂表演中，学生大都以积极的态度参与活动，没有外在的压力，也没有教师的强迫。此时，教师不再是站在讲台上板起面孔讲课的“先生”，而是表演活动的设计者和积极参与者。学生也不再对教师敬而远之，而是会主动与教师讨论、研究。

在表演中，一些学生在教师和同学的肯定声中重新认识了自我，树立了信心。学生封闭的心灵敞开了，交流的机会渐渐多了，师生之间沟通的机会多了，误解就会更少，由此良好的学习氛围、师生关系也就慢慢产生了。

（二）在表演中提高课堂效率

著名特级教师于永正老师在上《小稻秧历险记》一课时，巧妙地让学生进行表演，提高了课堂教学效率。

课堂上，于老师让学生把几个理解起来有难度的生词写在黑板上，然后一边讲课一边解释。

讲了一会儿后，于老师说：“同学们，读到这里，我想你们肯定懂了‘气势汹汹’‘蛮不讲理’‘一拥而上’这些词，谁知道‘气势汹汹’是什么意思?”

几位学生举起了手。

于老师就喊他们到前面来：“这几位同学都懂了，没有懂的同学就请看我们的表演：我当小稻秧，你们几个当杂草。杂草把小稻秧团团围住，你们觉得自己应该怎么站啊?”

于老师刚说完，那几个学生就从四面把于老师围住了，其他学生则笑着看着他们。

于老师故意很紧张地问：“你们要干什么?”

一个学生声音低低地“恐吓”道：“快把营养交出来!”

见这位学生胆小的样子，于老师笑着说：“你们没有读懂。声音要凶、要大，把腰叉起来才对！”

其中一个学生立刻会意了，叉着腰，大声而凶恶地喊道：“快把营养交出来！”

于老师装作胆小的样子，唯唯诺诺地说：“我们刚搬到大田不久，正需要营养，怎么能交给你们呢？”

这几个学生不知所措，站在那里不知道接什么话好。

于老师问全体学生：“他们应该干什么啊？”

一个学生说：“他们应上前抢营养。”

“对，要抢。营养在地里，快！”于老师说。

“杂草们”很快就会意过来，一拥而上，抢起了营养。顿时，“稻秧”就没精打采地垂下了头。

看到于老师没精打采的样子，下面的学生哈哈大笑。

“杂草厉害不厉害？凶不凶？”

学生异口同声地回答：“厉害，凶。”

“这就是‘气势汹汹’。杂草野蛮不野蛮？”

“野蛮。”

“讲理不讲理？”

“不讲理！”

“这就叫‘蛮不讲理’。杂草让小稻秧发言了吗？”

“不让。”

“这就叫‘不由分说’。各位‘杂草’请回去！”表演完毕，于老师让那几个学生回到各自的座位上，接着拿下小黑板，让学生读上面的词语：气势汹汹、蛮不讲理、不由分说。

读完后，于老师继续带领学生理解词语。

读到“警觉”一词时，于老师问：“看来这个词语需要老师帮忙了，谁不需要？”

“‘警觉’就是灵敏的意思。”

“‘警觉’就是感觉到了什么，然后抬头看看。”

“有一点儿意思，但没说清楚。”于老师点评道，“下面老师表演一下。看了老师的表演，你就知道是什么意思了，但也不一定说得出。”说着，于老师请两名学生和自己一起表演。其中，一个学生旁白，一个学生当喷雾器大夫，而于老师则当杂草。

学生旁白：“突然，一阵毛毛雨从天上飘下来，一棵杂草警觉地抬起头，看了看天说……”

只见于老师扮演的杂草在突然感受到有水滴滴在身上后，立刻抬起头，看了看天，说：“不对呀？大晴天怎么会下雨呢？”

学生旁白：“这时，一个洪亮的声音响起来……”

扮演喷雾器大夫的学生说：“这不是毛毛雨，而是化学除草剂！”

于老师“警觉”地问：“你是谁？”

“我是喷雾器大夫。平时你们欺负小稻秧，现在轮到你们倒霉了。”说着，他做了一个使劲喷洒农药的动作。

“什么是‘警觉’，你们看到了吗？我们再表演一下‘警觉’，请大家看清楚。”说着，于老师又和两位学生表演了一次。

“懂了吗？这就是‘警觉’的意思。不要说，体会一下就行了。”说着，于老师拿起小黑板“请大家读……”

“警觉。”

“我们再来看‘收拾’。这个词谁读懂了？”

一个学生说：“‘收拾’就是你欺负我，我就打你。”

“请你读读书上的最后两节。”于老师让他读课文。

待学生读完后，于老师问：“懂了吗？”

“就是把你打死！”

“是我吗？”于老师笑着问。

其他学生也笑了。

“就是把杂草毒死。”该学生也笑着纠正道。

“对！‘收拾’在这里就是这个意思。你是怎么懂的？”

“我读了后面的课文懂的，后面写‘杂草纷纷倒了下去’。”

“倒下，就是完蛋了，被消灭了。这下你是真的懂了。”顿了顿，于老师又说：“大家再听我说一句话。早晨，妈妈对我说：‘把你的房间收拾一下，下午有客人来。’这里的‘收拾’是什么意思？”

“就是把房间弄干净。”

“就是整理的意思。”

“嗯！这两个同学都明白了，但第二个同学表达得更好。词语一定要联系课文来理解。谁能把杂草的话读一读，让人感到它已经有气无力了?”

一个学生站起来大声地读道：“完了，我们都喘不过气来了。”他中气十足的样子一点都看不出有气无力来。

看他这个样子，于老师笑着说：“你没有完，再喷洒两遍你都不会完。”

“完了！……我们……都喘不过气来了。”该学生又喘着气读了一遍。

“我听到你喘气了，但是声音仍然很大。说话的声音这么大，能完吗?要么是你的抗药性强，要么是这化学除草剂是假冒伪劣产品。我再给你喷洒一点。”说着，于老师做了一个喷洒农药的动作。

该学生很小声地读了一遍：“完了，我们都喘不过气来了。”

“好，掌声鼓励。这就是‘有气无力’，读。”

全体学生“有气无力”地读了一遍。

“谁读懂‘纷纷’了？请懂的同学站起来。我读课文，你们做动作。”

学生纷纷站了起来，读道：“杂草有气无力地说：‘完了，我们都喘不过气来了。’不一会儿，杂草就纷纷倒下了。”

在于老师的读书声中，站起来的学生纷纷倒下了。课堂气氛十分热烈。

“请大家坐好，看哪个同学腰挺得直。懂了‘纷纷’了吗?”

全体学生异口同声地回答：“懂了。”

“刚才有个同学说‘清明时节雨纷纷’，那里的‘纷纷’是什么意思?”

“那个‘纷纷’是指毛毛雨慢慢地下。”一个学生回答。

“不是慢慢地下。”于老师表示否定。

“是指不断地下。”

“对，是指不断地下。课文中的‘纷纷’是‘一个接一个’。记住，理解词语一定要联系上下文。好！通过刚才的表演，大家都懂了这些词语。现在再读，就会读得更好。下面我们找一个朗读得最好的同学来读。”

学生推荐了一个女生到前面配乐朗读。她读得很有感情，大家都听得入了迷。读完，大家给了她热烈的掌声。

尼采说过：“有人的地方就有表演。”一段诙谐的小品，一个精彩的故事，一曲动听的歌声，一次逼真的表演……都可以让课堂充满活力，让学生学得更有趣。

讲《小稻秧历险记》一课时，于永正老师以他那亦庄亦谐的表演，让抽象的知识变得容易、直观起来，让课堂也因此充满生机、活力。表演课堂对于低年级的学生来说，寓教于趣，寓学于乐，正好在生活和知识之间架起了一道桥梁。

于老师引导学生理解字词时，将抽象的字词诠释转化为形象的动作表演，随着动作慢慢到位，“台词”渐渐准确，学生对文字的“识别率”也逐步“升级”。这样，一堂语文课演变为一种以攻克生词为表、理解课文内容为里的课堂表演。其间，于老师带领学生把对文本语言的揣摩、咀嚼、体悟与师生的现场表演进行了完美结合，让学生在表演中推敲、领悟了字词意思，在思考中调整了错误的思维。

在这堂表演课上，于老师通过自己的表演、学生小组的表演、学生个体的表演，尽可能地让更多的学生参与进来，让学生体验到了知识学习与肢体表演合而为一的独特感受。

也许这个表演过程因“停停走走”而显得不够连贯，不够赏心悦目，但学生却在慢慢的欣赏过程中，看到了最美的风景。

（三）表演课堂的实施策略

表演课堂一改学生被动求知的地位，促使学生多动脑多动手，主动参与教学，激发了学生的学习兴趣，有利于学生准确理解教学内容，有利于培养学生的创新思维，有利于展示学生的才华。这种能全面培养学生能力的课堂，哪个学生会不喜欢？课堂上，教师又该如何带领学生通过表演掌握知识呢？

1. **单项表演**

这种课堂表演没有情节，也没有角色，只是对某个词语的意思进行诠释、解说。比如，英文单词 push 和 pull，学生很容易搞混，教师就可以通过推、拉门的动作表演，加深学生对词义的了解。这种表演多为教师的即兴表演，极具教师的个人色彩。

2. **综合表演**

这种课堂表演内容比较丰富，不仅有不同的角色，还有生动的情节，有个性的对话。这类表演教学价值比较高，可以促进学生对教学内容的理解。

进行这种表演时，教师通常会联合学生在课下做准备，如与学生一起将教学内容编成舞台剧，在表演的过程中带领学生学习。

3. **单组表演**

这种课堂表演是教师将教学内容编排成剧本，让几个学生分别担任其中的角色，分小组轮流上台表演，然后再由全班学生进行指导、评论。比如，教《狐假虎威》一课时，教师就可以找几个学生分别担任狐狸、老虎等，拿着课本，上讲台表演。

单组表演比较集中，虽然直接参与表演的学生比较少，但全班学生却可以在旁边指导同学表演，可以在同学表演后评论，间接参与表演，这同样也能产生不错的教学效果。

4. **多组表演**

这种表演克服了单组表演直接参与表演的学生较少的缺陷。教师可以采取多组表演的形式，或在多组表演的基础上，再选出其中有代表性的组做单组表演。

比如，教《东郭先生和狼》一课时，某教师先将全班学生分成10组，每组的4位学生分别扮演东郭先生、老农、猎人和狼。大家边读课文边讨论如何表演，然后分别在走廊或教室内试演，而教师则进行巡回指导，并选出其中一组到讲台上表演，请全班学生评议。这不仅扩大了表演的参与面，还能产生更高的课堂效益，很受学生欢迎。

5. **个体表演**

这种课堂表演只请一位学生上台，而教师和其他学生则进行评议、指导。在上面的案例中，于老师讲“收拾”这个词时，就是让一个学生进行个体表演，然后再由他进行点评指导。

6. **群体表演**

要想让所有学生都喜欢上表演课堂，教师应尽可能地扩大课堂表演的参与面，尽可能地设计一个全班学生都能参与的表演。

教《一粒种子》时，某教师在引导学生深读课文后，让学生坐在座位上边读边表演。读到“一粒种子睡在泥土里”“就把身子挺一挺”时，学生就抬起头，伸一伸腰，做出一副很舒服的样子；读到“他有点儿渴，喝了一口水，觉得很舒服，又把身子挺一挺”时，学生就把腰挺得更直，头抬得更高；读到“又把身子挺一挺”时，学生就全体站起来；读到最后，“种子又把身子挺一挺，眼前一亮，啊，好个光明的世界”，学生就举起双手，表演欢呼的样子。

这种群体表演，调动了班上每一位学生的表演和学习热情，对调控课堂氛围起到了重要作用。

7. 模拟表演

这种课堂表演，不是直接表演教学内容，而是模拟某种生活情境做间接性表演。

教《颐和园》这篇课文时，某教师就模拟旅游活动，请一位学生当导游，让全班其他学生当游客。该教师给“导游”戴上了一顶旅游帽，递给他一个扩音话筒和一面三角小红旗，并要“导游”把课文改成导游词，指着投影屏幕上依次出现的景点，向全班学生介绍。而其他学生则以游客的身份向“导游”提问题，由“导游”解答。如果“导游”答不上来，或说得不好，教师和其他“游客”也可以回答。

这种课堂表演使学生在内化课文语言的同时，还根据表演需要创造性地组织语言，给学生一个学习和运用交际语言的机会。

蔡元培先生说过：“我们教书最重要的是引起学生的兴趣。”教学实践中，教师应尽可能上一些别开生面的课，吸引学生，让他们集中精力学习，从而提高学习效率。大受学生欢迎的表演课堂，无疑是教师的最佳选择之一。

实施问题探究教学的课堂

(一) 设置问题，让学生自主获取知识

日本一位饲养员喂养黑熊时，不是将食物放在黑熊的嘴边让它们坐享其成，而是将食物或挂在树上，或藏在树洞里，要它们动脑子、想办法去寻找食物。渐渐地，黑熊整天为得到食物而琢磨获取食物的方法。后来，黑熊搬来了凳子，站在上面取食物，还找来一根树枝努力地去钩树洞里的食物。觅得食物后，它们总是大口大口地嚼着。然而饲养员却说，那些食物并不是它们平时最喜欢吃的。

通过饲养员设置障碍，被饲养的黑熊变得灵活起来了，他们的生存能力得以保持，还似乎明白了食物的来之不易、弥足珍惜，变得不再挑食。这样的道理何尝不可以运用到课堂教学中来呢?

当前的教学活动中，一些教师为了让学生尽快掌握知识和技能，一上课就滔滔不绝地开讲，一遍遍地演示，架桥铺路，扫清一切障碍，学生只要躺在被呵护的温床里就可以了，什么都不用想，什么都不用做。这样对吗?

有位年轻老师上课总是急着把新知识传授给学生。一次公开课，为了让学生尽快掌握“除以分数”的计算法则，他讲到“一辆汽车 2/5 小时行 18 千米，1 小时行多少千米”时，就在黑板上详细列出了解答步骤：

第一种解法，因为（1 小时行的千米数）×2/5=18（千米），所以要求 1 小时行的路程，列式：18÷2/5；第二种解法，因为 2/5 小时行 18 千米，也就是 2 个 1/5 小时行 18 千米，所以 1 个 1/5 小时行的路程，列式：18÷2，因为 1 小时中有 5 个 1/5 小时，所以要求 1 小时行的千米数，列式：18/2×5=45=18×5/2。

这位教师对每一个解答步骤都详细给出，因此学生都能够顺着他的思路不用做任何思考，也不会有任何怀疑，整堂课顺顺利利，没有一点卡壳，所有学生都明白了“除以分数”的计算法则。

然而，在课后练习的时候，意外发生了。大多数学生却不能像这位年轻老师那样畅通无阻地答题。尽管那些练习题只不过是汽车变成了拖拉机、轮船等，数字有些出入，学生却无从下手。

年经教师在教授新知识的过程中剥夺了学生自主获得新知识的锻炼机会，学生完全处于被动接受的状态中，遇到一点新变化就不知所措。所以说，错不在学生，在教师。试想，年经教师如果在这堂课一开始就让学生知道“通过这一例子解决为什么要用除法计算和怎样计算的问题”，然后让学生自己去想一想、闯一闯，并提示一些关键，如“1/5 小时行多少千米”等，最后再由师生共同分析、总结，学生的学习就不会是现在的结果了。

可见，一帆风顺的课未必是一堂好课。恰恰相反，课堂中设置一些问题，能够引起学生极大的思考兴趣，激发他们更大的求知欲。

在解决问题之前，教师有必要在宏观上对问题的基本类型有所了解，力求“知己知彼，百战不殆”。

课堂教学中出现的问题，可以从形式和目的上分类。

1. 形式上的分类

（1）引发式问题

把一个大问题分解成若干个小问题，小问题互相之间并不直接牵连，而是分别与大问题相扣合。

（2）台阶式问题

将几个连续性的问题按由易到难的次序提出，前一个问题是后一个问题的基础，后一个问题是前一个问题的深化，引导学生从现象到本质、从具体到抽象，一步一步地深入思考和探究，做出科学的推理和正确的判断，最终找出事物的本质特征。

（3）连环式问题

根据知识的内在联系，设计出以疑引疑、环环相扣的一系列问题，使学生达到由此及彼、由表及里、拓宽思路的目的。

（4）辐射式问题

以某一知识为中心向外扩展，引导学生从不同方向、途径、角度去发现、寻找与此中心有密切联系的尽可能多的问题。

2. 目的上的分类

（1）知识记忆性问题

为考查学生对学科的基本知识和常识性知识的记忆情况而设置的问题。

（2）理解性问题

为考查学生在对学科基本知识和常识性信息知识的理解情况而设置的问题，它建立在知识记忆性问题的基础上。

（3）应用性问题

为考查学生学以致用的情况而设置的问题。

（4）分析性问题

为全面考查学生对知识的加工、重组、再造的逻辑能力，看其对知识是否能够结构化，形成知识图表，建立知识关联，领悟到表层知识下面的隐性含义等情况而设置的问题。

（5）综合归纳性问题

为考查学生能否依据所掌握的知识概括综合、推理判断和创新而设置的问题。

无疑则思不起。陶行知先生说："发明千千万，起点是一问。"学习的过程就是解决一系列问题的过程，教师要当好学生学习航船的舵手，适当地在课堂上设置一些问题障碍，提出一些问题，故意"刁难"学生，让学生亲自去闯一闯，就像喂养黑熊的饲养员一样，不断激发学生的"食欲"。

（二）设置问题，让学生跨越问题障碍

多年来，江苏省南通市如东县邱升中学的邓小燕老师坚持"以问题为中心"的教学模式，并和学生乐在其中。在她的语文课上，总能看到学生积极思考、踊跃发言、激烈争论的场面。可以说，一堂课 45 分钟，学生的脑子没有闲着，而是学有所思，思有所议。邓老师在课堂上的提问总是能摸清学生的"底细"，寻找到教与学的最佳契合点，让学生跨越问题障碍。

在学习《对联》一课时，有些学生认为对联就是春联，只要字数相等就行，读读背背就可以了。邓老师可不愿意祖国文化的精华就这么被"糟蹋"了，她在小黑板上出示了一组对联："爆竹声声脆，祖国日日新。祖国江山好，大地气象新。"学生饶有兴味地朗读着，一种民族自豪感油然而生。

"同学们觉得这副对联有什么特征？请仔细观察上下联最后一字的声调、上下联的词性、上下联的意义联系、上下联相对的词的平仄。"

学生在邓老师有目的、有针对性的引导下，很快发现了对联的特征。

"我发现对联上联末字为仄声，下联末字为平声。"

"上下联词性相对。"

"上下联意义相连。"

"上下联平仄基本相对。"

为了进一步加深学生对对联的理性认识，邓老师趁热打铁，出示了一副对联的上联："扫千年旧习。"

学生经过思考，对出了"展一代新风""除百岁恶俗""树世纪新风"等下联。

为了精益求精，邓老师让学生评出最佳下联，并说出理由。

"对联上下联意义相连，下联是主题的深化，所以我觉得'除百岁恶俗'没其他两句好。"

"在量词的使用上，'一代'对'千年'比'世纪'对'千年'更好。所以，我觉得最佳下联是'展一代新风'。"

见学生已经体验到了创作对联的乐趣，邓老师紧接着又出了一副颇具难度的上联："雪过三冬春有信。"学生开始认真思考。

这时，邓老师稍作提示："'雪过三冬春有信'的表层意思和深层意思分别是什么呢？"

"严酷的冬天即将离去，温暖的春天就要到来。"

"示意无论人的境遇再如何凄惨，总会有阳光明媚的日子。"

"告诉人们不要在困难面前一蹶不振，应该看到光明和希望。"

对于学生的深刻理解，邓老师非常赞同，并鼓励他们不要怕对不好："请出示下联。"

学生表现出前所未有的创作热情，纷纷出示自己的下联："风来二月柳含烟。""难经四折功就成。""败历数次胜在前。"……

答案显示出了学生思维的智慧，邓老师被感动了，她明白，一个精巧的艺术的构思需要教师对学生进行正确的引导、真切的呵护，这样，学生才能绽开思维之花。

一堂成功的语文课应该有一个核心问题。邓老师深知核心问题的重要性，从不纠缠琐碎的问题。

以前在教《“诺曼底”号遇难记》一课时，邓老师在梳理小说情节后，就让学生找出有关人物语言、动作、外貌描写的句子，然后进行分析。结果，学生七嘴八舌，课堂很热闹，但学生的注意力却被分散了。尽管邓老师最后进行了总结，课堂效果仍不理想，学生在情感、态度、价值观方面的提高不明显。这次邓老师的教学吸取了这一教训。

师：“我们看看哈尔威船长是怎样一步步展开救援的？”

生：“先稳定大家情绪，再指挥救援。”

师：“描写他稳定大家情绪的段落在哪里？”

学生齐声朗读课文的第十三小节。

师：“‘必须把六十人救出去’，写出了船长怎样的心理？你被他的什么品质感动了？”

生：“船长在危急关头救人至上，自己却抱定与船共存亡的决心。我被他忠于职守的强烈责任心感动了。”

师：“尽管船长有强烈的责任心，但灾难面前人心惶惶，谁都知道要第一时间逃命，可船长为什么不立即展开救援工作呢？简短的对话与救援工作有什么联系？”

生：“不能马上展开救援，对话内容紧紧围绕船的安全和最佳救援时间，船长在危急关头不慌乱，考虑到了可能会发生的爆炸。我觉得船长很伟大，危急关头，他沉着果断，指挥有方，是大智大勇的英雄。我很佩服他！”

师：“我也佩服你的发言，可当船长得知还有二十分钟时间时，为什么还指挥大副备好手枪随时打死胆敢走在女人前面的男人？”

生：“每个人都知道时间就是生命，危难时保护弱小是男人们必须承担的社会责任，哈尔威船长已经将责任感化成了使命感。这也是他强烈的责任感的集中体现。”

师：“对，正是强烈责任感震撼了惊慌失措的人群，使得救援工作进行得井然有序。可是船长为什么没有将最后的一秒钟留给自己？难道是他怕承担某种责任吗？难道是他没有机会逃生吗？”

这时，学生陷入了思考，翻看着前文内容，回忆着老师前面的问题，很快发现事情的责任不在船长，船长完全有机会逃生。

“船长不逃生，是因为轮船是他的生命，大海是他的生命。他深爱着自己的岗位，也深深爱着大海。这份爱深沉伟大，感动天地。”

这个回答深深打动了邓老师，得到了她的充分肯定，迎来了全班的热烈掌声。

看到学生感触颇深，邓老师感慨地说：“然而船长已经去了，你最想和哈尔威船长说什么呢？”

“感谢船长！您的临危不惧，您的自我奉献事迹将永载史册！”

“船长！您让我明白了责任心高于一切，强烈的责任心为您赢得了所有人的由衷尊重！您的人性光辉照亮了这片黑暗的海洋。”

“我尊重您的选择，但我更希望您选择一次生的机会，因为航海事业更需要您这样的英雄。”

……

学生不停地诉说着对船长离去的惋惜之情以及对船长的敬佩之情，与此同时，学生的情感、态度和价值观也得到提升。

为了激发学生对对联的兴趣，让学生认识对联，读懂对联，喜欢对联，甚至创作对联，领略祖国文化的博大精深，邓老师针对学生的实际情况，从培养学生的民族自豪感入手，巧妙地引导，让学生领略到了课文内容的无限风光。

在讲授《“诺曼底”号遇难记》时，邓老师始终围绕着探讨哈尔威船长的生命价值、培养学生正确的价值观的主问题进行有效提问。学生在教师的引导下，很快完成了对哈尔威船长生命价值的探讨，在情感、态度、价值观方面都获得了全面提升。像邓老师这样利用问题取得教学成功的方法是值得广大教师学习的。

（三）问题探究教学的实施策略

当前，提倡问题探究教学已日益成为大家的共识。“问题”作为课堂教学的纽带，是否能够精心设计、恰如其分地运用，关系着教学的成败。那么，如何利用问题开展教学呢？

1. 精心设计问题

精心设计的问题，不仅能“吹皱一池春水”，激发学生的学习兴趣，而且能“击起千层浪”，增强学生的思维能力，最终优化课堂结构和教学效果。教师在设计问题时应做到：

(1) 注重寻找问题的源头

传统课堂上，教师是提问的机器，提出的问题零碎、单一、脱离实际、没有价值，很难激起学生的兴趣。这些都是由于教师不注重从问题源头提问造成的。教师在设计问题时既要引起学生的兴趣和注意力，又要“润物细无声”，让学生主动参与探索。

①从阅读教材中寻找。从教材中知识的衔接点、生长点、概念易混点、关键字等方面寻找问题。

②从实验现象中寻找。根据实验过程中观察到的现象提出“如何解释现象”“说明了什么”的问题，让学生透过现象去思考问题的实质。

③从知识的产生过程中寻找。在了解概念和规律的过程中，学生总会有些疑惑，教师要善于从知识形成的条件和过程中提出问题，加深学生的理解。

④从现实生活中寻找。问题如果脱离了生活，就失去了情趣，失去了意义。所以，课堂问题的创设，要为学生提供一个反映现实生活的虚拟环境，以激励学生积极主动地进行探究性的学习活动。

⑤从重点、难点中寻找。教学中的重点、难点具有牵一发而动全身的作用。教师要围绕着这些点，提出一些解决重点、难点的小问题。

⑥从学生质疑中寻找。问题是学生的问题，所以教师的问题不能“先行”，应在学生的疑惑中分类筛选并提出。

(2) 防止“滑过现象”

英国学者爱德华·德·波诺在谈到思维训练时提出一个有趣的“滑过现象”理论：“当我们驱车从 A 地到 B 地欣赏美景时，往往由于车速太快，忽略了途中更美的风景 C；由 A 地到 B 地的路越顺畅，C 地被忽略的可能性就越大。”

课堂教学也是如此，如果教师将教学任务设计得面面俱到、自然流畅，问题坡度太小，学生无需要多少时间即可一蹴而就，许多有价值的内容就会在不经意间滑过。所以，教师预设课堂问题要有一定坡度，防止“滑过现象”产生。

教师提出的要求、设计的问题应是善意的“刁难”；同时，这个问题不能是高不可攀的“险峰”，而是只要经历一番奋力攀登就能登上的“小山”。教师提出的问题要控制在学生的“最近发展区”，稍高于学生现有的知识水平，让他们跳一跳就能够得着。否则，问题太深，学生无法回答，会挫伤学习积极性，使学生失去信心；问题太浅，课堂只是表面上活跃，学生懒于思考，会使问题流于形式、走过场。

总之，课堂提问最忌过难或过易。教师应根据教学需要，针对学生实际，先易后难，由表及里，循序渐进地设问，启发学生想问题，并善于改变设问的角度，以提高课堂提问的价值，留下“更美的风景”让学生课后去欣赏。

2. 采取适当的提问方式

只有提问方式得当，才会产生良好的课堂教学效果。教师应根据不同的情境和目的采取不同的提问方法。

（1）直问

开门见山、直截了当地提出问题。直问目标明确，直指主题，它可以使教师在发挥主导作用的同时，很好地发挥学生的主体作用，使学生迅速进入思考状态。

（2）曲问

针对学生的疏漏、模糊处，以关键词为突破口进行提问。曲问会使学生顿悟，从而加深对正确结论的理解。

（3）正问

从事物的正面提出问题，引导学生从正面的角度考虑问题。大部分问题都属于正面性的问题。

（4）反问

从问题的反面提出设问，制造矛盾。反问更能够引起学生的好奇心，激发学生的联想，提高学生的逆向思维和创新思维能力。

（5）单问

集中提一个问题，然后集中释疑。单问一般以一个问题为线索贯穿整个教学活动。

（6）重问

重叠提问，在较短的时间内多次提问。重问，可以由宽到窄，逐一分解演绎，也可以由窄到宽，逐层深入归纳。

（7）实问

针对教学内容和知识点间的内在联系进行提问。实问一般用于难度较大或较抽象的新知识学习过程中。

(8) 虚问

似问非问，巧设迷雾，但虚中有实，一般用来活跃课堂气氛。虚问有替换式、延伸式、删削式等形式，可以激发学生的创新意识。

3. **锻炼学生的意志**

大多数学生面对教师提出的问题时，自信心不足，缺乏挑战问题的勇气，或等待老师给出答案，或随波逐流。学生如果没有坚强的意志去面对问题、分析问题、解决问题，即使有学习的兴趣和动机，也会半途而废、功亏一篑。所以，教师要刻意磨炼学生的意志，使他们敢于挑战问题，攻克障碍，到达成功的彼岸。

(1) 赏识学生

教师赞许的目光、肯定的话语是对学生的赏识。“你真行，再试一试”“你真棒，做得这么好”这些话带给学生的是暖意，是亲近，是成就感，是自信心，学生在这种状态下，思维处于积极活跃的状态，敢想，敢说，敢于质疑，敢于大胆创新。

教师在课堂教学中应该做到：对答错了的允许重答，对答不完整的允许重答或者其他学生补充，对没有想好的允许再想，对不清楚的问题允许学生发问，自己错了欢迎学生指出……尽可能给予学生表扬，与学生一起享受发表意见的乐趣。

(2) 与学生平等相处

美国人本主义心理学家罗杰斯认为，教师和学生之间保持一种良好的、民主的伙伴关系，有利于教师和学生形成良好的人际交往品质。

实践证明，如果教师上课绷着脸，居高临下，教学气氛就会紧张，学生情绪就会压抑，更不用说发表意见了。教师要以平等的态度对待学生，把学生当成朋友，尊重每一位学生。这样，学生才能无拘无束，轻松回答问题，敢于发表不同意见。

(3) 适当降低难度

学生一般不容易回答教学中的难点、重点问题。为此，教师可用提示、暗示的方法将一个复杂的大问题分解成几个简单的小问题，引发学生的发散性或多向性思维，使他们增强信心，一步步迈上成功的阶梯。被分解的问题一定要有针对性，切忌隔靴搔痒。

（4）释疑的时机要恰当

教师在提问后一般不要急于把结果告诉学生，要让学生充分思考，使他们的思维能力在这个过程中逐步提高，但释疑也不能拖得太久，不然会使学生失去兴趣。教师要掌握时机，恰当释疑。

心理学研究表明，中小学生好奇心强，喜欢刨根问底，他们的思维活动正在由形象思维向抽象思维过渡，越来越具有独创性，并试图解决问题。所以，教师一定要利用他们的这一心理特征，实施“以问题为中心”的课堂教学模式，让课堂受到学生的欢迎。

引导学生合作的课堂

（一）发掘合作优势，培养团队精神

曾经，在南美洲的草原上，有一种动物演绎了这样一个故事：酷热的天气，山坡上的草丛突然起火，无数只蚂蚁被熊熊大火逼得节节后退。大火的包围圈越来越小，渐渐的，蚂蚁似乎无路可走了。就在这时，出人意料的事情发生了。所有蚂蚁迅速聚拢，紧紧地抱成一团，很快就滚成一个黑乎乎的蚁球，紧接着，这个蚁球滚动着冲向火海。尽管蚁球很快就被烧成了火球，在噼噼啪啪的响声中，一些居于火球外围的蚂蚁纷纷被烧死，但更多的蚂蚁却绝处逢生。

关键时刻，蚂蚁们精诚团结，共渡难关，获得了新生。动物如此，人又何尝不一样呢？现代教育，教学质量与师生是否密切配合有着非常重要的联系。

《学记》提出教和学两方面要互相影响、互相促进："是故学然后知不足，教然后知困。知不足，然后能自反也；知困，然后能自强也。故曰：教学相长也。"陶行知更进一步提出："先生的责任不在教，而在教学，教的法子必须根于学的法子。"可见，教育并不是教师单纯一相情愿的"教"，而需要教师倾听学生的声音，配合学生的"学"，开展合作课堂，与学生合作完成课堂教学任务。

与传统的课堂教学相比，合作课堂具有如下特点：

1. 组织形式发生变化

传统课堂一般采用双人四组排列的方式，学生对着黑板，师生面对面开展教学活动。合作课堂的组织形式发生了显著改变，学生六人一组，侧对黑板围成一桌，形成了若干个合作学习区域，非常有利于小组交流、讨论和合作。

2. 教学行为发生变化

传统的课堂教学，教师讲，学生听；教师说，学生做；教师问，学生答。教学以教师为主，学生处在被动学习的状态中。在合作课堂中，教师不再是知识的传授者，而是教学过程的组织者、指导者、援助者、促进者，学生是课堂的主角和精彩课堂的生成者。

合作课堂采用任务驱动的方式，教师讲清要领，布置学习任务；学生分组讨论，进行合作学习。它使教师与学生间的单向交流变为了多向交流，各自的力量得到了整合。

其一般教学步骤为：第一步，教师讲授本节课的学习内容，提出具有探究价值的问题；第二步，学生在组长的召集下，围绕问题进行讨论；第三步，小组展示学习成果，并在集体讨论后形成一致意见；第四步，师生共议，归纳提升，达成共识。

3. 功能发生变化

传统课堂教学大都只注重教学的认知功能，忽视教学的情感功能及对学生非智力品质的培养。

合作课堂重视教学的情感功能。它不仅使学生获得认知方面的发展，而且尽可能地满足学生的心理需要，突出教学的情感效应，使本来没有学习动机的学生乐于学习、勤于学习，从而形成良好的心理品质。

合作课堂的开展对促进师生的和谐发展有着积极、重要、深远的意义。

1. 有利于提高学生的自主学习能力

合作课堂把学习的主动权还给了学生，教师通过帮助学生建立共同的团队目标及改进教学评价手段来激发他们为团队而学习的热情，最大限度地发挥他们的积极性、主动性、创造性。如在小组合作学习的过程中，学生能积极主动地寻找各种适合自己和小组的学习方式、学习策略，独学、对学、组学、群学，课内学习与课外实践相结合，优秀生与普通生、潜力生互动提高。

2. 有利于培养学生的团队意识

在合作课堂中，学生把“自我”自觉融入“小组”学习的共同体中，互相启发，实现资源共享，不仅使个体的思维得到了充分拓展，也使组员间产生了积极的团队意识，互相弥补差异，促进整体提升。

3. **有利于提高学生的认知能力**

萧伯纳说："倘若你有一个苹果，我也有一个苹果，而我们彼此交换这两个苹果，那么你和我仍然各有一个苹果。但是，倘若你有一种思想，我也有一种思想，而我们彼此交流这些思想，那么，我们每个人将各有两种思想。"

由于合作课堂采用任务驱动的方式，学生会为了目标而热烈地交流、讨论、展示、完善、补充。在这个过程中，每位学生都在小组成员的互动下使自己的认知不断地补充和发展，既使自己得到同伴的关注、认可、接纳、赞赏，也使自己对小组中的其他人产生积极的影响。这样，他们会更加专注、更加热情地进入学习状态，不断发展自我。

4. **有利于激发学生的想象力**

合作课堂最大的特点是变"教"的课堂为"学"的课堂，学生的作用得到强化，教师的作用则相对弱化。

爱因斯坦说："想象力比知识更重要，它推动着社会的进步。"在合作课堂中，教师营造了宽松的课堂气氛，师生、生生之间相互包容，彼此合作，每个人的思维都处于一个积极、开放的状态，都在为小组、班级的学习目标努力想象、思维、创造，寻求新的问题和答案。

5. **有利于师生间建立和谐关系**

在合作课堂中，学生是真正的课堂主角，教师只在学生遇到瓶颈没法突破时，才以其精彩的点拨有效地化解学生的疑难和焦虑。另外，教师由过去关注学生对书本知识的吸收变为关注学生多项智能的发育和发展。师生关系的积极变化，有效地促进了师生关系的和谐。

6. **有利于教师间的合作**

"没有教师的发展就没有课程的发展。"教师是课程的最终实施者，他们的专业成长对课程改革以及将课程改革理念转化为课程实践起着决定性的作用。

合作课堂模式已将师师互动纳入教学系统。在合作课堂的牵引下，教师之间的接纳、理解、尊重、探讨、分享、交流、互助与自我反思有机融合，共同助推着合作课堂朝更完善、更高质的方向发展。

备课时，备课小组首先统一认识，明确学习内容的特点、重点、难点，再由一人主备，完成第一稿教与学的方案，待其他成员审阅后，对第一稿方案提出修订意见，进行合理调整，最终将教案和导学案确定下来。上新课时，不管哪位教师先上新授内容，都要对两个方案的使用情况及时提出反馈意见，以供后面的教师尽快修订、调整。教学后，教师仍要反反复复地思考、揣摩、研讨，并在以后的课堂教学中不断尝试再尝试，实践再实践，修改再修改。

为了提高学生的自主、合作、探究的学习能力，使课堂教学富有活力，教育理应开展合作课堂教学模式——在教学过程中，为达到某一教学活动的目标，教师与学生、学生与学生彼此通过协调的活动，增强合作能力，促进组织与交际能力的发展，最终达到预期的教学效果。

（二）让学生在合作中深入探究

《小学科学课程标准（修订稿）》提出了“科学学习要以探究为核心”，然而探究活动的开展并不是教师或学生一个人的事情，它需要教师和所有学生共同参与、相互合作。华中科技大学附属小学的朱映晖老师就非常注重在科学课上开展合作学习，每堂课都尽可能地为学生创设适宜合作的探究环境，促使探究活动顺利展开。

“同学们，我们已经知道燃烧的蜡烛随着时间的推移会发生变化，我们可以利用蜡烛与时间联系的规律，制成一个计时仪器。那么，自然界的其他事物，如流动的水，是否也能制成计时仪器呢？如果利用流动的水做成计时仪器，谁有什么想法？赶快和大家说一说。请抢答！”

这时，学生抢着起立，胸有成竹地回答着。

“可以做一个像沙漏一样的水漏，让它里面的水从上向下流，根据流下去水的多少计时。”

“可以在一个很大的空瓶子上扎一个洞，然后灌上水，看它流完要多长时间，如果第一次水流完需要5分钟，再灌上水流完也是5分钟。”

“用两个空的可乐瓶，分别在两个瓶子的瓶盖中间用比较尖的物体开个洞，接着把两个瓶子的瓶孔对准后用透明胶带连接起来，这样就做好了一个计时工具。使用的时候，向其中一个可乐瓶灌水，再把瓶盖子拧紧，让装有水的可乐瓶在上面，标出瓶子的水面的位置。经过1分钟后再标出水面的位置，这两个位置的高度差就是1分钟内水下降的高度。根据这个高度差就可以知道流出水的时间。”

……

听着学生的回答，朱老师发现他们的想法和我国古代水钟的做法有许多相似点，就适时地打断说：“同学们刚才在谈到利用流水做计时仪器的时候，都有一个共同点，那就是把水放到一定的容器里，再让它漏出来，根据漏出水的多少判断时间。我们的老祖宗是不是也是这样做的呢？现在就请大家通过看资料的方式，了解一下老祖宗是怎样利用流动的水制作计时仪器的。有什么发现，请各组代表向大家说一说。”

为了使学生更快更好地读懂水钟的图文资料，朱老师按6人一组以座位就近的方式把学生分开。

大概5分钟过后，组代表开始发言了。

“老祖宗做的水钟都是从一个容器里滴水然后来计时的。”

“第一个水钟是靠慢慢接水来推动齿轮和指针，然后计时。”

“三种水钟有两类情况，一类是水面上升，一类是水面下降。”

看到学生已经大体了解了古代水钟的特点，朱老师就在黑板上板书，并给学生做了更清楚的介绍：“就像同学们所说，老祖宗做的三个水钟有两种类型：一种是受水型水钟，就是向容器里灌水，通过水面上升的多少判断时间过去了多少；另一种是泄水型水钟，它与受水型水钟恰恰相反，让水从容器里向外泄漏，通过水面下降的多少判断时间过去了多少。”

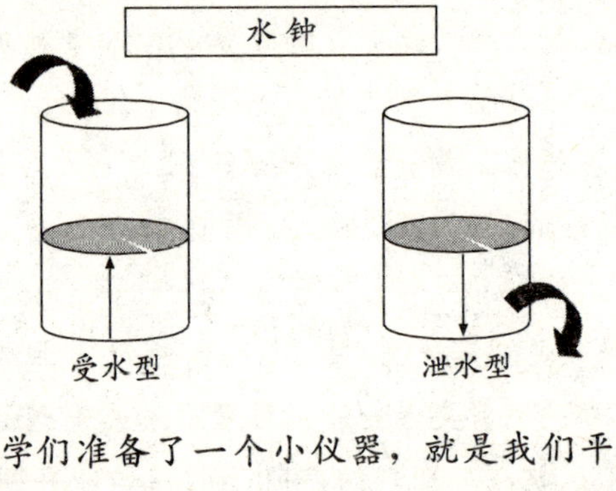

“今天我也给同学们准备了一个小仪器，就是我们平常见过的饮料瓶，只不过我给这些饮料瓶做了一些‘手脚’，把瓶子分割成了上下两个部分，把瓶盖开了一个小洞。现在我把这些材料发给大家，请大家琢磨一下发给你们组的材料的特点，它更适合做一种什么类型的水钟呢？”学生很兴奋，朱老师立马摆出了自己带来的各种形状的“饮料瓶”。

发完材料后，各小组就通过外形观察、向内灌水等途径来一起研究设计自己的“水钟”。

不大一会儿，各小组根据自己组材料的特点设计出了自己的水钟，并上讲台把设计方案介绍给全班同学。

第二组代表首先登台介绍。他们的瓶子下面凹凸不平，他们想先把水灌到一样平的地方再开始计时，过一分钟做一个记号，以此类推。听了介绍后，其他各组立刻提出了质疑和建议。

“你们组瓶子里的水是一滴一滴流，还是一直在流？”

“一直在流。”

“你们的水流得太快了，我想瓶子一下子就会变满的。”

“我们组的水原先流得相当慢，大概三四秒钟才滴一滴，后来我们把洞口钻大了点，大概1分钟水面只上升1厘米。”

为了加强学生对所学理论知识的运用，这时，朱老师开始提问了。

“在其他同学提出问题之前，我和大家都想明确一点，你们组设计的这个水钟究竟属于哪种类型的水钟？”

“受水型的水钟。”

“你们组为什么不利用这个瓶子，设计一个泄水型的水钟呢？”

“我们组的这个瓶子的上半部分好像是个倒过来的漏斗，它上面大、下面小，没有什么规律，制作泄水型的水钟不太方便。下半部分除了底下凹凸不平外，很大一部分有相同的地方，制作受水型的水钟很方便。”

接着第一组代表上讲台介绍自己组的水钟设计。他们组的瓶子的外形和第二组的差不多，不过他们的瓶盖的洞眼很小，水流得很慢，5秒钟才滴一滴，于是就想根据滴下水滴的数量测量时间。“一滴水5秒钟，12滴就是1分钟，这就是我们数水滴的水钟。”

第一组的水钟既不是受水型的水钟，也不是泄水型的水钟，而是一个数水滴的水钟。大家都感到很新奇。不过还是有其他学生给他们提出了更好的建议。

“我觉得他们这样的办法太麻烦了，必须一直守在旁边数数才知道时间过去了多少，我建议他们先数一数滴下1厘米高的水需要滴多少滴水，然后算出时间来，以后的时间就可以以此类推了。”

这个建议赢得了热烈的掌声。

接着第五组的代表开始介绍自己组设计的水钟。他们组的材料和别的组都不一样，由两个瓶子组成，上半部分和下半部分都很高，上半部分装的水比别的组都多，计量的时间可以很长。不过，他们也和第二组一样，做的是受水型水钟。这就引起了许多学生的“不满”。

“我觉得你们做一个泄水型的水钟要好一点，你们的瓶子上半部分不像我们那么小，它不仅可以装很多的水，而且还很规则，便于计量时间。”

“还可以找一个木片放在上半部分的瓶子里，灌上水后观察1分钟后它下降多少，就可以利用它来计时。”

第五组的学生听着真诚的建议，改变了自己的想法，欣然地接受了大家的意见。

看着黑板上一幅幅学生设计的图例，朱老师露出了会意的微笑。当再没有不同的发言后，他就要求各小组开始动手制作符合自己组材料特点的水钟，并在制作成功后写一份水钟的使用说明书，连同水钟一起交到讲台上。

于是，各组成员紧张有序地开始制作自己的水钟，灌水的灌水，缠胶带的缠胶带，写说明的写说明……

最终，朱老师评选出了三名制作得既快又精准的优胜者，并宣读他们的制作说明。各小组的成员享受着成功合作的喜悦。

合作课堂要求教师与学生组合为一个整体，注重在原有知识经验基础上建构新知识、新经验，从而发展自我。在水钟的制作过程中，朱老师建立起了学生相互合作的机制，科学地引导学生认知事物、进行探究。

从引导学生了解水钟，分析制作材料的特点，初步确定制作方案，到学生间相互合作探讨，修正完善并实施方案，朱老师始终在利用小组力量组织学生进行合作学习，做到了有所为，有所不为。因为问题简单，他放弃了让学生合作的机会，如开始的抢答、后面的建议；因为时间有限，他准备好了半成品，舍弃了让学生一起寻找材料的任务。

在合作课堂中，朱老师还做到了有“扶”有“放”，“扶”的是合作氛围的创设，“放”的是学生各种思路的表达。朱老师让组代表介绍水钟制作方案并接受质疑，其目的只有一个，那就是要形成大家认可的实施方案，使小组合作行为得到所有人的认同。

朱老师的课堂避免了由于枯燥地进行活动设计而引发学生的反感情绪，使学生在合作学习中体会着快乐和兴趣，从而制作出了“有特色”的水钟。

这样的合作课堂很值得广大教师学习和借鉴。

（三）合作课堂的实施策略

实践证明，一堂好课，离不开师生间、生生间的紧密合作和配合。精心设计和有效实施的合作课堂有助于教学的有序开展，那么教师该如何去实施呢?

1. 重视合作学习问题的设计

一个好的合作学习问题是促进、组织和指导学生合作学习的关键之一。在合作课堂中，教师需要根据课程标准的总体要求精心设计适当的合作学习问题，使这些问题成为学生学习的向导。

教师设计的问题要具有启发性和趣味性、有价值、有意义、难易程度适当。对学生来说，问题太简单，太容易，就会失去合作探究的价值；问题太难，学生通过努力合作仍然达不到目标，就会失去兴趣，甚至产生畏难的情绪。

2. 引导学生注重倾听

倾听是一种美德，它是学生与他人合作的前提。

低年龄段的学生，关注的往往只是自己对问题的看法，很少去理会别人的看法，难以与他人合作。如果每个学生都能做一个安静思考的倾听者，那他从倾听中获得的不仅是知识，还有他人的思维方式，更重要的是会养成一种尊重他人的美德。与此同时，这样的学生也就自然具备了进行合作的前提条件，即接受他人、愿意合作的态度。因此，教师要引导学生注意倾听。

3. 建立小组成员之间的认同感

由于学生在学习层次、性格特点、性别等方面存在差异，所以学生之间进行合作学习的一个难题是小组成员的选择。

小组合作通常会有学生自由组合、教师指定组合、座位就近组合三种组合方式，一般在课堂教学中采用座位就近组合的方式。座位就近组合的方式有利于学生之间互帮互助，互相认同，促进小组成员的均衡发展和整体发展。

另外，在实际教学中，教师最好在一定时间周期（如一个月）内让各小组成员相对固定，不管采用哪种方式，都应该花时间建立成员之间的认同感。教师可以给小组取一个名字并提出独特的口号，签订小组合作协议，把小组的绩效和个人的奖励联系起来，进行专门的小组团结辅导等，让成员之间相互找对方的优点，建立认同感。

4. **分工明确**

真正的合作建立在分工明确的基础上。在小组合作中，每个成员都要有独特的存在价值，要让每个成员感到自己是不可替代的。

一般来说，合作中的分工有组长、监督员、记录员、发言员等。教师最好给每个角色设定特定的标志，如用挂胸牌标志的方式、颜色标志卡的方式、动物标志卡的方式等。有了标志，学生在进行小组合作的时候，就能较好地进入角色，发挥角色的作用。

5. **营造轻松愉快的课堂环境**

创造良好的课堂环境是进行课堂合作教学，提高教学质量的重要条件。在教学中，教师应注意发挥主导作用，创设良好的课堂合作学习环境，以促进教学工作高质量地进行。

在教学中，对思维活跃、个性强、可塑性强的学生，教师要充分尊重他们的人格和个性，平等相待；要抓住当前课改提供的有利条件，努力钻研，积极实践，使学生处于积极进取的学习状态；要使学生懂得自己不仅是接受知识的主体、身心发展的主体，还是自主学习设计的主体，帮助他们树立自信心。这样，学生就能够树立信心，带着轻松愉快的心情与老师合作，与同学合作。

6. **加强指导**

合作课堂上，教师要“放开”学生，但并不是要彻彻底底地放开、放任不管，而是要深入小组中去，了解学生合作的效果、讨论的焦点、认知的进程，还要为学生提供归纳、演绎、类比、推理等合作学习方法，以及正确的合作策略，帮助学生超越障碍，走向成功。

7. **建立科学有效的评价机制**

激励性、赏识性、竞争性和发展性的评价机制，可以使学生积极参与合作学习。正如一位学生说的：“数学课上，同学们多讲出一种方法，老师就给小组加盖一个笑脸，如果合作不到位或完不成学习任务，老师就给小组盖一个苦脸。这对我们来说是一种鞭策、一种激励、一种前进的动力。”

小组评价包括目标任务达成评价、多元评价、智慧评价、制度评价、效益评价和综合评价等形式。教师可以利用单一方式进行评价，也可以综合运用多种方式进行评价，但目的都是激发学生合作学习的兴趣和效率，提高教学的质量。

合作课堂从学生的基本需要出发，改变了以讲授独占课堂的传统教学模式。合作课堂激发了学生的认识兴趣，使他们从被动、孤立、苦学的状态中解脱出来，积极主动地投入学习。

学生的潜力是无穷的，给他们多大的舞台，他们就会有多精彩的表现。教师应该从合作态度、合作意识、合作程序等方面不断深化课堂合作，让合作的课堂能够积极有效地开展下去。

鼓励学生自由发言的课堂

(一) 给学生自由发言的权利

2003年12月创建的“百度贴吧”如今已成为百度的一个当家品牌。网民可以在“百度贴吧”的各个吧里真正地畅所欲言，但是，有多少人能知道它成功背后的“辛酸”呢?

“百度贴吧”强调吧友的自主参与、协同创造及交流分享，各个吧由吧友自己创建、自行管理，提倡“想说就说”，但是刚开始时，由于吧主的原因，贴吧出现了两种矛盾的现象：一方面，因为没有吧主，或者吧主不尽责，众多骂人帖、广告帖等问题帖充斥吧里，无人过问；另一方面，因为吧主的主观好恶，他容忍甚至是鼓励、推动“一边倒”的帖子泛滥，却对自己不喜欢的帖子（即使是很严肃的讨论、商榷问题的帖子）随意阉割，还封杀发帖者的ID，发帖者投诉无门，只能忍气吞声。如此贴吧已背离了“想说就说”的初衷，它的本质和精髓已歪曲了“民主”的标准。

一个很好的创意，做了错误的执行。眼瞅着当初的设想——让“百度贴吧”结合搜索引擎建立一个在线的交流平台，让那些对同一个话题感兴趣的人们聚集在一起，方便地展开交流和互相帮助——偏离方向，百度首席产品设计师俞军没有放弃，下决心规范“百度贴吧”的执行机制。他和他的团队作出如下发帖规定：

(1) 禁止任何违反国家法律法规的言论，任何包含种族、性别、宗教的歧视性内容，猥亵、侮辱、谩骂的话语等。

(2) 任何人，包括吧主，无权删除不受禁止的帖子。

(3) 吧主的删帖、封ID行为应遵循贴吧制订的统一规则；吧主的在线情况、管理情况等应在吧内公告，接受监督；建立对吧主的投诉处理机制，不合格者坚决更换或废除；定期发布百度有关贴吧管理的最新动态、吧主的信用等级等，提高吧主自身素质和管理水平。

（4）建立贴吧的分类、分级制度，对人气旺的贴吧重点关注。

（5）多听取广大吧友的心声，不断总结、完善相应的管理机制，推动贴吧民主、文明氛围的整体提升。

经过不懈努力，“百度贴吧”得以以其最广泛的讨论主题（基于关键词）聚集了各种庞大的兴趣群体进行自由交流，再次擦亮了“想说就说”的招牌。

伏尔泰说：“我不同意你说的话，但我誓死捍卫你说话的权利。”每个人都有说话的权利，人人需要在真理、自由、民主的面前自由发言，因为有不同的声音存在，这个世界才会有真正的和谐。

在学校时常可以看到这样一种现象：在课外或非正式的场合，学生总是声音洪亮地畅所欲言，争论不休，而到了课堂上，他们却变得少言寡语，没有了笑声，没有了喝彩，也没有了争论。在这样课堂上，只能听到教师独自“唱戏”，鲜有几分热闹的生活情趣。难怪许多老师常常发出抱怨：“那么简单的问题就是没人回答！”

为什么课堂上没人发言呢？是学生害怕老师吗？是学生害怕说话出错吗？是学生对教学内容不感兴趣吗？显然这都不是问题的根本所在，而是由于老师封闭了学生说话的渠道，变相剥夺了学生说话的权利才造成的。

当前，少数教师的思想观念仍停留在传统的教学模式中，总是不相信学生，觉得他们这也做不好，那也完不成，所以什么问题都自己讲，什么事情都自己做；即使让学生回答问题，也是点名问答，点到谁的名，谁才有机会回答。课堂上师生间的对话如同法官审理嫌犯，毫无生气。学生对教师讲授的观点、知识点，或对同学回答的内容有异议，很难有机会发表，也不知道怎样发表。

“一切为了学生，为了一切学生，为了学牛一切。”现代课堂教学提倡平等、民主、和谐的新型师生关系，倡导教师是学生学习的促进者、合作者，倡导学生张扬个性，展示自己的智慧与才华。这就需要教师给学生提供更多的自由空间，让他们自由、积极、主动地发言，参与教学过程。

发言是学生在课堂学习中的基本活动。让学生在回答问题、质疑、反驳、辩论等多边交流的教学活动中自由发言，具有极其重要的意义。

1. **活跃课堂气氛**

在自由发言的课堂上，学生随时随地可以不明白就问，有疑处就说，有争论就议。这样，许多想发言的学生有机会发言，不爱发言的学生因为受感染也想发言，轻松、和谐、民主的课堂气氛就自然而然形成。

2. **激发学生的竞争意识**

在自由发言的课堂上，在尊重别人的前提下，学生不用再等老师指名，他们会“先声夺人”，想尽一切办法去获得发言的机会。这样，学生的竞争意识就会在这样的教学过程中得到培养。

3. **培养学生真诚坦率的品质**

在自由发言的课堂上，学生在教师的鼓励下各抒己见、实话实说，长此以往，就会形成真诚坦率的品质。

4. **提高教学效率**

学生在课堂上自由发言，教师可以随时知道学生哪些已经懂了、哪些还不懂，然后根据具体情况，或调整教学方案，或作补充讲解，或个别辅导。学生存在的问题就能得到最准确、最及时的解决，教学必然会取得不错的效果。

（二）给学生搭建展示自我的自由平台

“这个问题谁能回答？”邳州市燕子埠中学的王化标老师一边提问，一边把右手指向教室的右侧。这时，教师右侧的十多个学生同时站起来，又相继坐下来，把发言的机会留给了平时很少发言的金金，并为她鼓掌。

这就是王老师的语文课，学生在他的鼓励指导下积极主动地自由发言、畅所欲言，或讨论，或争论，或研究，享受着“思维的解放”。

《谈生命》是一篇文质兼美的散文，教学的关键是让学生认识、体会文章的哲理美和语言美，这既需要教师点拨引导，也需要学生结合生活实际去体验。在讲课时，王老师采用了自由发言和指名发言相结合的课堂教学模式，取得了良好的效果。

王老师深情地朗读完了课文，感慨地说：“本文一气呵成，思路清晰，章法严整。请你们分组讨论交流，说说你对文章思路的看法。”

经过一番讨论，三名组代表进行了发言。王老师结合他们的发言，在黑板上写下了“《谈生命》以‘一江春水’和‘一棵小树’为例，揭示了生命的生长、壮大和衰老的普遍规律以及生命中的苦痛与幸福相伴相生的一般法则，同时表达生命不息、奋斗不止的意志和豁达乐观的精神”的内容。

由于学生已明确了文章的基本思路，王老师就请平时学习成绩较差的小涛来给文章分层。小涛很自信地给文章分了层。

“你回答得很好。那么，你能不能给我们说一下每层的意思呢？你为什么这样分呢？”王老师鼓励着小涛：“不要怕出错，我们都支持你！你的思路没问题。”

听到“思路”两个字，小涛看看黑板，胸有成竹地说出了每一层的意思。

小涛话音刚落，全班立刻响起了雷鸣般的掌声。

《谈生命》情、景、理交融。在对文章分层后，王老师让学生精读文章，感受文章的美点，挖掘文章的审美价值。

“作者把生命还原成具体的物象，把生命理念形象化，描绘出一幅幅生命的图画。”

“本文语言优美，比喻、排比处处皆是。”

“本文意境优美，情景交融。”

“本文富含哲理，表达了作者对生命本质的认识。”

……

学生踊跃地回答着，或坐，或站，互相礼让，自由表述对文章中“美”的感受。王老师一一把发言记录在黑板上。

为了引导学生从意境方面准确地欣赏文章的美——美在形象、美在情感，王老师用多媒体分别播放一江春水东流入海的动感画面和用 flash 制作的一棵小树的成长历程。

接着，学生齐声朗读文章的第二层和第三层，并结合画面，想象春水一路高歌的情形和小树成长的生命历程以及作者要表达的情感。

经过小组讨论后，几位平时不爱说话的学生被一一叫了起来，在王老师的鼓励和同学的帮助下，他们按照原文的思路，用自己的话描述和体味着“一江春水”和“一棵小树”的形象，并理解着作者的情感。

王老师知道大多数学生对理解散文的哲理美和语言美方面有点难度，便采用自由发言的方式，希望学生找出关键语句，体会理解其深层含意。

“‘她（大海）多么辽阔，多么伟大！多么光明，又多么黑暗’运用了反复手法，句中的‘大海’指生命的归宿，‘光明’象征生命达到辉煌的顶点，‘黑暗’象征生命的终结。生命是一个客观的过程，光明与黑暗相生相随。”

“‘他消融了，归化了，说不上快乐，也没有悲哀’说明生命是一种过程，应当从容镇定地面对死亡，显示了作者‘生而何欢，死而何惧’的平常心。”

“‘然而我不敢说来生，也不敢信来生！’作者一方面肯定生命可以再生，一方面又否定生命的轮回说，冷静、客观、从容地面对生命，表现了积极乐观的人生态度。”

“‘他会听见黄莺轻吟、杜鹃啼血，也许还听见枭鸟的怪鸣。’人的一生会遇到快乐、悲哀、嘲讽甚至反对，快乐与痛苦相生相随。”

“‘在宇宙的大生命中，我们是多么卑微，多么渺小，而一滴一叶的活动生长合成了整个宇宙的进化运行。’虽然每一个生命是卑微渺小的，但组成整个人类却可以创造历史，推动社会前进。表现出作者浩渺的思绪、宽广的胸襟。”

“‘不是每一道江流都能入海，不流动的便成了死湖；不是每一粒种子都能成树，不生长的便成了空壳！’并不是每一个人都能成才，都能为人类作贡献，不努力、不拼搏，人就成了行尸走肉，失去了人生的意义。”

“‘生命中不是永远快乐，也不是永远痛苦，快乐和痛苦是相生相成的。’阐述生命中快乐与痛苦的辨证法，表明作者对生命规律的判断、认识。”

“‘在快乐中我们要感谢生命，在痛苦中我们也要感谢生命’这句话与孟子的‘生于忧患’表意相同，我们要学会享受痛苦、感谢痛苦。”

这些表现得好的学生迎来了其他同学羡慕的目光，其他学生也激动起来，跃跃欲试。

教育要回归生活。王老师又要求学生结合自身体验谈谈对生命本质的理解。这时，全班学生都参与了自由发言，学习差的、学习好的、爱说话的、不爱说话的都一展身手。

“生命的本质和规律，在于蓬勃成长，奋勇前进，任何力量也无法阻碍它、压制它。”

“生命始而渺小、微弱，继而强健、壮大，终而归于消亡，其间幸福与痛苦、顺境与逆境相伴相随。”

“生命的道路是曲折的，要经历种种磨难，其间有痛苦也有幸福，痛苦也是一种幸福。”

“生命存在于运动之中，生命的过程是进取、斗争的过程。”

“个体生命是宇宙大生命的一分子，个体生命最终要回归宇宙大生命的母体之中。”

“生命的体验，始而新鲜，继而平静，最终归返大生命母体中，无欢喜也无悲哀。”

“生命需要流动和生长，我们要享受快乐，但不回避生活中的痛苦和艰难。”

“我们要尊重生命，就得探寻生命生长的闪光点，向生命的顽强不屈敬礼。我们要珍惜生命，就得向生命的高贵顶礼膜拜，为生命全过程的每一刻喝彩。”

……

王老师上的《谈生命》一课，课堂气氛活跃，每个学生都积极主动地投入自主学习的探究中。这应归功于王老师运用了自由发言和指名发言相结合的课堂教学模式。

自由发言给予学生自我展示的机会，激发了学生的积极主动性。不过，在实践过程中，它却容易成为好学生和爱发言学生表演的“专场”，差生和不爱发言学生避难的“温室”。所以，王老师以完善和创新自由发言的课堂教学模式为使命，努力使课堂真正成为所有学生自主探究、自我展示的舞台。他一方面以自由发言的教学方式激发好学生和爱发言学生主动参与的热情，另一方面用指名发言的方式来唤醒不爱发言的学生和差生，并给予他们鼓励，进而使他们最终加入自由发言的行列。

在王老师的“察言观色”下，每一位学生都得到了发言的机会，既有竞争，又有谦让。王老师发现了自由发言的新教学途径，学生则踏上了自由发言的“正途”。

（三）自由发言课堂的实施策略

无数次的课堂实践表明，如果学生的发言只是被动地回答教师的提问，学生就不会对问题本身产生兴趣，也就不可能深入地思考，更谈不上质疑和批判。为此，教师应该努力培养学生主动自由发言的心态，千方百计触动学生思维的“痒处”，使他们不吐不快。

1. **放下“师道尊严”的架子**

罗杰斯说：“成功的教学依赖于一种和谐安全的气氛。”在安全、自由的课堂环境中，学生才能敢说、想说、会说。

当前，少数教师仍恪守师道尊严而居高临下，蹲不下身子，放不下架子，板着面孔，视自己为权威，以致滥施权利，纯粹把学生当做“刑犯”。殊不知，教师的独断专行，换来的是学生的敬而远之，甚至冷漠敌视，即使与教师交流相处，也是敷衍塞责。

教师要摒弃主宰一切的观念，改变过去凌驾于学生之上的师生关系，树立以人为本的学生主体观、民主平等的教学观。教师要热爱、理解、尊重、宽容学生，努力创设民主、积极、和谐、愉悦的课堂氛围，给学生以心灵的安全与自由，让他们感受教师可亲、可敬、可信的魅力，勇于积极思考，大胆质疑，想说就说，不怕说错，真正做到畅所欲言。

2. **巧妙设疑**

学起于思，思源于疑。巧妙的疑问可以激发学生强烈的求知欲，使他们急于究源探底。

兴趣是最好的老师。教师要抓住学生的兴趣点，利用猜谜语、讲故事、情境转移、比赛等形式设疑，吸引学生乐于参与课堂交流活动，踊跃发言。

另外，教师要给学生留足发言的时间，不要急于把答案告诉学生，否则，欲速则不达。

3. **发言面向全体学生**

现在提倡的小组讨论学习模式虽然在探索提高师生互动合作交流方面发挥了作用，但是仍没有改变发言的缺陷，即发言内容的正确与否依然是凭老师“主观臆断”。

教师要让发言面向全体学生，向谁表达见解就向着谁发言。在学生发言时，教师要注重情感交流，包括眼神信息、体态语言的交流等。最终判断时，将判断权交给学生，教师只做旁听者，稍作指导。这样，学生在发言中就会实现真正的交流，无拘无束地自由发言。

4. **充分肯定学生的发言**

中小学生的表现欲望很强，尤其是在得到教师的充分肯定之后，自由发言的愿望更强烈。对学生的发言，教师不仅要认真倾听、耐心等待，而且要经常为学生喝彩。

（1）语言肯定

教师不要吝惜表扬。一个学生有了精彩的发言之后，教师可以说："让我们为他鼓掌！""你说得真精彩！""回答得棒极了，你真了不起！""你的想法总能给大家带来启发，谢谢你！""你的发言使大家豁然开朗，太了不起了！""你的发言给老师带来了惊喜，希望能经常听到你精彩的发言。"……这样的肯定无疑对学生是一种极大的鼓舞。

（2）积分制肯定

以小组为单位，由小组长负责观察记录学生的发言，每发言一次加1分，发言错了不扣分，发言特别精彩的加2分，一周累计记分，周末评出"发言小明星"，给予表扬。

（3）肢体语言肯定

以拥抱学生、和学生握手等方式表示对学生发言的充分肯定。

此外，教师还可采用实物、掌声等肯定方式提高学生发言的自信心，激励他们踊跃发言。

5．使学生言而不乱

在自由发言的课堂上，不仅要有学生的"七嘴八舌"、畅所欲言，而且要有发言的组织有序，言而不乱。

在学生自由发言的过程中，教师要培养学生谦让、有礼和尊重他人的良好发言习惯。课堂上，平时发言多的学生要把发言的机会让给发言少的学生；男生要谦让女生；尊重发言人的发言，耐心听完，绝不嘲笑他人的发言；边听边思考，如想插话要举手示意得到他人允许。

自由发言的课堂教学模式相对于传统的指名教学模式而言，是探讨学生学习自主权的最有效的方法之一，虽然它不一定适合所有课堂、所有学科。自由发言的课堂也还存在一些问题，如如何保证差生发言的机会等，但其立足于发挥学生自主性的教育思路应值得充分肯定，不容置疑。有理由相信，它绝不是昙花一现，一定会常久绽放异彩，一定会成为最受学生欢迎的课堂之一。

设置情境的课堂

（一）设置情境，营造良好教学氛围

心理学认为，情境对人有直接的刺激作用。情境就是有一定的生物学意义和社会学意义的具体环境。情境课堂是教师根据教学目标或教学内容创设的以形象为主体的、富有感情色彩的具体场景或氛围，以激发和吸引学生主动学习。也正是如此，自诞生以来，情境课堂就为广大学生所欢迎。

事实上，情境课堂具有非常重要的教育意义。

1. 协调师生关系

传统课堂在日常教学方面强调教师要处处“严”：严肃备课、严谨教学、严格训练学生。这种教育固然便于培养学生严肃认真的学习态度，但是同时也将学生当成了一个被动接受知识的载体，否认了学生的主体性，忽视了学生的主观能动性。

这样自然不利于发展学生的创造性和个性，不利于学生养成良好的人格，也不会激发学生的学习兴趣，为学生所欢迎。

教师应创造一种轻松愉快的学习气氛，让学生在这种学习氛围中自觉实践，勇于实践。这样的教学氛围，是可以依靠情境来营造的。因为情境课堂本身就是轻松活泼的，是能够激发学生学习兴趣的教育环境。

2. 增强学生的感受

教材，尤其是理科教材，展现在学生面前的多是知识的逻辑性和科学性。一直以来，课堂教学都过于强调知识的严谨性和逻辑性，注重知识的推理和分析过程，而忽略了学生的感受，以至于学生错误地把理科知识等同于逻辑或者枯燥的公式。

这样的结果是非常糟糕的。就像斯卡特金所说的："我们建立了很合理的、很有逻辑性的教学过程，但它给积极情感的食粮很少，因而引起了很多学生的苦恼、恐惧和别的消极感受，阻止他们全力以赴地去学习。"

新课标把"情感与态度"作为教育的一个重要目标。在教学实践中，教师应把知识直观地与生活联系起来，让学生感受到学习知识，尤其是理科知识是有趣的、实用的，从而提高学习兴趣。

3. **发展学生的思维能力**

现代教育的目的是适应现代化建设需要，而学校教育是为国家培养现代化建设人才。我们的教学必须从未来出发，使我们培养出来的学生尽可能地适应未来的激烈竞争，符合现代化建设的需要。

从这个意义上讲，教学不能只单纯地传授知识，否则只能压抑学生的创造性，让学生失去发展思维和创造性的最佳时期。

美国教育家杜威说："思维起于直接经验的情境。"他认为，优秀的教学一定要能唤起学生的思维。他这里所说的"思维"，就是指明智的学习方法，或者教学过程中明智的教学经验、教学方法。在他看来，没有思维，就不可能产生有意义的经验。

孔子说过"学而不思则罔"，意思就是要想学习就必须进行思考。因为只有通过思考，学生才能提出问题、分析问题、解决问题，也只有这样才能够透彻地理解所学知识，使自己的思维得到进一步发展。

带有问题的情境教学，就是通过为学生创设一个蕴涵"问题"的情境，去启发学生思考的教学方法。

4. **激发学生的学习积极性**

教学过程其实就是教师帮助学生自我发展的过程，在这个过程中，学生是学习的主人，是教学活动的主体。因此，学生的学习过程，应当是一个主动的过程。同时，这也说明，学生能否积极主动地参与教学过程是教学成败的关键。

而情境教学就是以培养学生学习兴趣为前提的。它通过激起学生的好奇心、求知欲，使学生树立起学习的自信心，并且积极主动地参与学习。

良好的情境可以使学生切实感受到学习活动的全过程，并且把它升华为自己精神的需要。正像赞科夫所说的："教学法一旦触及学生的情绪和意志领域，这种教学法就能发挥高度有效的作用。"李吉林老师也认为："情境教学的目的是促使教学过程变成一种永远能引起学生极大兴趣的、向知识领域不断探索的活动。”

在教学实践中，教师应多通过设置教学情境，为学生营造一个适合学习、适合发展的教育环境。

（二）使学生融入情境，学得深入

讲《桂林山水》一课时，江苏省南通师范学校第二附属小学教师、情境教育创始人李吉林老师，就用多种方法给学生创设了情境，让学生在情境课堂中感受到了桂林山水的美。

“同学们，上一节课，我们观赏了桂林的水，这一节课，我们再游桂林的山。桂林的山怎样美呢？让我们读课文第三小节。请大家读两遍。第一遍读懂，有不懂的做上记号。第二遍要抓住重点，把表示桂林山的特点的词语画下来，大家做上这样的标记在下面学，我请一个同学到上面来画。”

等一个女生画完自己的问题后，李老师问：“她有这些不懂的问题。你们有什么不懂的问题？还可以提出来。”

“危峰兀立是什么意思？”

“拔地而起、香山这两个词我不懂。”

两个学生提出了自己的问题。

“香山是一座山的名字，在北京。香山上的红叶很多，很有名。红叶就是枫树叶。”李老师说道，接着她把学生画出的词念了一遍，说：“这些问题我们一起来解决。我来南宁的时候，看到南宁也有山。南宁的山是连绵起伏的（说着，李老师在黑板上画了一座连绵不断的山），桂林的山好像从地里拔出来似的，高高挺立着（画了一座挺立的山），可以用个什么词来说？”

“拔地而起。”学生齐声回答。

李老师一边出示词卡一边说：“桂林的山是一座一座分开不连在一块的（边说边画老人山、骆驼山、象鼻山的简笔画），叫什么？”

“各不相连。”

李老师指着画好的简笔画问：“你们看，这些山的形状像什么？”

“像老人。”

“像骆驼。”

“像大象。”

李老师指着老人山的图画问："你看这老人像在干什么？"

"老人望着远方。"

"老人在思考。"

"老人在沉思。"

"那我们再看骆驼像在那干什么？"李老师指着骆驼山的图画问。

"像伏在地上。"

"好像在沙漠里蹲着。"

"我看到这骆驼，就会产生一个联想，想到它跪着等人，等我们干什么？"李老师问。

"等我们骑上去。"

"对。你们再看这只象在干什么？"李老师指着象鼻山的简笔画问。

"在饮水。"

"对。桂林的山的形状有的像老人，有的像骆驼，有的像大象，变化很多，句子中用哪个词来形容？"

"形态万千。"学生齐声回答。

李老师出示了写有"形态万千"的词卡问："'形态万千'是什么意思？"

"就是说样子很多。"

"就是说变化多。那桂林的山拔地而起，形态万千，书上又用一个什么词来概括桂林的山？"

"奇。"

李老师一边板书"奇"一边发问："怎么奇呀？就是刚才说的那些。桂林的山奇是一个特点。这里的'奇'字当什么讲？是不是奇怪？"

"不是奇怪，是说样子很多。"

"很少见的。"

"对了。桂林的山的样子，在别的地方很少见到。这里的山就是奇特。这奇特的山峰叫什么峰？"

"叫奇峰。"

"这样的奇峰一座座地排列着叫什么？"

"叫奇峰罗列。"

"那'罗'是什么意思呢？"

"散开的。"

“对。‘罗’是散开，‘列’是排列。这些山峰散开排列着，就叫奇峰罗列。大家把这句念一下。”

等学生念完后，李老师继续说：“桂林的山这么奇特，我们要告诉没去过的人，怎么说呢？”说着，她用两种不同的语气念，让学生比较哪种好后，用手势指导学生朗读。

学生读时，李老师又开始一边画简笔画一边讲课：“在桂林，还有很高很陡的山。这山又高又陡，很险，叫什么山？”

“危山。”

“这个‘危’在这里怎么说？”

“危险。”

“你们昨天查了字典。字典上有三个注释……”说着，李老师出示了写有“危”字注释的小黑板，问，“危山兀立中的‘危’用哪个注释对？”

“第三个，高的陡的。”

“对。又高又陡的山峰就是危峰。又高又陡的山耸立着叫什么？”

“危峰兀立。”

“在桂林，我们不仅可以看到一座座各不相连的山，还可以看到重重叠叠的怪石山。”李老师一边用简笔画描述怪石重叠的山一边说：“书上用一个什么词来说山石重重叠叠？”

“怪石嶙峋。”

李老师出示“怪石嶙峋”的词卡，说：“嶙峋本来的意思是山石重重叠叠。石头、山石重重叠叠就叫怪石嶙峋。从危峰兀立、怪石嶙峋这两个词中，我们可以看出桂林的山还有什么特点？”

“桂林的山真险啊！”

“那我们怎样念才能体现出桂林山势险？”

学生念了一遍。

“这句写桂林的山险。这个‘险’是危险吗？”

“不是！是说山陡。”

“山陡，不易通过。刚才我们把不懂的词语学会了，同时也了解到桂林山的奇和险。桂林的山除了奇和险之外，还很秀。秀是什么意思？”

“是美的意思。”

“‘秀’可以组成哪些词表示美？”

"秀丽。"

"秀美。"

"秀就是指美。你们看（李老师放大图中的山），这山像绿色的屏障，'屏障'就是屏风。一折一折地（李老师做手势辅助解说）打开可遮住后面的东西。这山像屏风一样挡住后面的景物。现在请一个同学指着图说说桂林的山怎样秀，哪些像屏风，哪些像竹笋，色彩怎样明丽，怎样倒映水中。"

一个学生上讲台指着图中的山说："这山像绿色的屏障，这山像新生的竹笋。"

"色彩明丽就是颜色鲜明，好看。这座山哪块地方色彩明丽？"

该生指着一座山的中部说："这里色彩明丽。"

"色彩明丽就是很美。色彩明丽这个词中，哪个字说美？"

"明丽。"

"丽才是美。'明'呢？"

"鲜艳。"

"明快。"

"对了。明快，色彩明快、美丽。我们念念这个句子。"

师生同念课文。

"学习第二节课文时，我们知道了在写漓江的水之前的几句话是衬托的话，写桂林的山之前的这几句也是衬托的话。这里有个'峰峦雄伟'怎么讲？"

"峰峦就是山峰一个接一个，连绵不断。"

"对。'山峦'在这里是指大的山峰一个接一个，气势很雄伟。这节课文，写桂林的山奇、险、秀，写出了山的特点。说明桂林的山——"

"甲天下。"

"现在我们看课文最后一小节还写了什么景物。谁来念一下课文？"

学生念课文。

"最后一节课文，还写了哪些景物？"

"绿树红花。"

"竹筏小舟。"

"还有——"

"还有迷蒙的云雾。"

李老师念课文，然后说："就这么简单几笔从空中云雾迷蒙写到山间绿树红花，再写到江畔竹筏小舟。这样几笔简单的描写，就把桂林描述得更加美了。就像一幅美丽的画卷。是不是这么（用手势画了个方块）一张画？"

"不是。"

"画卷是长长的卷起来的画。可以展开展开再展开（说着用手势演示展开)，叫什么？"

"连绵不断。"

"对。下面还有一句'舟行碧波上，人在画中游'，这句话是什么意思？"

"舟在碧蓝的江中行走。"

"什么叫舟？"

"小船叫舟。"

"这是第一句。第二句是什么意思？"

"有只小船在清清的河中走着。船上的人在美丽的江中游览，好像在美丽的画中游览一样。"

学外语时，很多人都会这样想：为什么我们学习母语，三下五除二就能学会，而学习包括英语在内的其他语言，就有点"难于上青天"了呢？甚至还有人调侃说："凭什么英国的傻子都能说能用地地道道的英语，而我这么一个聪明的中国人，竟然用英语说话都不利索呢？"

这让每个学不好英语的人都很郁闷、很奇怪，尤其是那些确实已经用功但却没有达到理想效果的人。原因很简单，就是没有处在说英语的情境中。

虽然好的教学方法、高智力水平，都可以促进学生的学习，但是学生所处的学习环境、教学情境，却更有利于加强他们的学习效果，甚至如果没有这些情境，学生很有可能体会不到一些情感，学不透一些知识。

这样一来，情境课堂就成为一种必需了。这就要求教师创设情境，靠情境激发学生的学习兴趣，增强学生的学习体验。

因为身在南宁，绝大多数小学生没有见过桂林一带的山，因此，他们对那些描写桂林山的词语感到陌生，并相继提出了"'危峰兀立'是什么意思""'拔地而起'这个词我不懂"之类的问题。

对于这些抽象的词语，李老师没有通过语言去解释，而是通过情境帮助学生理解。

她用娴熟的简笔画勾画出了挺立的孤峰，帮助学生理解了"拔地而起"；

勾画老人山、骆驼山、象鼻山，并启发学生想象老人、骆驼、巨象在干什么，使学生眼前浮现形态万千、若静若动的山峰，帮助学生理解了桂林的山的“奇”；她引导学生观察挂图中秀美的山，并做出一折一折的手势，帮助学生理解了“屏障”这一词语，使学生对桂林山的“秀”留下深刻的印象。

李老师又通过板画又高又陡的山，帮助学生理解了“危峰兀立”；板画怪石重叠的山，帮助学生理解了“怪石嶙峋”，增加了学生对桂林的山“险”的体验……

李老师借助图画、动作创设情境帮助学生理解词语，在词语和客观事物之间架起了一道桥梁，无论对学生理解词句还是体会桂林山的秀美，都大有裨益。

（三）情境课堂的实施策略

一个好的教学情境，本身就以学生的发展为本，有利于激发学生的学习欲望和参与动机，有利于引发学生的问题意识，促使学生主动融入问题中，投入自主探索、合作交流中。因此，教师绝不应放弃情境这一教学手段，而应满足学生的需要，上一堂学生喜欢的情境课。

情境课堂上，教师又该如何利用情境呢?

1. 利用实物（图像）创设情境

教学中的实物主要指实物、模型、标本及实验等。

实验是一项兴趣盎然的活动。在课堂教学中教师要善于采取灵活多变的实验方法，巧妙地安排新异有趣的实验，创设寓教于乐的情境，能够激发学生的学习兴趣，使学生产生动力、主动探索。

在教学中，图像是一种直观的工具，它包括板书、画图、挂图、幻灯、录像、电影等教学手段。小学科学中的一些知识连接着广阔的自然界，小学生特别是生活在城市里的小学生，由于环境的局限，对自然界的许多事物缺乏感性认识，为了弥补这个不足，可以充分利用实物创设情境。

2. 利用动作（活动）创设情境

教师演示或学生演示等所创设的直观情境也有着非常重要的教学意义，能够直观地让学生感受知识。如教“声音的产生”时，教师可以让学生通过玩锣、鼓、木鱼等，让他们对声音的产生有一个最基本的认识，之后再让学生操作专用的实验器材——音叉，帮助他们形成生动的认识。

3. 利用语言创设情境

语言表达的形象性可以使听者在脑海中呈现一幅幅鲜明而简洁的画面而不是一些抽象的语义代码。教师可以用形象而富有情感的语言给学生创设情境。比如，声情并茂的朗读，可以通过语言的意义、声调、形象、感情色彩激起学生的情绪、情感以及想象活动，从而使学生体验情境；绘声绘色的讲解，可以给学生创设一种特定的氛围，促使学生展开联想，点燃智慧的火花；精彩贴切的比喻，可以将抽象的东西变得具体，化平淡为生动，把难以理解的内容变得浅显易懂。

4. 利用背景创设情境

教材中蕴涵的背景资料，如生物、物理、化学教材中的一些科技发明史、创造史，科学家的小故事，语文教材中事件的发生背景以及作者的写作背景等都是情境课堂的好素材。这些背景资料融知识性、趣味性、思想性于一体，能够吸引学生进入教学情境，再现知识“产生”的情境。

课堂教学中，教师可以穿插着讲一些生动有趣的名人轶事、历史故事，引导学生观看一些背景照片或插图，这不仅可以给学生留下深刻印象，还能激发他们深入学习的兴趣。

5. 利用谜语、儿歌创设情境

猜谜语是学生喜爱的方式，能吸引学生的注意力，使浅显平淡、枯燥无味的教学内容转为妙趣横生的学习活动，融知识教学于情趣之中，使课堂有声有色、饶有趣味。

课堂教学中，教师可以结合所学内容，把知识编成谜语、儿歌，这不仅有利于概括知识、揭示规律，也有利于激发学生的学习兴趣。

6. 利用问题创设情境

一个好的问题，就像投在学生脑海中的一颗石子，能激起学生思考的波浪。课堂上，教师可以通过提问，巧妙地给学生创设问题情境，让学生感到新奇有趣。这样，学生就会随着教师设置的疑点，不断思索下去。

英国教育家柏西布克说过：“一名教师，你首要的紧迫任务就是要去创造一种吸引力，创设学生感兴趣的及和教学内容相联系的情境。”学生往往对熟悉的、容易感知的情境感兴趣，所以，教师就应以此为载体，结合教学内容，为学生打造他们喜欢的情境课堂。

教师有意示错的课堂

（一）有意示错，让学生在纠错中掌握知识

我打江南走过
那等在季节里的容颜如莲花的开落
东风不来，三月的柳絮不飞
你的心如小小寂寞的城
恰若青石的街道向晚
跫音不响，三月的春帷不揭
你的心是小小的窗扉紧掩
我达达的马蹄是美丽的错误
我不是归人，是个过客……

——《错误》

郑愁予的这道小诗可谓脍炙人口。其中，“美丽”和“错误”构成了诗歌中巧妙的意境冲突——所求不得，所欲不遂。假如把这种美丽的错误运用到现代课堂教学中会出现怎样的奇特效果呢？

在传统教学中，教师极力避免犯各种错误，但往往很难避免出错。相反，现代教学提倡把错误资源化，要有意示错，变错误为美丽。

《孙子兵法》云：“凡战者，以正合，以奇胜。故善出奇者，无穷如天地，不竭如江河。”古代军队作战，有常用战法和特殊战法，即“正”和“奇”。就兵力布置而言，以正面受敌为正，以机动突击为奇；就作战策略而言，以正面进攻为正，以侧翼包抄偷袭为奇；就作战实施而言，以实力围歼为正，以诱敌欺骗为奇。作为优秀的指挥员，只有“正”“奇”结合，方能

掌握战场的主动权，但是在敌我力量悬殊时，出奇制胜不失为更好的办法。

“正”“奇”作战法运用到现代课堂教学中，就是要求教师既要从正面对教学目标实施“正规作战”，打“阵地战”，又要从侧面对教学目标进行“迂回包围”，出学生之不意，“能而示之不能，用而示之不用”。有意示错，便是达成以奇制胜教学目标的最有效方法之一。

有意示错是教师在课堂教学中故意给学生以错误的方法、思路、结果等，激发学生自己凭所掌握的知识，或通过查阅资料去研究、辨析、比较，从而发现错误。

有人说：“教室和课堂，就是出错的地方。”教学过程是一个动态发展的过程，不可能风和日丽、一帆风顺，错误会经常出现，它反映了学生在学习中存在的疑惑和困难。正如叶澜教授所说：“课堂应是向未知方式挺进的旅行，随时都有可能发现意外的通道和美丽的图景，而不是一切都必须遵循固定路线而没有激情的行程。”

可见，错误是课堂上一道独特的风景，它是正确的先导、成功的开始，对教育目标的实现有着重要的意义。

1. 激发学生的好奇心

中小学生对世界充满了好奇心。他们不会满足于教师传授的知识，总会找机会探索未知世界，尝尝葡萄是酸是甜。

教师有意示错，可以激发学生的好奇心，进而使学生产生认知需求，开展积极思维和探究，在解惑释疑中自觉地辨明正误。

2. 增强学生的免疫力

解决错误是学生获得和巩固知识、提高分析问题和解决问题能力的重要途径。

课堂上，学生在揭示错误的过程中自我解剖，自我修正，从而使知识进一步深化。

3. 培养学生战胜困难的意志力

当学生一步步揭示错误的时候，也难免出现很多失误，因而会感到沮丧、难堪，心灵和心智经受着莫大的考验和历练，但是，唯有克服困难、战胜困难，才能享有成功的喜悦。不怕挫折，真诚面对失败，继续努力，直到最后取得成功，在这一过程中，能培养学生形成战胜困难的意志。

（二）有意示错，让学生在挑错、改错中掌握知识

福建省福州市钱塘小学的汤海凤老师经常在课堂上“犯错”。在教《枫桥夜泊》一课时，汤老师又犯了“错误”。

“上课，同学们好！”

“老师，您好！”

“请坐。今天，我们来学习一首新诗《枫桥夜泊》。请……”汤老师的话还没有说完，就有学生嚷起来了：

“是唐代的张继写的。”

“得意什么，书上不是写着吗？谁不知道！”有一学生反击。

“好，好！你们预习得都很认真，就老师没预习。这个张继怎么写呢？谁来帮老师？”

“我来，我来……”学生们一个个争先恐后地要帮助汤老师。

当学生写完后，汤老师灿烂一笑，故意问道：“大家都预习了吧？”

“是。”学生响亮而坚定地回答。

“那好，你们大声、有感情地读一读这首诗，老师把它写在黑板上。”学生摇头晃脑地读起来。汤老师偷偷一笑，挥笔写下了这首诗。其中，故意写错了几个字：“乌”“啼”“枫”“渔”“寺”。

月落鸟蹄霜满天，
江风鱼火对愁眠。
姑苏城外寒山峙，
夜半钟声到客船。

“老师，您的乌写错了。”

“老师，啼也错了。”

“还有……”

课堂沸腾起来了，学生们一一指出老师的“错误”，心想：今天老师怎么成了“错别字大王”了呢？但汤老师的脸上并没有丝毫的不好意思，心里反倒因此而窃喜。汤老师故意装出一脸疑惑的样子，问道：“同学们，怎么了？有问题的请举手。”

“老师，诗中讲的是乌鸦在啼叫，是‘乌’不是鸟，你多写了一个点。”

“没错！”全班学生一致肯定地回答。

“‘啼’是叫的意思，与口有关，所以应该是‘口字部’，而不是‘足字部’的。”

“江枫指的是江边的枫树，并不是风，它是一种植物，应该是木字旁。”

“‘渔火’的渔应是有三点水的。因为‘渔火’指的是渔船上的灯火，这里的‘渔’有捕鱼的意思。”

……

学生们纷纷发表着自己的见解，并在指出错误的同时，还说了许多出错的原因。

看着学生们脸上洋溢着的胜利笑容，汤老师震撼了。没想到为老师纠错竟然能激发学生如此强烈的兴趣。因此，接下来，在体会诗的意境时，汤老师决定继续采用这种教学方法。

汤老师在学生诵读、体会时发挥自己简笔画的特长，在黑板上画了体现古诗意境的景象。在用笔描绘诗所体现的境界时，汤老师故意遗漏，错画了部分地方。

谁知，汤老师刚画完，兴致正高的学生们又开始发表意见了。

“老师，我有疑问。题目为《枫桥夜泊》，说明作者的船停泊在有桥有枫树的地方，所以我认为应在这幅画中补上一座桥。”其他学生也都一致肯定这个学生的看法，于是汤老师根据学生的要求，立刻补上了一座桥。

“呀，我有一个重大的发现！”突然，一个男生站起来。学生们立刻朝他看去。看到这么多人望向自己，这名男生变得有些羞涩了，一时竟不知该说些什么。

“你说，我们听着呢！”汤老师鼓励道。其他学生也会意地鼓起了掌。

受到鼓励，男生的声音明显响亮、自信起来：“这首诗描绘的是晚上的景色，天色比较暗、再说了乌鸦是黑色的，很难看到。而且，诗中只提到乌鸦的叫声，这是作者看到的还是躺在船上听到的呢?”大家立刻响起了赞许的掌声，汤老师和其他学生不由自主地向他投去敬佩的目光。

“你真了不起，你不但领会了诗的意境，而且还学会了联系生活常识及生活实际解决问题。好！你太棒了，老师怎么就没考虑到这点呢？谢谢你！看来，老师的这幅画还有不少的问题呀，大家仔细找找看。”汤老师由衷地夸奖。

话一说完，学生一个个变得神情专注起来，眼睛里似乎都闪着智慧的火花。很快，大家又发现了问题，都高高地举起了手，很有一种龙争虎斗的架势。

“老师，我觉得寒山寺可以不画。作者在诗中提到该寺在城外，而且只是听到钟声，不一定能看到。”

“‘月落’说明月亮已经开始落下或正在落下，所以，老师，你的月亮不能画得太高。要画的话，应画在树梢下。”

“老师，你的船不能全靠在岸边，因为诗中讲到‘渔火对愁眠’，那可能是部分渔民在捕鱼，可能还正在操作呢！船是行进的，或泊在河中。”

……

课堂上，大部分学生都积极参与教学活动，而且每个人的思维都被这种轻松、和谐、有趣、新颖的学习方式激活，甚至“引爆”了。看到这种充满生命活力的课堂景观，汤老师笑了，并且明白了，原来学生们的思维能力很强，只要给他们机会。

要想激发学生的思维，教师必须充分调动学生的积极性、主动性，让学生“带着一种无比高涨的情绪从事学习和思考……在学习中意识和感觉到自己的智慧和力量，体验到创造的乐趣……”并以此促进学生不断探究、主动发展。

“故意错误”能够以疑促思。朱熹说：“读书无疑者须教有疑，有疑者须教无疑，到这里方是长进。”教师故意“犯错”，很容易引起学生的质疑，并为了解决问题而积极思考。这时，学生明白了老师和自己一样也会犯错误，从而能放下心理压力，大胆发表自己的观点。

案例中，汤老师利用故意犯错进行教学，取得了很好的教学效果。在这堂课上，汤老师故意写错别字，故意把表现古诗意境的画画错以及画得不完整，让学生发现、纠正，不仅让学生体会到了学习的成就感，还在一定程度上激活了学生的思维，这才有了课堂上“不能画乌鸦”“月亮要画在树梢下”“可以不画寺庙”等精彩的反馈。

课堂是学生出错的地方，更是反映教师教学智慧的地方。教师的一句话、一个字、一个点都可以作为“出错”的地方，引起学生的思考和探索，在辨析中使其思维得以延伸。

所以，教师要大胆地“犯错”，将学生推到学习的前台。

（三）有意示错课堂的实施策略

现在，虽然有些教师已在尝试有意示错的课堂教学模式，但仍是穿新鞋走老路，为出错误而出错。对于错误问题，他们总是让学生按照自己设计的正确方法去解决，掩盖了错误，抑制了学生自主纠错的欲望。这样的形式主义，当然得不偿失。那么，教师如何做，才是正确的有意示错呢?

1. **树立错误是资源的意识**

“世界上没有真正的垃圾，只有放错了地方的资源。”日本人很珍惜垃圾，只要是需要扔掉的东西，都会被规定什么时候扔、扔在什么地方、怎么扔。

错误也是课堂教学中的一种资源。叶澜教授说：“学生在课堂活动中的状态，包括他们的学习兴趣，积极性，注意力，学习方法，思维方式，合作能力与质量，发表的意见、建议、观点，提出的问题与争论，错误的回答等，无论是以言语，还是以行为、情绪的方式表达，都是教学过程中的生成性资源。”“自主、合作、探究”的新课程教学方式，必然生成比以往教学更多的错误。因此，教师要充分利用错误，引导学生树立错误是资源的意识，让学生不仅感受到自己在课堂上的改变和成长，还能体验到人格的尊严、真理的力量、交往的乐趣和人性的美好。

2. **有的放矢**

俗话说：“好钢要用在刀刃上。”课堂上，教师出示的错误要在节骨眼上，充分暴露学生思维的薄弱环节，并引导他们自我诊治、深刻辨析，从错误的陷阱中挣扎出来。

学生在节骨眼上所犯的错误一般有以下几种：

（1）片面错误。学生只看到所学知识的一面，而忽略了知识的内部联系。

（2）记忆错误。学生在贮存知识的过程中，由于生理、时间、复习量等多种因素的影响，使得贮存的知识消失或暂时中断，从而丢头忘尾。

（3）迁移错误。学生受到原有知识的迷惑，不知不觉地应用原来熟知的知识或规律来解决问题，使思维走上了歧途。

（4）生活经验错误。学生受年龄特点和认识规律的影响，生活经验不足，往往会出现理解、判断错误。

（5）粗心大意错误。粗心大意是中小学生的通病。他们注意力不集中，边玩边做，很容易出现错别字、漏题、表达不通畅等错误现象。

学生犯错不是偶然的。掌握了学生在节骨眼上所犯的错误类型，教师才能在最适当的时候、最恰当的地方出示错误，使错生辉。

3. **充分暴露学生的错误思维**

德国心理学家韦特海默尔经过实验发现，学生只要照搬老师的例题，就能运用底乘高的方法解决平行四边形的面积计算问题，但他们在头脑中并没有真正形成科学的计算概念，当遇到和平行四边形稍有不同的图形时就会无从下手。

所以，教师在课堂教学中要不断有意设置障碍，尤其是有迷惑性的错误障碍，把学生潜在的错误思维“钓”出来，让它充分暴露。为此，教师要及时对学生在学习中出现的典型错误以及产生原因、矫正对策进行收集、整理、记录、分析、研究，从而合情合理地出示给学生，最终让学生感到教师暴露他们的错误是为了更好地帮助他们掌握知识，提高他们的防错能力，并不是让他们当众出丑。

4. **寓错于乐**

课堂上，教师应注意不失时机地通过多种途径创设寓错于乐的愉悦情境，使学生在娱乐中尝试错误，体会尝试错误的愉悦性、趣味性和启发性。如把竞争机制引进课堂，有目的地编选一定数量的错例，举行“快速抢答”“找错”“改错”等争辩性活动；适当编选一些用常规方法解题会致错的题目，解后告诉学生这个解法是错误的，使学生产生探究兴趣。

5. **集体指正错误**

现代课堂教学离不开学生的自主学习。教师既要引导，又要放开；既要精心备课，又要因势利导。

面对错误，教师要组织引导学生带着疑问一起找出错误的原因，与学生一起纠错，并将正确的与错误的加以比较，进行正误、好坏的评价，尽可能让每一位学生都能够主动参与分析、讨论，从而共同找出解决错误的方法。

教学中不是缺乏教育资源，而是缺乏善于发现的眼睛。有意示错如一剂良药，把学生的无意注意转化为有意注意，使学生在愉悦的环境中形成了良好的思维品质，获取了知识，懂得了“不经历风雨，怎么能见彩虹”。既然错误不可避免，既然错误伴随教学的始终，何不有效利用错误，发挥错误的价值，使课堂因错误而精彩呢？

多方对话的课堂

（一）通过对话引导学生深入探究知识

中央电视台有个品牌节目，叫《对话》。在这个节目中，不同见解、不同思想、不同民族、不同国家的人们可以展开真诚对话，各抒己见，这个节目的日的在于通过对话加深理解，求同存异或达成共识，增进友谊，求得和谐发展。

教育教学中的对话，是指师生、生生基于相互尊重、信任和平等的立场，通过言谈和倾听而进行的双向沟通、共同学习的课堂授课方式。

《义务教育语文课程标准（2011 年版）》提出："阅读教学是学生、教师、文本之间的对话的过程。"对话这一开放、多元、互动的教学形式正逐渐发展为阅读教学的主流，有对话的课堂也越来越受学生欢迎。

学生希望课堂上有对话，是因为通过对话可以展示师生之间的精神追求、探索真理的热情，找到彼此认识自我的途径。新课程理念下的课堂要想受学生欢迎，教师不妨将课堂设计成对话的形式，与学生进行精神交流、心灵对话，并让他们在这样的情境中学习知识，理解文本的内涵，感悟知识的奥妙。

课堂中的对话，通常有四种形式：

1. 生本对话

苏姆霍林斯基说："学会学习首先要学会阅读。"阅读是学生与文本对话的最基本方法。生本对话就是学生深入作品中的人物心理及其精神，认认真真、仔仔细细地抓住字词句篇阅读课文，与文本进行深入沟通、交流，同时这也是进一步探索文本深层意义的基础。

在阅读教学的初读与精读阶段都可以进行生本阅读。初读阶段，学生与文本的接触是整体的，要解决的主要问题是对文章获得整体感知，对文章的重点词句段有印象，能抓住文章的基本轮廓，理清重要的人、事、物及文章的观点，而在精读阶段，则要走进语言深处，在熟读课文后提出自己的观点，对句中之意、言外之旨进行咀嚼，得出更深层次的结论。

学生与文本对话的关键是学生可以自主、独立地进行阅读。在学生与文本对话的过程中，教师要给予学生充足的时间，不能为了赶教学任务而任意挤压学生的阅读时间，同时，教师还应包容学生对文本的各种奇思妙想，特别是那些看似荒唐可笑实则富有想象力的想法。

2. **师生对话**

新课程提倡的师生对话，并不是指教师在对话之初就预设提问的模式和答案，向学生抛出事先准备好的问题，引导他们一步步向标准答案靠拢。新课程倡导的“对话”实际上是让学生“猜谜”。

真正的师生对话，是教师和学生一起参与与文本的对话。尤其是教师，要摒弃知识的传输者身份，与学生共同挖掘文本中感兴趣而又有价值的话题，然后再以自己独有的阅历、生活经验和情感体验去体味文本，就像和学生聊天一样，要让他们无拘无束，畅所欲言。

真正的师生对话，意味着课堂中的每一个人都是对话的参与者，没有旁观者；意味着每一个参与者都必须遵守一个对话的规则——尊重，既尊重自己，也尊重别人；意味着不管是教师还是学生，都有发表自己意见的权利，也有倾听他人言论的义务，而不是传统课堂上的教师让学生说，学生才能说，不让学生说，学生就不能说。

3. **生生对话**

生生对话主要用于学生自主学习后，它采用合作学习的方式，依据话题的性质、学生学习的习惯和学习程度等，让学生组成学习小组进行交流学习，但其绝对不是单纯地按座位前后顺序随机组成的没有学习层次之分的学习小组对话，而是带有任意性但又有针对性的发言。

在与文本进行对话后，学生往往能获得一些属于自己的独特语感，此时就会产生与人交流、表达自己的欲望，并希望从中能获得成功感、满足感。

在生生对话过程中，除了让学生知无不言、言无不尽外，教师还应让学生明白：对话不仅仅是发言，还包括倾听，而且首先是倾听，倾听才是关键。亚里士多德说过："谁在倾听，也就听到了更多的东西，即那些不可见的以及一切人们可以思考的东西。"教师应避免在课堂上出现学生自说自话、互不相让甚至为此起争执闹矛盾以至于争吵打架的情况。教师应引导学生明白，对话不是为了维护自己的观点，而是在与别人分享的过程中，吸收自己认为值得学习的东西，从而一起进步、共同提升。

4. **自我对话**

在经历与文本、教师、同学的对话之后，学生已经对文本有了更深刻的理解，此时是展开自我对话的最佳时机。

学生在阅读文本的过程中，其阅读的心得、感悟与自己原有的生活积累或情感体验产生了思维碰撞，从而对文本产生了一种或共鸣或矛盾或质疑的复杂情感。这就说明学生完成了自我对话。这是培养学生自主学习习惯、形成自我阅读特色的基础和前提。

在学生与文本、教师、同学对话之后，教师应给学生一段时间，让学生静下心来，与自己的心灵进行一场对话。这无疑可以提高学生的思维能力，使其对文本形成科学的理解。如此一来，阅读就不仅仅让学生学到了知识和技能，还让其经历了一次心灵的震撼和满足，达到了"人文性和工具性的统一"。

当学生与文本、教师、同学和自我都进行了一番言之有物的对话后，往往能学到很多与教师或同学单一对话所不能学到的东西。这样学习效率高又有趣的课堂，自然能吸引学生的关注，让学生乐于徜徉其中。

（二）在平等对话中展开教学

江苏省常熟市碧溪中学语文教师周卫鸽的课总能激起学生的共鸣，让学生乐意积极参与，发表自己的见解，因为他的对话课堂总是能引发学生的共鸣，让学生说得畅快淋漓。

"同学们，今天的这堂课让我们一起来欣赏杜甫的《登高》。学习诗的最好的办法是诵读，通过诵读，可以走进作品的意境中去，走进作者的情感世界里去，从而受到感染，获得启示。首先我们一起来欣赏《登高》的配乐朗诵和有关诗句的画面。"

接着，周老师用多媒体放映诗与画。

学生一边认真地观看，一边津津有味地感受着诗意。

播放完毕后，周老师问："请同学们有感情地再跟着画面朗读这首诗，讨论这首诗写了什么？又是怎样写的？下面请同学们交流一下。"

思考片刻后，有几个学生举起了手。

"写了夔州的秋天、落叶、长江、沙渚、猿鸣、飞鸟这些景物，有仰望，有俯视，是从多个角度来写的。"

"还有诗人的登高远眺。他描摹了一幅《夔州三峡秋景图》，是由近及远，又由远及近来写的，采用了不同的视角。上、下、远、近的秋色塞满了整个天地之间。"

"诗的前四句写景，后四句写人事，是借景抒情的写法。"

待这几个学生说完后，周老师点评道："很好。你们对诗文内容已经很了解。那么，前四句写景出现的'猿''飞鸟''落叶''长江'四个意象有什么寓意呢？诗人的意图又是什么，有什么深刻的蕴涵呢？"

这一连串的问题把学生难住了，他们都不说话，看着老师，很快有些学生就进入了思考状态。

等待了片刻，周老师问："哪位同学能发挥一下想象，把这幅'三峡秋景图'具体描绘一下，让同学们再深刻地感受一下，体味诗的意象，从而更好地领会诗人的情感和意图？"

很多学生都沉默着，只有班上几位文学基础比较好的学生开始埋头在纸上快速地写着什么。

过了一会儿，一位学生站起来说："这是唐代宗大历二年深秋的一天，阵阵秋风，送来山猿声声长啸。山鸣谷应回荡在天际，令人心惊胆战。冷冷清清的水中小洲，泛着白光的岸边沙石，孤零零几只小鸟在其间低飞，秋风吹动稀疏的白发，诗人步履蹒跚，独自登上三峡一处荒寂的高台。呼啸的风声，澎湃的涛声，凄厉的猿声，声声入耳。那被风吹落的片片枯叶不时掉落在诗人的脚下，又很快被秋风卷走。面对着凄凉肃杀的景象，漂泊西南的诗人禁不住老泪纵横……"

不少学生被这位学生声情并茂的解说感动了，使劲鼓起掌来。

"说得太好了，有MV的那种感觉。"周老师没想到学生能说得那么好，不由得竖起大拇指夸奖他："同学们想想过去我们学过的古诗中，'猿鸣'一般是不是用来表达人的内心的一种忧愁，那么'飞鸟'呢？"周老师给出了一点小提示。

“‘飞鸟’既然是在空中飞，说明它无处停息，比喻孤独无依。”

“‘落叶’有落叶归根的意思。”

“长江一泻千里，比喻时间的流逝。”

……

“好！诗的意境已经被大家深挖出来了。我们再联系一下‘万里悲秋常作客，百年多病独登台’‘艰难苦恨繁霜鬓，潦倒新停浊酒杯’这四句，自然就更能体会诗人借景寄托的心境。大家再把这四句诗反复读几遍，小组讨论一下，然后作一番交流。”

刚开始，学生还是小声地讨论，很快就激烈得要吵架似的了，而周老师则在教室里穿梭，随时准备解答学生的疑问。

“这几句诗写出了诗人晚年的心境，因为‘常作客’指万里漂泊，居无定所；‘百年’指年迈衰老；‘多病’指疾病缠身；‘悲秋’写得就很沉痛，以往秋天都用来比喻收获，是喜悦，但诗人想到自己沦落他乡、年老多病的处境，就生出了无限的悲伤。”

“说心境，不如说是处境：诗人因为漂泊无定，备尝艰难潦倒之苦，白发满鬓；又因为疾病缠身，诗人喜欢喝酒而又不能喝，自然就触景生情，心中的悲伤难以排遣。”

“我觉得整首诗层次很清晰，前四句写季节之秋，后四句写个人之秋，全诗用‘秋’字聚焦，用‘悲’字贯穿，充分体现了诗人晚年孤愁的心境。”

“难道孤愁就是杜甫的晚年，就是中国历史上最伟大的现实主义诗人晚年的心境吗?”

“好！我觉得这位同学的问题提得很好！同学们，如果用悲季节之秋、悲个人之秋来概括这首诗的思想情感，并进而认为这就是诗人晚年的心境，那还是杜甫吗?”

周老师的这一席话说得学生无言以对，沉默了好久。

“所以请同学们认真思考一下，杜甫当时年老多病，为什么还要登高呢?”

片刻之后，有学生举起了手：“我想应该是这样：他要望望那安史之乱的硝烟尚未消散的祖国山河，虽然他知道登高望远满目都是秋，但还是止不住那登临的沉重脚步。”

“能看到真的硝烟吗?”周老师问。

“看不到的，那是他心里的硝烟，那硝烟中，不断涌现出来的是大唐衰微，朝纲不振，满目疮痍……”

“那么，回过头我们再一起来思考‘无边落木萧萧下，不尽长江滚滚来’，难道仅仅是季节之秋吗？‘艰难苦恨’难道仅仅是由于作客、多病吗？我们一起走入诗人的心灵，深挖一下诗歌的思想蕴涵。”说着，周老师再次给学生播放诗与画的《登高》片段，让学生重新欣赏一遍，感悟其中的诗情。

观看完毕后，一个学生站起来说：“无边落木仿佛就是唐帝国衰败的写照，从江河东去中我们分明可以感受到无情的历史变迁，萧瑟的秋意中饱含着杜甫多么深厚的忧国忧民的感情啊。”

“说得好啊！”周老师赞叹道。

“‘艰难苦恨’也不是杜甫个人万里作客的悲伤，‘繁霜鬓’是由于杜甫忧国忧民，忧虑过深过重造成的。”

……

“太感人了。同学们谈得都很有道理，只要我们从整体上去感受诗的氛围，从情境中去感受灾难时代的痛楚声音，就一定能够理解《登高》的真正意蕴。现在，同学们再讨论一下：在季节之秋和个人之秋中还渗透着一个怎样的‘秋’呢？”说着，周老师在黑板上画了三个圈。

“在季节之秋和个人之秋中，还渗透着一个国家之秋，正是这个‘秋’充斥着诗人的心胸，并且与季节之秋、个人之秋产生了共鸣，只有这个‘秋’才是诗人所悲之秋的真正灵魂。”

“这就是杜甫身处人生之秋，望着季节之秋，心里装着国家之秋啊！老师还觉得‘艰难’与‘苦恨’间必然存在一种关系，是什么关系呢？同学们，请认真思考一下，没有‘艰难’，何来‘苦恨’？这是什么关系呢？”

“是因果关系。艰难的世事，国家处于多事之秋。国难深重，正是匹夫有责、奋力报国的时候，可是杜甫自己却年老多病，令他痛心疾首，万分憾恨。”

“原来杜甫‘苦恨’的是自己不能再为国为民尽力了。这是诗人的自责，他忧愤深广，既不像苏轼，也不像李白。苏轼在政治上失意时，能旷达自解、‘倚杖听歌声’；杜甫做不到，他终生坎坷，却从不谈清风明月，即使晚年走投无路，也未曾问过桃园仙踪，他活得太执著。杜甫更不是李白。李白总是在夸张，一会儿上九天揽月，一会儿下五洋捉鳖；杜甫却总在自责自己不能挽狂澜于既倒，不能救生民于水火，这才是'苦恨'的真正底蕴，这才是独一无二的杜甫心！同学们，这一节课老师和大家一起讨论了《登高》的思想蕴涵，边说边谈，边谈边说，每一个活动细节都进行得很好，特别是有好几位同学的发言很深刻。"

"语文教学应在师生平等对话的过程中进行。"这是优秀的教学应该秉持的理念。然而，真正为学生所欢迎的师生平等对话不是玩噱头、耍花腔，不是偶有所得、即兴发挥，也不是漫天撒网、隔靴搔痒，而是一个开放的未完成的动态教学过程。

周老师的课没有简单地教师说一句学生就跟着答一句，而是大有奥妙。

要想让学生愿意对话，并且能对得上话，就得让学生有对话的兴趣，就得让学生理解文本，明白教师或学生所说话语的意图。如果学生对文本、同学或教师的话丈二和尚摸不着头脑，肯定就不知道怎么对、接什么，或者即便对了，也无价值。

对话课堂，让学生享有话语权固然重要，但让学生"有话可说"才是关键，否则学生缺乏谈资，哪会沟通交流呢？由此，教师必须设法为与学生对话做好"牵线搭桥"的准备。

课堂上，周老师通过一系列问题，让学生有了思考的目标，有了思考的线索，从而再通过观看《登高》的诗与画，让学生的想象力得以展开。其间穿插的几个反问则引导学生的思维进一步深入，直探作者的写作主旨。而学生之间的对话，则互为补充，互为提升，给了彼此一个思维碰撞产生火花的契机。

周老师上的这堂课，对话气氛非常活跃，不仅让学生调动了自己的知识体验、想象与直觉，还让他们根据收集到的信息进行分析，解释诗句的含义与思想蕴涵，受到了学生的热烈欢迎，取得了不错的教学效果。

（三）对话课堂的实施策略

叶圣陶说过："语文教学的实质就是对话。"教师可以通过对话了解学生的所思所想，学生可以通过对话学到更深层次的东西，这样一举两得的课堂形式，自然是教师喜欢、学生欢迎。那么，教师怎样操作才能让对话课堂更精彩呢？

1. 搭建对话平台

教师和学生人格平等和教学民主是教师进行对话教学的前提，也是学生喜欢对话教学的重要原因。离开了平等、民主的前提，对话教学与以往的教学方式并无二致，依然是灌输与被灌输、训诫与被训诫的关系。

罗杰斯认为，要想培养学生的创造力，就必须形成和发展学生的“心理安全感”和“心理自由感”。学生喜欢对话课堂，就是因为教师通过对话这一教学形式给学生营造了一个心理安全和心理自由的氛围，让课堂真正成为教师爱学生、学生展示个性的平台。

要想让对话课堂受学生欢迎，教师首先要做的就是走下传统的教学神坛，走进学生中间，在组织、引导学生学习的同时，和学生一样成为一个学习者和课堂活动的参与者。

只有这样，学生才能畅所欲言，才能张扬自己的个性，放飞自己的思绪，与文本、教师、同学、自己进行心灵的沟通与呼应，而不会像以往那样将与教师的对话看做被迫的你问我答。

2. 给予充分的时间

学生喜欢对话课堂，不是因为想说话，而是因为通过对话，他们有收获，取得了较高的学习效益。

要想真正达到此目标，教师应在课堂上保证学生有充分的时间阅读、提问、思考、对话。

只有有了充分的阅读时间，学生才能独立、深入地与文本进行对话，建构意义，才能更好地与教师、同学进行课堂交流。

教师可以在课前给学生布置预习课文的作业，让学生自读课文并收集相关资料；新课进行中、对话交流之前，教师可以提几个问题或让学生自提几个问题，让学生带着问题通读课文；在深入探究的过程中，教师还可以引导学生对关键的字词句段篇进行品读、赏析；在课后，教师还可以让学生进行一些拓展性阅读训练。

不管是哪个阶段，教师都应为学生提供充分的思考、探索的时间，让学生及时有效地对各类信息进行处理和加工，并在此基础上形成个人的独特见解。为此，教师应鼓励学生联系自己已有的认知基础，调动丰富的情感，积极地参与，做一个独立、反思和批判型的读者。

3. 设置“有价值”的话题

学生喜欢对话课堂的另外一个原因是对话课堂上有有价值的话题。这个话题可能是一对矛盾、一个问题或一种现象。

有价值的话题往往具有适当的深度，有思考的价值，对学生理解文本有重要而关键的帮助。钱梦龙老师在讲《一件小事》时设计的问题“‘我’是一个剥削者吗”就是一个“牵一问而动全文”的话题，让学生整节课都有话说，都有精彩的言论发表。

教师要善于概括和设置话题。

从对话的三个要素——听者、说者、话题来看，话题是对话交流的核心。话题设置得是不是科学、巧妙，直接关系到学生会不会有兴趣参与对话，关系到学生学习的深度与广度。

通常，教师设置的话题应具备五大特征：

（1）科学性。话题符合学生的身心特征，与学生的认知发展水平协调，考虑到学生已有的生活经验和体验。

（2）综合性。话题能调动起学生各方面的知识，能沟通本学科与其他学科，并能培养学生综合处理和解决问题的能力。

（3）启发性。开启的话题能调动学生的思维积极性，让学生充分展开联想和想象。

（4）开放性。话题不应局限于课本知识，而应能沟通课堂内外，引发学生的多元思考。

（5）趣味性。话题应是学生喜闻乐见的，能调动起学生创新思考的兴趣和主动性。

4. 营造对话氛围

要想让学生喜欢上对话课，喜欢讲有内容的话，教师还应在课堂上给学生营造对话氛围。这就需要教师在课堂中要照顾到每个学生的感受，让全班学生都有回答、展示的机会；这就需要教师根据每个学生的能力、特点，做出适当的评价，激发学生的学习积极性、对话主动性；这就需要教师摒弃那种尖子生唱主角、能说会道的学生撑门面的课堂，而应多给那些积极发言的学生倾诉的机会，给腼腆、不善言辞的学生更多的鼓励和引导。

5. 尊重对话结果

学生喜欢对话课堂的再一个原因，是因为教师没有轻易否定学生的思想、判断，而是尽可能地尊重每一位学生的个性和独特理解、体验。这会让每一个学生都有适当的成就感。

真正的对话教学，不会让学生游离于话题之外，而是让学生紧紧围绕对话主题进行充分而自主的思考、体验。每一位学生都有自己独特的生活经历、文化修养、性格爱好、美学修养，而这势必会影响到他对文本的理解和鉴赏，从而使阅读结果带上强烈的主观色彩。以往，一些教师会按照“标准答案”或个人主观色彩来评价学生的阅读结果。这不是学生所喜欢的，尤其有些学生的理解虽然不同于“标准答案”，但却很有道理，有独特之处时。而正是这些差异才构成了课堂合唱的“多声部”，让课堂变得更精彩起来。

教师不要用唯一标准去判断学生的解读，尤其是与自己不同见解的解读。只要学生的解读在情理上能自圆其说、有存在的道理，就应给予其肯定、赞赏。

对话课堂意味着课堂不是只传授知识，而是一起分享理解，即师生、生生分享彼此的思考、经验，交流彼此的情感、体验，求得新发现，从而产生共识、共享，实现教学相长、共同发展。这正是教育一直以来追求的最终目的，教师应积极创设对话课堂，并为实现这一目标而不懈努力。

让学生动手实践的课堂

（一）让学生通过动脑动手提升综合素质

与美、英、日等发达国家学生相比，中国的学生的确非常聪明，在每届国际奥林匹克竞赛中屡创佳绩，但是也不可否认，他们动手能力差，创新能力不高。

在2007年10月的“优质教育与教育均衡发展”国际论坛上，中外专家探讨“中美素质教育差异”时讲到了一个真实的案例，一个在美国读小学二年级的孩子已经能够亲自动手写论文了。“蓝鲸一天要吃4吨虾，寿命可达90年到100年，心脏像一辆汽车那么大，舌头上可以同时站50人到60人……”很难想象这篇论文出自一个八岁孩子之手，恐怕连中国高校的学生也会为此感到汗颜吧。

当前，在大力推进素质教育的过程中，“注重儿童潜能开发与个性差异；引导自主参与，培养创造能力”已成为优化课堂教学、提高教学质量的一个基本指标。而培养学生这些能力的最好办法就是重视学生的课堂参与，让他们动起手来，在亲身的实践中掌握知识，体验生活。

早在20世纪20年代，陶行知就提出了“生活教育理论”。他认为：“生活即教育。没有生活做中心的教育是死教育。没有生活做中心的学校是死学校。没有生活做中心的书本是死书本。全部的课程包括了全部的生活，一切课程都是生活，一切生活都是课程。从效力上说，教育要通过生活才能发出力量而成为真正的教育。”

美国教育家杜威说：“教育本身就是生活，而不是生活的准备。课堂教学好比生活在家庭里，生活在邻里间，好比运动在运动场。”

可见，生活是教育的本源，教育应让学生的手动起来，让课堂走进生活，让教学变得真实、真切、鲜活起来。

苏霍姆林斯基曾说：“儿童的智慧在他们的手指尖上。”有学生曾感慨：“告诉我，我会忘记；给我看，我会记得；让我去做，我会理解。”学生各种能力的培养和提高是从动手实践开始的。通过动手实践，学生的自信心得以树立，主动参与意识将增强，合作意识会提高，视野得以拓展，各方面能力均能获得全面发展。

（二）让学生动手动脑，在“用”上下工夫

湖北省罗田县三里畈中学的初中语文老师罗亚辉就是一位实践型的老师。

在生活中，罗老师凡事都喜欢亲力亲为，通过实践活动去体会自己学到的知识和道理。他说：“学习，不仅要动脑子，还要动手。实践出真知嘛！”

在教学实践中，罗老师更是把自己的实践特色发挥得淋漓尽致，他创立了“实践教育”，力图通过实践去培养、提高学生的综合能力，让课堂生活化。

罗老师认为，生活即语文，语文即生活。所以，语文教学绝对不能脱离实践，甚至还应该有意识地深入实践，让学生在实践中巩固知识，学到更多的知识。

在讲授《走进中秋》一课时，罗老师大胆地把主要任务交给了学生。罗老师的教案设计目标是培养学生自主、合作、探究的精神和实践能力，让他们了解、吸收中华民族的传统智慧。

为了调动学生的参与积极性，罗老师提前三周就给学生布置好了课外作业。

上课的时候，罗老师说：“中秋节就要到了，每年的这天我们都会与亲人团聚，吃月饼、赏明月，共享天伦之乐。可是你们知道为什么国人会如此重视这天吗？这个节日有什么来历吗？在那天，除了吃月饼、赏月，人们还用哪些方式庆祝呢？请大家先查找一下资料，然后向我和其他同学汇报一下。下面，我就把搜集资料的方法给大家讲一下。其实，收集资料的方法有很多，比较常用的主要有下面几种：

“第一种是制作卡片。使用卡片搜集资料的优点是容易分类、保存，在使用的时候方便查找，而且这些资料可以分着用也可以合在一起用，甚至可以随时另行组合。这些卡片可以自己制作，也可以去文化用品商店买。当

然，要不要做卡片，可以根据自己的习惯或者查找的资料决定。

“第二种是制作剪报。将需要的资料从报纸、杂志上剪下来，或者用复印机复印下来，再进行剪切、粘贴。最后再把这些贴好的资料分类贴在本子、活页纸上。

“第三种是网络搜索。网络上有许多我们可以运用的信息。只要找到能运用的信息，就可以下载下来或者打印出来。

“第四种是摘抄。俗话说：‘好记性不如烂笔头。’我们可以看一些书籍、报刊，然后在阅读中随时记下所需资料的内容，或者写一些感想体会、理论观点等。

“同学们一定要注意，对于搜集来的资料，千万不可以随手一放，置之不理，而应该认真阅读，并且加以分类。通常，我们可以按照主题和项目来进行分类。主题分类，是指按照一定的观点把资料编成组；项目分类是指按照一定的属性，把搜集的资料分项归类。

“好了，这些就是我们需要用到的查阅资料的方法。相信大家读了那么多书，掌握了那么多知识，应该能够完成这项任务的。

“最后，我希望大家能把自己查找的资料用自己最擅长的方式介绍给其他同学。”

听了罗老师的提议，学生都来了兴致。他们虽然过了十几个中秋节，但是从没想过中秋节的具体来历以及除了吃月饼、赏月以外的庆祝方式。

而最令他们高兴的则是终于有个机会可以让他们按照自己喜欢的方式去调查、研究，并且还能当做“绝活”在同学们面前露一手。

看着学生兴奋的表情，罗老师示意他们安静，然后讲了些具体要求：

（1）了解中秋节的来历，最少搜集一个民间故事。

（2）了解中秋节的习俗。

（3）搜集描写中秋节的文章、诗词及对联。

（4）写出自己的活动总结。

（5）设计自己最喜欢和最擅长的汇报方式，形式不限。

（6）向全班汇报自己的活动成果。

上完这堂课后，学生立刻开始行动起来。他们把找资料的理论方法运用到实践中，每个学生找资料的方法都不同——有的学生独自上网查找资料；有的学生去问父母以及长辈；还有一部分学生根据个人兴趣或居住位置，自发成立了“走进中秋”小组，共同完成任务，而且这些小组的学生还进行了细致分工，有的在报刊上找有关中秋习俗方面的内容，有的在网络上找有关中秋节的诗词、民间故事和对联等。

虽然在准备过程中，有一些家长想代替学生做，但是却被学生委婉地拒绝了。用学生的话说就是“我们终于有一次自己学习、实践的机会了”。甚至有学生认为：“这件事情就像是大学生在写论文，感觉好极了。”

这些准备工作虽然很烦琐，但是学生却都很认真地做着，并且多是在节假日、双休日以及晚自习时做的。

而为了给学生留出足够的调查搜集资料的时间，罗老师还尽量减少了他们的作业量。此外，为了让学生做到有的放矢，罗老师还辅助他们制订了切实可行的调查方案，让他们知道如何将学到的知识、理论更好地运用到实践中。

三周后，学生终于完成了资料搜集工作，并且按照自己喜欢的形式进行了艺术编排，罗老师则把这些节目集中，让文娱委员编排了一个活动汇报节目单。

到了正式汇报的那天下午，罗老师还邀请了学校的领导以及本班的任课老师参加这次汇报活动。

学生对这种实践性的学习活动都感到非常兴奋，积极踊跃地上台汇报，丝毫没有了平时的羞涩与扭捏，这让在场的老师感到惊奇。

而此次汇报的效果也非常好，有的学生讲起《嫦娥奔月》的故事，有的讲起《吴刚折桂》的故事，有的讲起《朱元璋与月饼起义》，还有的讲赏月、祭月、吃月饼的习俗和一些与中秋有关的谚语、对联、诗词。最后，学生又展示了自己制作的与中秋相关的书画、手抄小报等。

这次活动结束后，学生感触颇多。他们在心得中写道：

“通过这次活动，我知道怎样利用网络资源搜集信息、处理信息了。”

“这样的实践活动，让我觉得书本上的知识不再是死的了，而是在生活中能切实用得到的。”

“这是我第一次知道书本上那些理论、方法有这么大的用处，我以后一定得更加认真学习，免得到了实际应用的时候才觉得‘书到用时方恨少’。”

……

江泽民同志在《关于教育问题的谈话》中指出：“人才的成长最终要在社会的伟大实践和自身的不断努力中来实现。”这就在理论上向教育提出了新的要求：在教育过程中，教师一定要注意加强培养学生的实践能力。只有这样，才能使学生在观念、知识、能力等方面不断发展，才能最终培养出综合素质较高的人才；只有这样，教育才能最终适应经济和社会的发展，为经济和社会的发展服务。

对于这一点，上述案例中的罗老师深有体会，他正是将实践融入教学中，有意识地为学生创设实践活动，让学生在实践中体会知识、感悟知识。

陶行知曾说："教育的意义在于'用'，而不在于学，而'用'的场地就是实践，就是社会。所以教师更应该注意在实践中教会学生知识，让学生在实践中升华知识。"

"纸上得来终觉浅，绝知此事要躬行。"从书本上得到的知识毕竟比较肤浅，要透彻地认识事物还必须亲自实践。为了让学生学到真正的、有用的知识，教师有义务给学生安排一些可以验证书本知识的实践活动，有义务向学生传达"实践也蕴藏着真知"这样一种理念。

在教学实践中，教师更应把教学与生活实践联系起来，让学生在学习中有实践机会，在实践中学到更多的知识，培养更强的能力。

（三）动手实践课堂的实施策略

心理学认为，只有让学生经常参加实践活动，才能使他们始终处于一种积极探索知识、寻求答案的最佳学习状态，更好地去发现问题、解决问题，把所学和生活实际结合起来。动手实践已是新课程改革的热门话题，那么，如何让学生真正动起手来呢？

1. 教学活动的目的要明确

任何教学活动都是有目的、有意识的行为，动手实践活动也不例外，它能更好地促进学生对所学知识的理解及运用。不过，相对于整个教学过程，动手实践只是一个"拐杖"，并不是多多益善，更不能是为动手而动手的形式主义。教师要清楚地知道教学的内容是否有动手实践的必要，如果有必要，务必设计本次实践活动的目的及要达到的效果，并通过情境设置等方式使学生积极自觉地进行动手探索和实践。

2. 常与学生沟通情感

学生有思想，有情感。了解学生的心理特点，与他们进行情感交流，有助于学生动手参与实践活动，培养其创新意识。在与学生的情感沟通中，教师要做到以下四点：

（1）缩短师生的距离

实验表明，教师与学生之间的空间距离在很大程度上影响着学生主动参与教学的程度。教师可采用在教室里来回走动的方式“接近”后面的学生，缩短与他们之间的空间距离，进而缩短师生间的心理距离，为全体学生积极主动地参与课堂实践活动创造条件。

（2）多给予学生鼓励

绝大部分学生对教师有一种畏惧心理。为了使学生大胆参与教学活动，教师要多鼓励和表扬学生，使他们感到轻松愉快、充满自信。当学生实践失败时，教师应给予帮助和鼓励；当学生实践成功时，教师要给予表扬和肯定。这样，每个学生就会体验到成功的乐趣，从而愿意动手动脑、参与创造，即使没把握，学生也会争先恐后地参与。

（3）让学生参与教学

传统教学，师讲生听，学习气氛沉闷、压抑，学生厌课、厌学。只有在民主、平等、自主的课堂氛围中，学生的情绪才会积极，思维才会敏捷，想象才会丰富，动手实践才会主动。教师要努力营造良好的课堂氛围，激励学生走上讲台，参与教学，积极交流，共同进步。

（4）创造实践条件

学生有了动手的兴趣和能力，教师应努力为他们提供更多参与动手实践的机会，否则教学就成了无本之木、无源之水。教师应善于根据教材内容特点和学生实际，不断创造学生动手实践的条件，立足于做，着重于思。

3. **组织好实验**

实验具有真实、直观、形象和生动的特点，它是中小学学生提高动手实践能力的基本途径之一。

在物理、化学、生物等实验课中，教师要尽可能地满足学生操作的愿望，设法让学生多做实验，发现、研究、体验生活和自然界中存在的现象和奥秘。

在实验中，教师要引导学生掌握查阅资料、搜集信息、调查访问的方法，正确指导他们动手进行实验，并在实验的基础上分析归纳，得出结论。

另外，教师还要丰富学生的课内和课外的探究活动。如物理老师以兴趣小组活动的方式让学生制作不同的水果电池，并测量其两端的电压，既提高学生学习物理的兴趣，也丰富学生的知识。

4. **准备材料要有度**

教师在设计与呈现动手实践材料时应该多样化，尽量为学生创设选择、处理、组合、分析的条件。

然而，同一动手实践材料却不能过于完备。实践中，经常看到学生不费吹灰之力就顺利完成了实践任务，却达不到操作、探究的目的。究其原因是材料过于完备。完备的材料比较程式化，具有一定的封闭性，会使学生的思维产生定式，得出唯一的结论。在生活中，人们碰到的问题千奇百怪，无法预料，解决问题的条件与方法是一步步完备起来的。所以，课堂实践的材料应接近生活实践，不能过于完备。

5. **程序要有条理**

在动手实践活动中，学生的思维是随着实践活动的程序进行的。实践程序反映了一定的逻辑顺序。如果程序有条理，学生的思路就会清晰流畅；如果程序混乱，学生的思路就会模糊生涩。

中小学生的思维处于无序思维向有序思维过渡的阶段，教师应积极引导和帮助学生渡过这个阶段，通过分析、综合、抽象、概括的思维活动来训练学生思维的条理性。

6. **注意发挥语言的功能**

在动手实践中，动作和动作之间、直观材料和直观材料之间、动作与直观材料之间往往都存在着一定的逻辑联系，而这些联系，用动作或直观材料却是无法表示的。这时，就需要学生善于运用恰当的语言揭示这些联系，建立前后连贯的、合乎一定逻辑的联系。如果学生在动手实践后能完整地复述实践过程，再进行分析和归纳，知识就“活”起来了，学生也就“活”起来了。

7. **将动手实践落到实处**

在课堂上，动手实践活动不应该是表面、外在的，而应深入学生的内心。教师应关注学生能否有效地学习，淡化一些表演性的环节，让周围的世界不断以鲜明的形象、画面、知觉和表象来强化学生的动手实践意识。

面对纷繁复杂的信息社会，学生应具备选择、分析、处理信息的基本能力。教师应充分认识到动手实践活动在教学中的重要作用，积极结合教学实践进行反思，不断改进教学策略，让学生把动手实践和学习紧密结合起来，从“形式”真正走向“实效”。

充满教学机智的课堂

（一）运用教学机智，构建生动课堂

明朝大学士解缙才思敏捷，机智善辩。一天，他和一帮朝臣陪朱元璋去后花园钓鱼。众臣子都只顾自己钓鱼，互相炫耀自己钓了多少，钓得多的臣子就哈哈大笑。

听着臣子们一片欢声笑语，朱元璋好不郁闷，因为他一条鱼也没钓上来。大家笑得越欢实，朱元璋的脸色越阴沉。众臣子发现后，纷纷吓得面如土色，不知如何是好。

只见解缙来到朱元璋身边，大声说道："皇上，我们钓得着，您钓不着，这就对了！"说完，还自顾自地吟起诗来："数尺丝绦落水中，金钩抛去永无踪。"

本来就不高兴，解缙还这样羞辱自己，朱元璋立即将一腔怒气发泄到了解缙身上，当即就怒目圆睁吼道："大胆！你敢取笑朕！不想活了？"

解缙却面不改色，微微一笑，接着吟诗："凡鱼不敢朝天子，万岁君王只钓龙！"

这下，朱元璋立刻高兴了，原来自己钓不上鱼来是天意啊！

解缙漫不经心的几句诗，就扭转了乾坤，收到了苦口婆心的劝说所不能起到的神奇效果。这就是机智的妙用。

课堂上，教育教学存在着诸多不确定性，再加上教育对象是一群性格各异的孩子，他们很"喜欢"制造七七八八的"麻烦"。所以，教师应像解缙一样，充分发挥自己的机智，给学生上充满教学机制、妙趣横生的课。

机智课堂，就是指教师在课堂教学中善于根据施教情况创造性地进行教学。课堂上，教师所运用的机智，与平时情急之下自然生发的智慧相类似，具有应急性、敏捷性、灵活性、创造性等特点。但是由于面对的是千差万别的学生，所以要想给学生上一堂妙趣横生的课，教师就有必要在教学实践中多磨炼自己，多积累才识和智慧，并将其灵活地渗透到课堂的各个环节。

那么，教学机智在课堂上都有哪些积极意义呢？

1. **调节课堂气氛，缩短师生间的距离**

面对教师，学生难免会紧张、拘束，而这些情感，是不利于课堂教学的。教师与学生的心理距离越近越好。只有这样，学生才愿意放松心情，积极投入课堂教学中去，才愿意向教师提出质疑，愿意请教教师，而教师也才能真正地解决学生的心理问题与学习问题，给学生上好课。

所以，教师应具备教学机智，能随时机智地解决课堂上的“不和谐”的“意外”问题，尽快拉近与学生的心理距离，使学生尽快进入学习状态。

2. **消除学生的认知盲点**

课堂上，学生难免会对一些知识点看不透、想不准、理不清，或者是根本就不知道，或者是知道得片面，或者是知道得很狭隘。然而很多时候，这些盲点是什么，教师可能都不清楚。但是这些盲点如果当时不解决，之后又懈于解决，就会越积越多，越多就越不想解决，而且还越难解决。

如果不能及时疏通、挑明、解决这些盲点，学生很有可能会对该学科的学习越来越没信心，引发学习上的恶性循环。

在课堂上，学生提出一些“不和谐”甚至脱离教学轨道但与教学内容相关的问题时，教师首先不要发怒，不能认为学生是故意捣乱，而应想办法帮助学生尽快解决认知盲点。

3. **激活学生的思维，有效调控教学**

吕叔湘先生说：“成功的教师之所以成功，是因为把课教活了。”而“活”的根源就在于教师机智面对课堂生成的问题，运用教学机智，有效地激发和诱导每一个学生主动参与课堂学习。

课堂生成不外乎两个方面：一是偏离目标的生成，这需要教师运用教学机智予以及时的调控；二是积极意义的生成，这需要教师根据课堂教学的具体情境，凭着自己的博学与机智，为学生的思维“铺路架桥”，通过师生之间的交流，生成课堂教学的亮点，从而达到预期的目标。

(二) 顺水推舟，机智地解决课堂中的“意外”事件

上《训俭示康》一课时，疏通文句后，武汉市汉南一中语文教师张大勇问：“同学们，本文用了什么样的论证方法？请举出实例。”

“事实论证和事理论证。”学生很快就回答了出来，并一一列举了实例。

学生正等着张老师往下讲时，却有一位学生突然站起来并大声地说：“老师，我认为司马光用例啰唆而且还很片面！”

敢给名家挑错！很显然，这是个张老师没有料到也不会事先写进教案的问题，但是张老师却还是赞赏地说：“哦？你的见解很不一般。不过，要想让我们服你，你得好好说说自己的理由，让我们看看你说得对不对，有没有道理。”

看到张老师不仅没批评自己，反而还鼓励自己往下说，该学生为刚才的鲁莽不好意思了，转瞬间，他恢复了正常，说出了自己的理由：“这篇文章一共五段，却有四段都是事例论证，举例烦琐，而且他举的那些例子还都是达官显贵的，有失全面。”

也许是受了这位学生“敢为天下先”的激励，更多的学生纷纷加入“挑刺”的行列，对这位学生表示了支持。

“对。司马光举的那些例子出现的官职就有群牧判官、相、参政、掌书记。他们中不少人还有谥号或封号，像文靖、文节、莱国公等，却没有一个平民百姓。这样的例子没有普遍性，因此说服力不强，论证欠严谨。”

“把后两段删掉，文章更简洁精悍。”

……

学生反驳的理由越来越多，张老师没有直接表态，而是“旁敲侧击”了一下：“作文用例一般讲究角度，看本文所用事例的角度有什么不同？”

学生没想到张老师转了话题，赶紧低头看书、思考。

“老师，第一段和第二段是从自身和自家的角度写的。”一个学生回答。

“那他这样写是不是自我标榜？”张老师追问。

这个学生沉默了。

张老师提示道：“这篇文章的写作动机是什么？”

学生顿时恍然大悟：这篇文章是训诫儿子的，现身说法才有说服力。

张老师的提示给了学生一些线索，很快学生就有了新的想法。

“李沆、鲁宗道、张知白三个事例分别是从居室、饮食、家风三个不同的角度着笔的。”一个学生说出了自己的发现。

“说得好！”

“而且这几则例子偏重于选取人物节俭行为和典型语言，而后文石崇等例侧重奢靡所造成的后果。”又有学生进行了补充。

“李沆等三人是当朝人物，石崇等则是前人。这说明节俭流美，奢侈误人，古今一理。”

“李沆等三人的例子是详述，而石崇等人的例子文字简洁。它们不仅角度不同，而且写法各异。”

看到学生又找到了这么多的证据，张老师“顺水推舟”地说道：“看来，司马光在例子的选择与表达上，也是费了一番心思的。用例这么多，也是有其良苦用心的。接下来，我们好好揣摩一下司马光的心思吧。”

“司马光身居高位，深知官宦子弟最易陷入奢靡而不自觉。由俭入奢易，由奢入俭难，所以司马光反复申说，以引起司马康的重视。”学生讨论后，归纳出了自己的观点。

“由此，我们不是很容易就能推出司马光用例只论官宦而不谈平民的缘由了吗?”张老师反问道，同时这也说出了他自己的观点。

“没错！原因有二：一是富家常奢侈，平民多节俭；二是司马康乃丞相之子。这样用例恰恰具有针对性，更具说服力。”很快，就有学生给出了答案。

至此，学生无不称赞：“司马光才是真正的大家啊!”

那个提问的学生还说：“幸亏张老师给我机会说了，还帮助我解决了这个问题，不然我一节课都上不好呢!”

现代心理学认为，教学过程是教师和学生共同参与的一个十分复杂的动态过程，受教师、学生、环境诸因素的影响，总处于不断变化之中。因此，课堂上充满着各种变化和突发事件。

传统的课堂，教师比较重视依靠自身的素质和瞬时智慧所表现出来的教育机智来解决课堂问题，关注的是课堂教学流程，强调顺着教案走。如今，新课程大力倡导自主、合作、探究性学习，这导致课堂变成了“战场”，瞬息万变。学生思维变化的不确定性、课程的生成性和开放性、学生对课程的多元化反应和个别差异等使课堂上的不可控因素越来越多。有时，即便教师在课下多方备课，多方设计，仍有可能出现很多不可预知的意外。

对于这些意外，如果教师不能很好地进行处理或利用，就极有可能引发课堂“冷战”，或是让学生反感教师，或是让课堂难以顺利进行。

此时，教师要想游刃有余地驾驭课堂这个复杂多变的动态系统，顺利完成教学任务，就必须掌握教学机智。正如乌申斯基所说：“不论教育者怎样研究教育理论，如果他没有教育机智，他不可能成为一个优秀的教育实践者。”

纵观张大勇老师的课，我们嗅到了“机智”的味道。

司马光是一代大家。他的这篇《训俭示康》历来为人所推崇。然而，在张老师的课上，学生却敢于质疑司马光，说他的例证啰唆、不全面。想必这在张老师的教学史上是不多见的，是个绝对的意外。然而，还有更意外的事，就是这个学生不是一个人在“战斗”，他有很多支持者，并且都能提出自己的理由去佐证这个观点。

在传统课堂上，教师会认为学生这是故意挑刺，跟老师过不去，会轻率地让学生“好好听课”，或者“去教室外面”。这样引发的教学后果，最直接的是学生不说话，乖乖听课，但心里却认为教师太霸道、专权；最深远的影响是学生不敢质疑，不会创新。

张老师却没有制止学生，相反，还让学生尽情阐述自己的观点，通过“那他这样写是不是自我标榜”和“这篇文章的写作动机是什么”两个问题，让学生恍然大悟，从而对张老师的教学心服口服。

教学中安排的操练活动很容易导致课堂失控，但是，教师又不能因噎废食，不安排教学活动。然而，教师也不能发现学生在活动中捣乱、浑水摸鱼，就发脾气、责骂学生。要想让课堂活动顺利进行下去，并让学生从活动中学到知识，教师就应多动动脑筋，运用自己的机智。

如果教师上课都能像张老师这样，学生怎么可能会厌恶课堂，反感教师？相信他们爱课堂爱教师都爱不够呢！

所以，面对课堂上的“意外”，教师先不要自乱阵脚，应稍微冷静一下，或许就能将一堂专业课上成机智课，让学生见识到课堂上横生出来的妙趣，进而爱上你的课堂。

（三）机智课堂的实施策略

苏霍姆林斯基曾说过：“教育的技巧并不在于能预见到课的所有细节，

而在于根据当时的具体情况，巧妙地在学生不知不觉中做出相应的变动。”当课堂上出现出乎教师意料的事时，教师应及时改变预设的教案，顺应学情，给学生上一堂他们也意想不到的机智课。

1. **形成良好的心理素质**

课堂上往往会有许多“偶然事件”和“意外”，其实这些事件并不偶然和意外，而都与课程有着千丝万缕的联系。在教育思想的背景下，一切言行都能找到归宿，所以需要教师有充分的自信，遇事沉着，处变不惊，积极寻找“意外”与课程的联系，把控全局，进而成竹在胸，决胜千里，调好育人和全面发展的琴弦。

2. **真心爱学生**

要想上一节成功的机智课堂，教师就应以爱为出发点，以真诚、宽容、理解为基础，以学生的终身发展为理念，时刻关注学生的一言一行，利用自己的教学机智为学生建构成长的空间，将学生零碎的想法变成对知识的整体认知，使学生身上好的品质得到巩固和加强，促进学生的个性成长。

作为课堂的引领者，教师应将学生放在平等的地位，信任他们，尊重他们，尽可能地维护学生的自尊，不打击学生的自信，宽容学生的鲁莽、失误，让学生在教师的肯定和激励中张扬个性，茁壮成长。

3. **提升综合素质**

教学机智是建立在教师的良好的综合素质之上的，任何一种能力的形成，都是以一定的知识作为前提条件的。因为只有加强学习，不断扩充知识面，具有广泛的知识，才能为学生解惑，随机应变地处理课堂教学中发生的各种事件。

这就要求教师首先要熟悉教材。教材是课堂教学的主要依据，教师只有非常熟悉教材，对教材相关的知识点做到心中有数，才能从容应对学生提出的意外问题，才能根据学生在学习中的反馈信息灵活地处理教案，及时调整学生的思路，科学地调整传授方式，合理地调控传播信息的质和量，以保证教与学的同步进行。

教师还应有良好的文化素养。针对学生超出常规的教学提问，教师应具备非常规的文化底蕴。这就要求教师不能仅拥有限于他所教的学科范围的知识，而应不断地吸取新信息，拓宽自己的知识视野。这样才能在三尺讲台前得心应手，在课堂上游刃有余。

4. **加强反思**

除了不断学习之外，教师还要善于进行教学反思。这是教师提高专业素养的有效途径。教师只有对教学中出现的每一个问题不断地进行反省、思考、探索、判断、分析和整理，才能使自己不断更新教学观念，改进教学方法，提高教学水平和教学效果。

反思是教师成长的助推器。我国著名的心理学家林崇德教授就提出了“优秀教师＝教学过程＋反思”的教师成长模式。教师只有重视反思，及时反思，深入反思，有效反思，坚持反思，提高反思能力，才会主动、深入地观察、思考自己和他人的教学案例，在经常的自我反思中分析案例，探索解决问题的方法和途径，不断更新、重构自己的教学思想，提炼升华教学实践，科学理性地设计教学过程。

赞科夫也说过：“没有个人的思考，没有对自己经验的寻根问底的精神，提高教学水平是不可思议的。”因此，不断反思是养成教师教学机智的一种有效途径，也是教师构建机智课堂的基础所在。

5. **要有敏捷的思维**

教师要能够对课堂上那些节外生枝的问题做出敏捷的反应。这就需要教师除了培养良好的心理素质外，还应多学习一些处理“意外”“偶发”事件的技巧，并且多多练习。

充满诗意的课堂

（一）用诗意课堂给学生美的享受

陶行知先生说："假如你有两块面包，你得用一块去换一朵水仙花。因为面包是身体的粮食，水仙花是灵魂的粮食。"课堂上，教师将课上得诗情画意，就是送给学生"灵魂的粮食"。

诗意的生活，是一个于琐碎繁杂的生活中创造出的充满诗意的情境，一个放飞心灵的自由空间。置身于教育中的师生都应该是诗意的生活者。其实学生心里本身就栖居着诗意，跳动着诗性，充溢着诗情。他们倾听泉水的琴声，描绘绿色的大树，欢呼微风拂面的春天……教师只有让学生像花丛中的蜜蜂一样自由自在地采集，让学生像林间的小鸟一样尽情尽兴地歌唱，才能激发学生的思维，使他们活跃的智慧和鲜活的想象得以淋漓尽致地展现。同时，教师也应融入学生的世界，从学生的角度出发，用诗意的心解读文本，让课堂变得诗意浓浓。

那么，诗意课堂到底能给学生带来什么呢？

1. 引导学生回归生命的本真

诗意课堂可以让教学像阳光一样温暖学生的心怀；像金色的河流，澄澈而明净，充满人文与诗意，凸显生命的灵动、自由和独特，使师生从诗的视角去关照生活，感悟生命诗性的真谛，从而唤醒、激扬、涵养、净化、美化人的生命，共同臻于自我的完满实现与超越，让学生从诗意中寻求一种思想上的认同、心灵上的慰藉，做一个心境平和的人。

2. 引导学生实现生命的灵动

诗意课堂的构建，可以让学生与大师交往，与智者攀谈，传承中华民族的精神、文化中的瑰宝，从而陶冶情操，提高人文素养，真正打好人生的底色。

3. 引导学生感受心灵成长的愉悦

诗意课堂给学生提供了一个忘我吟诵、专心品味、张扬个性的空间，能让学生在情感的推进中一次又一次地体验心灵的颤动，感受心灵成长的愉悦。

4. 培养学生的想象力

课堂上，教师诗意的讲解可以引导学生发现文本之美、语文之美、生命之美，享受到语文学习带来的愉悦，让学生在轻盈曼妙的心路历程中自由而尽情地绽放生命之花。

（二）诗意授课，陶冶学生的性情

著名特级教师、执教于浙江省湖州市湖师附小的盛新凤老师执教的《去年的树》一课，被誉为诗意课堂的典范。

上课伊始，盛老师先给学生放了一段视频。只见一只小鸟站在一棵茂盛的大树上快乐地唱歌，而大树则专注地倾听着。

“同学们，听，一只美丽的小鸟站在大树上，正动情地为大树唱歌呢！大树呢，摇曳着茂盛的枝条，正入神地听着……这是一幅多么和谐、美丽的图画呀！是吗?”

“是!”

“请同学们打开书本，让我们用自己喜欢的方式读书。你可以一个人读，可以找伙伴读。如果你想搬个凳子到讲台前来读，也可以。”

学生读出了很多问题，也读出了很多收获。

……

“让我们先来看第一组对话。冬天到了，树的好朋友小鸟要到南方去过冬了。临走之前，一对好朋友依依惜别。树对鸟儿说——”

学生齐读：“再见了，小鸟！明年请你再回来，还唱歌给我听。”

“鸟儿回答——”

学生继续齐读：“好。我明年一定回来，给你唱歌。请等着我吧!”

“你们想，这对好朋友在分别的时候是怎么对话的？请你也就近找一下你的好朋友，练这组对话。”

一组学生对话完毕后，盛老师问："老师发现他读'我明年一定回来'时，语气很坚定，能告诉我为什么要这么读吗？"

"因为他们是好朋友，小鸟答应他，语气非常坚定。"

"真好，他是坚定地向朋友保证，明年一定会回来。还有谁想试试？"

一组学生练读，男生模仿了大树的语气。

"你真像大树啊！你在模仿大树的语气，是吧？"

"因为大树非常粗，他的语气给人一种很成熟的感觉。"

"不错，你的感受非常独特。从他们的对话当中，我们感觉到这对好朋友之间的感情是多么——"

"深厚。"

"我们的男孩子来读大树，像刚才那个同学一样，读出自己的个性来。女孩子读小鸟，好吗？"

男女学生分角色读了两遍，盛老师才满意。

"他们就这样依依惜别，并做了约定。第二年的春天，小鸟满怀深情地回来找他的朋友大树。然而，往日朝夕相处的朋友却不见了。他着急地找了又找，问了又问。下面三组对话，老师想让同学们在四人组里合作练读，好吗？你们可以自己选定一个角色练。开始！"

学生练读、对话完后，盛老师问："同学们，他们这一组读得怎么样？"

"好。"

"都觉得好。这样吧，你们有意见可以提，也可以夸夸他们，跟他们直接对话。好不好？"

"小鸟的语气应该读得更加焦急些，这样还不够焦急。"

"这是你的意见。好！还有吗？"

"我觉得小鸟的语气应该读得更加活泼一点。"

"活泼，是吗？哦，情感上要焦急，样子要活泼。还有吗？"

"树根应该读得更加悲伤点。因为树根和树是唇齿相依的。"

"这是你独特的体验，真了不起。好，从同学们的意见中，感觉到大家都觉得作为主角的小鸟的话，非常重要，应该好好地体会把握，是这个意思吗？那么我们先来重点练读小鸟问的这三句话。"

自由练读后，盛老师又找学生单个读。不少学生都读出了小鸟的焦急和对大树的担心。

“那一声声急切的询问，流露出小鸟对大树的无限深情。读着读着，谁被小鸟的真情感动了？”

学生举手示意。

“这样吧，谁来做一回小鸟？”盛老师随意指了两位举手的学生：“你们在教室里面，就这样飞呀飞呀，寻找自己的好朋友大树，一边找一边问。你在谁的跟前停下来，那个同学就做你的配角，来跟你对话。明白吗？”

学生刚开始没有找到，盛老师就问：“还没找到，是不是？找不到朋友大树，小鸟都快急疯了。让我们再来读书体会小鸟的焦急。齐！”

学生齐读小鸟那三句话。

盛老师随机采访了一位学生：“可怜的小鸟，找不到朋友大树，你心里怎么想？心情怎么样？”

“我的心情很焦急。”

“你焦急。你呢？”

“紧张，为大树担心。”

“我为小鸟感到悲伤。”

“我也感到非常伤心。”

“你感到伤心。你们是不是在心里呼唤着朋友大树呀？”

“是。”

“那你们是怎么呼唤的？”

“大树呀大树，你到底在什么地方呀？”

“大树，你快回来吧！小鸟正在等着你呢！”

“大树，难道你忘记了，咱俩有约定吗？我还要给你唱歌呢！”

“真好，同学们！小鸟对大树的这种焦急、牵挂、关心就是奉献给大树的最珍贵的友情！让我们再一次深入课文倾心地交流、对话，来体会这份情。”说着，盛老师用多媒体课件出示了几张图片，然后用低沉的声音说：“村子里，煤油灯旁，一对好朋友又见面了。让我们一起读最后一段。”

学生读。

“读着读着，你又有什么问题了？”

“小鸟看到灯火为什么还要唱去年唱过的歌？”

“好！还有那么多问题。这样吧，让我们尽情地交流对话，可以提问题，也可以解答别人的问题。”

“我来回答小伟（上面的学生）的问题。因为在一年前，小鸟和树是好朋友，小鸟天天给树唱歌，树也天天听小鸟唱歌。可见他们多么友好，是一对知心朋友。然而冬天过去了，小鸟却见不到大树，只看到残留下来的树根。他历经千辛万苦，终于在油灯里找到了大树的化身。这时他不禁想起了当年他和树的一幕幕。他看到了灯火，仿佛看到了大树的身影。所以，他情不自禁地唱起了去年的歌。”

“你说得真好。谁还有问题？”

“我再补充一下。我觉得小鸟就是在歌颂大树，因为灯火照亮了别人，给人间带来光明，所以他在歌颂大树无私奉献的精神。”

“你觉得在小鸟的歌声中，还有那种为朋友自豪的心情在里面。”

“是的。”

“你体会得真好。谁还有问题？”

“我想问一下，小鸟为什么两次都盯着灯火看了一会儿？”

“同学们注意到了没有，小鸟盯着灯火看了一会儿，后来要飞走了，他又盯着灯火看了一会儿。你从两个‘看’当中，品出什么来了？”

“灯火是火柴点燃的，火柴是大树做成的，小鸟可能把火柴看成是大树的孩子，他要看看大树的孩子是怎么样的。”

“他是要看清楚吗？可以发表不同的说法，来说吧。”

“因为他对大树的感情十分深厚，而现在大树的生命就要到尽头了，所以他又看了一会儿。”

“他不忍心。他饱含深情地看了一眼，是这个意思吗？”

“我觉得是小鸟想念大树才会对着灯火看。”

“对呀。他们多长时间没见面了？”

学生齐答：“一年。”

“是啊！”盛老师动情地说：“一年过去了，往日的朋友已变成了今天的火柴。小鸟怎么能不伤心？他看了一会儿，又看了一会儿，用目光和朋友交流感情。那同学们，还有谁要说？”

“我觉得鸟儿在沉思，因为火柴就是大树。他在想大树当时被伐木工人砍掉的那一刻，大树心里会怎么想；大树变成火柴，独自照亮别人的时候，又会怎么想。我觉得他是在沉思。”

“这是你的理解。还有——”

“他可能第一眼看到火柴时，不相信火柴就是大树变成的。他第二眼看到火柴，好像感觉到火柴就是大树。”

“对呀！他简直不敢相信，这就是他那么熟悉的朋友大树，所以他……”

“睁大眼睛，盯着火柴看了一会儿。”

“当他认出来的时候，他就唱起了去年唱过的歌。后来他为什么看了一会儿，要飞走了又看了一会儿？”

“因为一旦火柴点燃的火烧完了，就证明大树的生命结束了。他想在他最好的朋友离别之前，再看一眼。”

“你说得真好。两个‘看’当中包含了小鸟的多少深情和留恋呀！同学们，经过刚才的尽情交流和对话，你们真正地体会到了小鸟的这种深情。同学们，这回你们就是小鸟了，你们历经了千辛万苦，终于找到了你日思夜想的好朋友大树。此时此刻，我们一起读……”

学生读最后一小节，但把“小鸟”改成了“我”。

“老师深深地被你们的朗读打动了。你们把这两个‘看’字读得让盛老师的情感随着你们的朗读在波动。能再读一次吗？”

学生又读了一遍。

盛老师深情地说：“亲爱的小鸟，你看见朋友了，你盯着火柴，深情地盯着火柴，看了一会儿，你想说什么？你要走了，当你又对着火柴看了一会，你又想说什么？”

“我想说，大树，永别了，我要走了，我现在已经为你唱歌了，我已经完成了约定，我以后还会寻找别的火柴，再为你唱歌。”

“这是他的心里话。”

“我会说，大树永别了，我会永远怀念你的！”

“你说得真好，你真是个有感情的孩子。”

“小鸟第一次看见树，他会说：‘怎么去年强壮的树，现在会变成这样？’”

“你对大树说话。”

“朋友，去年你如此强壮，现在为什么变成这样？”

“他真不忍心看呀。”

“我觉得他会说：‘大树，我一生能交你这样的朋友，真是一大快事呀！’”

“对呀，大树也应该有这样的心情呀！”

“对不起，大树，我来晚了，要不然还可以看到你以前的样子。现在我要走了，请你以后多保重啊！”

“同学们，你们都是守信、多情的孩子呀！”点评了学生的发言后，盛老师深情地说，“小鸟飞走了，带着淡淡的伤感飞走了，但他给大树留下了歌声，留下了友情，留下了我们世间最宝贵的诚信。小鸟对大树的情，把大树也给深深打动了。大树想在自己还没有燃尽前，为小鸟寄去一张友情卡。同学们，你们愿意为大树写这张友情卡吗？”

“愿意。”

学生自由地写卡片，然后读给大家听。

“啊！亲爱的小鸟，多日不见，你过得怎么样？虽然我们今世不能相见，但是这一生能有你这样的朋友我也死而无憾了。如果有来世，我希望我们还能做朋友。”

“他觉得死而无憾了，获得了这么真挚的友情。你真会说话。”

“我的朋友啊，我再也不能听你歌唱了，再也不能和你一起分享快乐了，但你我之间的友谊将永远在我心中。”

“这个‘永远’把你这种炙热的情感表达得淋漓尽致。”

“小鸟，我的好朋友，我要燃尽了。在此之前，我想对你说：‘永别了小鸟！我此生能交到你这样的朋友，真是荣幸呀！我们永远是最好的朋友。’”

“你的话语中充满了情感。”

……

盛老师激动地总结道：“同学们，这是大树的肺腑之言呀！你们说出了大树的心里话。大树就是这样来表达自己的情感的。……作为这篇美丽的课文的读者，你还有什么话说？你想对谁说？比如对伐木人有什么话要说。你想对谁说，就对谁说。”

课堂是什么？是生活的组成部分，是师生生命成长的平台。在这个平台上，一群鲜活的生命在一起对话、唤醒、碰撞、交融、分享，尽情享受生命成长的快乐。

要构建充满诗意的课堂，教师就应给学生思考的自由、说话的自由、抒情的自由；教师就应放弃“话语霸权”“情感霸权”“价值霸权”，蹲下来，平视学生，用温暖的眼神关注每一颗敏感的心，用真诚的心聆听每一朵花开的声音。

课堂上，盛老师不仅没有做话语霸主，还一次次地引导学生说话，让学生与文本、与同学、与教师进行对话，尤其是她设计的“与……对话”的环节，更是打开了学生的思路，放飞了学生的心灵，触动了学生的情感，让他们产生了一个又一个新奇的想法，进行了一次又一次独特的情感体验。这是常规课堂难以达到的教学效果。

此外，课堂伊始，盛老师就通过播放“小鸟和大树”的视频，并借助自己诗意化的语言带领学生进入了一个诗意化的情境。而课堂上，盛老师激励的话语、如诗般的解说，更让学生体验到了诗意课堂的美。

盛老师的这堂课是用心灵感动心灵、用灵魂塑造灵魂、用智慧开启智慧、用人格砥砺人格的诗化课堂。

这样的课堂本身就是一首美不胜收的诗。

（三）诗意课堂的实施策略

著名作曲家柴可夫斯基说：“对于我，作曲是一种灵魂的表白。”音乐是一门心灵的艺术，课堂是塑造心灵的场所。它们的共同打动人心灵的东西便是“情”。教师就是要将“情”传递给学生的人。而最能传递这种感情的方法，无疑就是给学生上一堂充满诗意的课。

1. **精心设计教学**

陈旧的课堂形式比较固定，多遵循课堂导入、讲授新课、归纳新知、布置练习这个模式。教师将精力都放在了设计目标、确定重点、勾画难点、安排环节上。结果，这样的课堂限制了学生的思维，抑制了学生的个性和创造力。

课堂应是灵动的、开放的、充满情感与智慧的，因为在课堂上，教师面对的是一群有思想、有情感、有个性的生命个体。这就要求教师不能用僵化的程序来钳制和束缚灵动的思想。所以，设计课堂教学时，教师应从大处着眼，不拘泥于细枝末节，多给学生留一些时间和空间，为师生在课堂上的再创造留有余地和弹性。

2. **营造诗意氛围**

构建诗意课堂，首先应有一个诗意的课堂氛围，这才能打开学生感情的闸门，点燃他们灵感的火花，带领学生走进诗意的课堂。

（1）教师诗化的语言

诗意像温柔扑面的春风，像润物无声的春雨。教师要运用诗一般的导语激发学生的情感。这就要求教师在课堂上多说一些具有诗意的语言，而少用一些严谨、枯燥的文字。上述案例中，盛老师就不乏诗意化的语言。

（2）拓宽学生的视野

课堂是师生的双边活动，学生是我们诗意课堂的主人，拓宽学生的视野，最能直接引发学生诗意的语言。教师可以通过直观的多媒体课件引领学生迅速进入特定的情境；抒情的音乐、如诗的画面，会一下子拉近学生与文本的距离，学生的眼睛为之一亮，心灵为之震撼，言语就会如清清山泉喷涌而出。同时，教师还可以引导学生多进行课外阅读。浩如烟海的优秀传统作品蕴涵着大量中华文化的精粹、人类文明的财富，能为学生打开另一扇认识世界的窗户，让他们的视野更加宽广，更加丰富多彩。

3. **尊重学生的体验**

阅读教学“是学生、教师之间的文本对话过程”，是“学生的个性化行为”。每个学生阅读文本时，都会因自身的学习基础、生活背景等因素的不同而得出不同的体验。教师应尊重并珍视学生的独特感受、体验和理解。

课堂不应是教师一个人的独白，应是双方的交流，是师生之间、生生之间、师生与文本之间自由、开放的对话。所以，在设计诗意课堂时，教师应把着力点放到疏通学生与文本的对话中，创设诗意的对话情境，让学生直接面对如诗如画的文本，与文本进行跨越时空的心灵对话。这样，课堂就会时时充满诗意。

4. **构建充满爱意的课堂**

充满诗意的课堂，首先是弥漫着浓浓爱意的课堂。在这样的课堂上教师才不会将目光局限于说教上，而是会更多地关注学生作为一个鲜活的生命的存在的行为。如果没有爱意，教师就不能包容学生的“异想天开”的“大胆妄语”。而感受不到爱意，学生也不会自由地学习，自由地想象。

赏识能诱发学生的潜能，开启学生的心智，促使学生的灵感涌动。这就需要教师多说一些激励的话语，如“你的想法很独特，能引发大家的思考”等；这就要求教师走进学生的心灵，尊重学生的见解，不强求，不压抑，要充满期待。

5. **构建乐意课堂**

“知之者不如好之者，好之者不如乐之者。”教师应想办法让学生乐于学习，主动学习。这样学生的脑筋才能真正开动，才能真正闪耀智慧的火花。

要让学生真正动起来，教师就要放权给学生，放手让学生学习，尽可能地给学生展示的机会。

当教师给学生提供了广阔空间，让学生充分展示自我，学生就会乐于接受教师和同学的挑战，由此课堂和学生的大脑都会得到激活，学生的个性得以张扬，思维得以开放。“给孩子一个机会，他会还你一个惊喜；给学生一个舞台，他将创造一个奇迹。”

课堂的本性、本体和本色是诗意，课堂的活力、灵魂和生命是诗意，课堂的希望、出路和最高境界还是诗意。一堂成功的课，首先就应是一篇流淌着诗意美的散文。只有教师运用这种审美化、情感化的语言去解读课文内容，学生也才会在充满诗意的课堂中自由翱翔，才能体悟蕴涵在课文中的诗意，体会到学习的真正乐趣。

所以，教师要让课堂上的学生真正徜徉在诗情画意中。

充满激情的课堂

(一)以情激情,使课堂生动起来

1940年5月,德国以“闪电战”突袭欧洲,仅一个月时间就打得拥有300万军队、号称欧洲最大陆军强国的法国溃不成军。

6月17日,法国最高军事统帅贝当元帅竖起了白旗。

同一天,法国国防部长戴高乐将军出访英国,在BBC广播电台向全世界播放了一篇演说:“……我是戴高乐将军,我现在在伦敦,我向目前在英国土地上和将来可能来到英国土地上的军火工厂的一切工程师和技术工人发出号召……无论发生了什么事,法国抵抗的火焰不能熄灭,也绝不会熄灭。戴高乐永远和你们在一起,自由独立的法兰西万岁!”

为了号召法国人民站起来反抗纳粹,为了激起法国人民浴血抗敌的斗志,戴高乐用自己充满激情的话语拨动着法国人民的心。

实践证明,戴高乐的这次演讲非常成功,其间蕴涵的戴高乐的爱国主义激情,大大地鼓舞了法国的战士和人民,促使法国人民积极地投入反法西斯热潮中。

如果把法国人民反法西斯战争看做一堂课的话,戴高乐就是一位用激情上课的教师,一位用激情点燃学生热情与斗志的教师。而且,他的激情课堂也实实在在地收到了良好的效果。

激情课堂中所说的激情,绝对不是声嘶力竭的叫喊、手舞足蹈的表演、表情的过度张扬、学生的哈哈大笑,也不是华而不实的渲染、冗余累赘的堆砌,而是教师对学生的爱的自然流露,是教师讲课时的满腔热情,是积极向上的精神状态,是全身心的投入,就像泰戈尔所说的,“是向人们传送生命的气息”。

教师应摒弃那种对激情课堂肤浅而片面的认识，给学生上一堂实实在在的充满生命激情的课。

纵观名师讲课，有几个不是激情满怀、娓娓道来的？于漪、魏书生、窦桂梅、李镇西，无不把课讲得高潮迭起，富有魅力。事实已经证明，给学生上一节充满激情的课确实有很多作用：

1. **调动学生的学习兴趣**

学习兴趣是学习动机中最活跃、最现实的成分。赞科夫说：“教学一旦触及学习的情感意志领域，触及学生的精神需要，就能发挥高度有效的作用。”这说明兴趣是学生学好、学到知识的内驱力。

课堂上，教师充满激情的言语、表情、神态都能触及学生的情感，让学生产生强烈的求知欲。

2. **调动学生的学习热情**

在课堂上探讨、研究问题，是学生掌握知识的基本途径。

学源于思。要学好知识，学生就得积极主动地深入研究教学内容，探究学习中发现的问题，发表自己的见解。

如果教师上课时面无表情，精神委靡不振，说话有气无力，学生难免会受此影响，也变得委靡不振，惰于思考，更谈不上激烈地讨论，尽情地发表意见了。苏霍姆林斯基说：“有激情的课堂教学，能够使学生带着一种高涨的、激动的情绪从事学习和思考。”充满激情的教师总是会想方设法用自己春风般的微笑、和蔼可亲的语调、富有启发性的语言吸引学生注意，调动学生的探究欲望。

3. **激起学生的激情**

情绪和感情都是会传染的。教师讲课时感情充沛，学生听课时就不会面无表情。要使学生更好地掌握知识，体会作者所要传达的感情，离不开教师的激情。教师的激情讲解、手势，也能激起学生渴求知识、努力学习的激情。

4. **激活学生的思维**

“学而不思则罔，思而不学则殆。”思维是对外界事物概括的间接反映。富有激情的教师总是想方设法、循循善诱，让爱思考的学生多思、深思，让不会思考的学生爱思、会思。在教学过程中，他们会根据教学要求，不断拧紧学生思维的“发条”，让它转动。

5. **活跃课堂气氛**

听课时很多人都会有这样的感觉：如果教师精神饱满、知识丰富、富有情趣，课堂往往高潮迭起，气氛活跃，教学效果显著，深受学生欢迎。

教师用自己的激情感染学生，能调动学生专心听讲、积极参与研讨、充分发挥各方面能力的积极性，起到活跃课堂气氛的目的。恰当的表扬是活跃课堂气氛的和谐音符，有激情的老师在课堂上总能不失时机地表扬学生，如“老师很满意你的回答”“你的观点真与众不同啊”，来调动学生参与课堂教学的积极性。

充满活力和朝气的课堂永远是最受学生欢迎的。教师应给自己的课堂添点激情，让学生也跟着充满激情。

（二）用激情点燃学生的求知欲

清华大学附属小学副校长、全国著名特级教师窦桂梅最喜欢将课讲得激情满满，让学生上完课感觉特别充实、有活力。

“请同学看课件。”此时CAI课件上出现了一棵树，旁边写着一个繁体字“見”。

窦老师继续说：“我们的祖先看见枝叶茂盛的大树，左边这个‘見’是繁体字，看到枝叶长得那么茂盛，就联想到是下面的树根给予的营养，于是就创造了这个字‘親’，最后简化成‘亲’，来说明那些有血缘关系的人，如爸爸、妈妈、爷爷、奶奶、外公、外婆……我们把这样的人称为亲人。谁来读一读？”

学生读。

“我们长这么大，就是在我们父母这样的亲人怀抱里成长着。他们爱我们，我们可以用各种方式来表达我们的爱，如诗词《游子吟》，可以用歌曲《世上只有妈妈好》、用电影和音像来表达。我们在文字当中也读到这样的亲人的爱。这样，我们回到自己身上来，作为六年级的学生，当我们在亲人营造的爱的小屋里体会爱的时候，用自己的话简单地说说。一个词，一句话都可以。你怎么理解你的亲人？”

“他们是无微不至的。”

“祝贺你，亲人对你的爱表现在细节方面。你用成语‘无微不至’来形容爱。你的眼神已经流露出这种爱了。”

“他们十分关心我。”

“他们都是我的恩人。我们要感恩。”

“我的家人把我的生活管理得井井有条。他们的爱很深。”

“他们的爱是伟大的。”

学生上台一一将他们的词语写在黑板上。

“正如你们所讲的，我知道你们的眼睛里有和他们一样的感受，也有和他们不一样的感受。不过，你们就在这样的环境中体会他们对你们的爱是（无微不至的）、是（关心）、是（井井有条的），是那么（好）。从某种意义上说他们是你们的（恩人），他们的爱是（伟大的）。所以，树木高高立，枝壮叶儿绿。父母和儿女就像根和叶，所以我们会这样说，我们是父母的延续，我们就是他们的阳光。不过，也有一种人甚至一群人，他们之间没有血缘关系也被称为亲人。比如，1998 年抗洪时，我们把解放军叫做（亲人）。2003 年，SARS 病毒危及我们，我们把——”

“白衣天使称为我们的亲人。”

“比如，电视里播了 2003 年感动中国的十位人物，有没有人知道？”

“成龙，还有一个日本人，帮我们打官司……”

“向你祝贺。你善于读生活中的书，这也是一种学习。没有人知道了？我来和你们聊聊。比如，新疆的一位村长……因而主持人白岩松和敬一丹在节目中用了一个词，是……”

“亲人。”

学生回答出亲人时，语调并没有达到窦老师需要的程度，因此窦老师用了一些煽情的语句来调动。

……

“我们刚才感受的这群人，他们能在中国最困难的时候——（挺身而出、不怕危险、勇敢、无所畏惧、不顾安危、雪中送炭），我们才感觉到他们是——（英雄）。所以，你们发现了没有，毕竟是同一个祖先，毕竟是同一个祖国，毕竟是同一个华夏，因此，在某种意义上说，作为同一个国度下的炎黄子孙，有了这样的一些人，即便我们有了这样的危险，我们真的也能感受到——”

“困难都能够克服。”

"所以，我们才由衷地称他们是——"

"亲人。"

"不过，当我们超越国界、放眼世界的时候，我们再看看我们能获得怎样的感受。(此时 CAI 课件上出现了一个满脸哀伤的伊拉克小男孩）你看到了什么，感受到了什么？（接着，CAI 课件上又出现了一张反映战争的照片）再看看，你有话要说吗?"

"我看到了他的眼泪，有可能他失去了他的亲人。"

"我从中感受到了我们现在多么幸福。"

"这些小孩都很可怜，需要我们的帮助。"

"他们好像无家可归。"

"他们背井离乡。"

"我看到了和平的可贵。"

"他们需要我们像亲人那样去帮助他们。"

"正如你们所说，他们需要亲人啊。需要自己的亲人，需要自己的同胞，甚至需要我们这样不是同一个民族的人去帮助。是呀，看到当今的这样一幅照片，我情不自禁地联想到 50 多年前在朝鲜的那一场战争。朝鲜人民尽管经历了那一场战争，但他们很幸福。因为有谁在帮助他们呢?"

"中国的志愿军。"

"那就让我们穿过时光隧道，一起回忆发生在 50 多年前发生在朝鲜战场上的可歌可泣的一幕幕感人镜头当中的一个画面吧。"

此时，CAI 课件上开始播放电影《英雄儿女》的片段、歌曲，屏幕上同时出现字幕：抗美援朝战争中，我国先后出兵 130 余万人。14 万英烈的忠骨永远留在了朝鲜的土地上。这其中有邱少云、黄继光、杨根思、毛岸英……

"同学们，有 14 万的英烈永远留在了朝鲜这块土地上。他们就这样浴血奋战，和朝鲜人民共同战斗了八年。你们和同学、老师共同生活学习几年就有那么深的感情，志愿军和朝鲜人民共同生活了八年，他们的感情怎么样?"

"可以用一个词来形容——深情厚谊。"

"所以，战争最后终于结束，正义和良知赢得了胜利。1958 年 12 月 25 日，最后一批志愿军回国了。他们站在站台上握着手说'再见了，亲人'，手拉着手说'再见了，亲人'，登上了火车说'再见了，亲人'。火车马上就要开走了，他们说'再见了，亲人'。火车已经开走了，他们仍然呼喊着说

‘再见了，亲人’。这得让同学们好好地讲讲亲人。你怎么理解这个‘讲’?”

“说说和亲人之间发生的一些事情。”

“是平淡地说还是有理有据地说，还是……”

“怀着浓浓思念的感情说出来。”

“握握手，带着感情讲。”

“不是在嘴上讲讲，而是在心里想着、念着，那种才算是亲人。”

“那就是用事实来证明。”

“以回忆的方法来讲亲人。”

“可以。那就听你的，以回忆的方式。打开书，我们来看看这篇文章讲了几个人?”

“大娘、小金花、大嫂。”

“你想讲谁就讲谁。正如你们刚才所说，要带着感情讲，带着回忆的深情讲，而不是用嘴来讲，要用你的心来讲。你讲的要能打动别人，感动别人。我们通过自学，看看文章中用了哪些事例，用了哪些词句、词语、句式。你在讲的时候又怎样把你的理解变成你的语言讲出来。这是你的语文能力、你的语文水平。我相信待会儿你们讲时一定能够慷慨陈词、侃侃而谈，获得大家的掌声。能做到吗? 亲爱的同学们，我相信你们，我已经从你们的眼睛里看到了，因为你们真的很棒。”

“刚才你们讲的只是他们八年相处的点点滴滴。这样的故事，就是讲上三天三夜也讲不完。这一别，真不知道什么时候再相见。列车就要开动了，千言万语只好化作‘诵别’的深情（说着，CAI 课件出示：诵亲人）。你怎么理解这个‘诵’?”

“赞扬的意思。”

“用心灵赞颂。”

“那就把刚才你们讲的感情融入朗读中，用你们的心去歌颂他们（说着，CAI 课件出示了一张大娘的照片）。看，这就是当年《中国青年报》上登载的 75 岁的李大娘和战士张喜武挥泪告别的情景。回首往事，情更深，意更浓。谁想和大娘诵别?”

一位学生站起来，深情地读道：“大娘，停住您送别的脚步吧！为了帮我们洗补衣服，您已经几夜……”

“你的诵别含着深情，可是年迈的大娘怎么忍心就此和亲人志愿军分手呢?”窦老师满怀深情地说,“我们只好请求她停步。谁来请求大娘?”

一位学生用请求的语气动情地读了一遍。

“就是这样请求,大娘也没有停下送别的脚步,送了一程又一程,我们只好恳求大娘……”

学生用恳求的语气读了一遍,尤其是“大娘”一词采用了由慢到快的语气处理,很有味道。

“可是,大娘的脚步仍然没有停住。为了让大娘回家休息,万般无奈,我们的战士只好哀求她……”

学生用哀求的语气读,甚至还连续强调地读了两次“大娘”。

“你不断地哀求大娘,可大娘还是不回去。没有办法,我们只好以军人的口气命令她。谁来命令大娘……”

学生用命令的语气读,在读“大娘”两个字时语气很坚定。

“这命令中也有不忍,命令中也含着深情,这是一种复杂的情感。谁再来试试?”

这名学生读出了其中蕴涵的复杂情感,得到了台下学生热烈的掌声。

“现在你想怎样对大娘诵别,就怎样对大娘诵别,开始!”

全体学生带着各自的体验诵别,有的还用自己的语言去表达。

“我们由衷地感到这‘比山高,比海深’的情谊是用鲜血凝成的。谁说他们不是亲人?他们不但是亲人,而且胜过亲人!所以,分别的时候,他们才这样难舍难分地倾诉。”在讲解的过程中,窦老师用眼神提示学生看画面。此时,画面出现了“再见了,亲人”。

学生感情热烈地呼喊:“再见了,亲人!”

“登上了火车,他们仍然恋恋不舍地送别……”

学生依依不舍地喊:“再见了,亲人!”

“火车远去了,那声音仍在天空回荡……”

学生一齐饱含感情地喊:“再——见——了,亲——人——”

窦老师一边出示课件“别亲人”,一边语气很慢很动情地说:“再见了,亲人——他们就这样依依分别。列车就要离开了,志愿军们只好发出了最后的呼喊——”

“再见了,亲人!再见了,亲爱的土地!我们的心……”

要让课堂充满明媚的阳光、和煦的春风,教师不能没有饱满的激情。没有激情，就失去了教学的原动力。

当然，教师毕竟不是艺人，教师不能光自己会说，光自己激昂，还应学会“煽情”，为学生营造一个激情的氛围，这样才能点燃学生心中求知的欲望。

窦桂梅老师的课之所以受到很多学生，包括一些初次见面的学生的欢迎，就是因为她不仅自己讲课时激情满怀，还很注意想办法给学生煽情，让学生也充满激情。

窦老师先给学生看了一幅有大树的画，然后从造字法说起，饱含深情地给学生讲述“亲人”，让学生明白了“亲人”对一个人的重要意义。接着，她又从日常细节让学生总结“亲人”是什么样的，让学生理解了“亲人”的伟大。之后，窦老师通过 1998 年抗洪和 2003 年 SARS 两件事，让学生知道了我们还有一种没有血缘关系的亲人。而伊拉克小男孩和有关军事的图片，则激发了学生心中的“亲人”情怀，激发了学生想像亲人一样爱别人的情怀。而《英雄儿女》的歌曲和电影片段，则将学生拉回那个战火纷飞的年代，让学生对朝鲜人民与志愿军的亲情有了初步的认识。

窦老师带领学生用不同的情感朗读志愿军与大娘分别的情景，并且在朗读时还穿插了一些感悟，这让学生更深刻地了解了朝鲜人民与志愿军的亲情，深深地体会到了他们离别时的依依不舍之情。

纵观窦老师的课，不管是 CAI 课件播放的歌曲、图片，还是窦老师的讲解、朗读，都让学生感受到了她对课文的深层次理解，对朝鲜人民和志愿军亲情的领悟与赞赏；而在听歌曲、看图片、听讲解的过程中，学生也受到了窦老师激情的感染，深深体会到了窦老师的情感，体会到了朝鲜人民和志愿军的亲情。

（三）激情课堂的实施策略

那么，在实践中，教师怎样才能给学生上一堂激情课呢？

1. **充满激情地朗读**

恰当而富有激情的朗读，不仅能调动学生的积极性，激发学生的情感，还能集中学生的注意力，活跃学生的思维。

语文教材蕴涵的丰富情感深深地感染着学生，但是感情作为一种内在体验，却不能强加给学生。教师只有对学生进行一番启发、引导，让学生反复朗读，才有可能帮助学生获得某种情感体验。朗读可以把无声语言转换为有声语言，慷慨激昂的朗读，可以使人凝神静想，心驰神往，也可以使人潸然泪下，荡气回肠，但是，如果读得不够恰当，就只能知其形而不能会其意。

这就说明课堂上教师带领学生朗读时，不能用一种固定形式读，比如不要范读到底或齐读到底，因为这样会因缺少新鲜感而难以调动学生的积极性。而朗读时间也不宜过长，因为时间一长，学生很容易倦怠。在课堂朗读中，要只读精华，并且变着花样读，可以教师范读，也可以学生范读。这样才能激发学生积极参与的热情，活跃课堂氛围。

激情课堂上，教师不仅是学生激情朗读的榜样，还应将朗读的时间交给学生，让学生自己去反复朗读，在朗读中不断体味和顿悟。

2. 教师的言语要充满激情

马克思说："语言是人类交际的工具。"同样的教学内容，同样的教学方法，因为教学语言的不同，教学效果很可能有天壤之别。

社会心理学认为，人与人之间的信息传递与交流，需要在很好的心理认同和情感共振的基础上才能进行。课堂上教师面对的是一群活泼可爱、有思想有感情的学生，他们的内心世界就是一片波涛彭湃的海洋，他们渴望丰富的情感体验，渴望强烈的情感共鸣，渴望适时的情感宣泄。因此，教师的语言应有吸引力，要丰富、准确、精练、逻辑性强，要表达清晰、形象，要讲究声音的大小、速度的快慢，要抑扬顿挫、富有幽默感，要富有感染力和吸引力，要融教学性和趣味性于一体。

3. 用体态语辅助教学

激情课堂上，教师除了用语言表现激情外，还需要注意表情、目光、手势等非语言手段的辅助作用。这些非语言手段同样可以增强情感表达的形象性，使语言更富有感染力，同样可以促进学生激情的迸发，起到"一石激起千层浪"的作用。

某教师讲《我有一个梦想》一课时，想象着马丁·路德·金的样子，进行了一次演讲。其间，他除了用慷慨激昂的语言，同时还用愤怒的目光、挥舞的拳头，给学生上了一课，让学生如闻其声，如见其人，有身临其境之感。

如果教师在课堂上慷慨陈词时，表现出来的是呆板的面部表情、呆滞的目光，学生只会感到虚伪、无聊甚至反感、厌恶。这样的课肯定是学生最讨厌上的。

此外，课堂提问时，教师可以面带微笑，每提问完一个学生后，就礼貌地示意学生坐下；当学生回答问题非常准确或有独到见解时，就发自内心地予以称赞，比如向学生伸大拇指表示欣赏。这样的动作虽然简单却能温暖学生的心，激发学生的自信，促使他们与教师产生深层次的情感交流与沟通。

4. **运用情感性评价**

心理学认为，如果教师从情感的角度对学生的学习、发表的学习意见进行优化处理，及时对学生学习中的反应作出情感性的反馈，并施之以情感上的影响，就能带给学生不一样的感觉，让他们激情满满。这就要求教师在学生提问、答题之后，不管提问质量高低、答题正确与否，都应给予适当的情感性评价，要尽量给予激励性评价，避免伤害学生的自尊。

生命，因为激情而更美丽；课堂，因为激情而更动人。教学既需要科学性，也需要艺术性。教师应让自己的课堂充满激情。

利用图片的课堂

（一）让学生通过看图提升综合能力

乌申斯基说过："把图片带进教室，就是哑巴也会说话了。"由此可见图片在课堂中具有重要作用。

教师用图片教学可节省大量的语言，变烦琐的口授为形象的精讲，而学生通过直观形象的图片进行学习，不仅能轻松愉快地获得知识，还能充分发展自身的读图、析图能力和思维能力，从而达到发展智力、培养能力的教学效果。

1. 可以引起学生的学习兴趣

生动直观的图片能很快地吸引学生的眼球，而强烈的视觉冲击比枯燥的文字更能引起学生的学习兴趣。备课时，如果教师能把文本、图片、声音等综合处理制成课件，创造出一个图文并茂、有声有色的教学环境，往往能有效激发学生的学习兴趣，使学生在快乐中学习。

如《火烧云》一课，鉴于城市环境，学生很少有机会见到这种自然现象，不太理解火烧云的变化。某教师就从图片库中了找一些不同形状和颜色的火烧云向学生展示，结果学生的好奇心大增，学起课文来也兴趣盎然。

2. 有助于教师的讲解

如果没有图片，教师讲解教材时就需要举很多例子，并对这些例子进行详细的描述，很多时候，描述起来往往不太确切，也容易遗漏细节，最主要的是缺乏直观性，容易给学生造成错误的认识，给课堂讲解带来更多困难。而且，有些知识的定义或理论本身就很抽象，必须借助具体的事例才能给学生以生动的感受。此时，图片就能起到很好的帮助作用。教师只要根据图片提炼出一些相关信息，就可以既避免繁冗的描述，又能让学生学得轻松愉悦。

3. 提高学习效率，加强对知识的记忆

图片可以把分散的知识点有机结合在一起，让学生形成空间观念；图片可以发动学生的各种感官参与记忆，使他们用脑想、用耳听、用眼看、用口说、用手操作。教师可以要求学生在图上看，在图上找，互相提问，填充空白图等，让学生的各种感官神经都参与学习，这样不仅可以有效地增强识记效果，还能最大限度地减少遗忘。到考试或需要回忆时，学生眼前很快就会浮现出一幅生动形象的图像。

4. 培养学生的综合素质

除了传递与知识内容密切相关的信息外，图片还含有其他信息，如展示大自然的神奇美妙，传递丰富的历史知识等。生活中的很多事物，如科学、技术、社会等，同样对学生起着潜移默化的教育作用，有利于实现情感态度与价值观的课堂目标。

5. 巩固教学成果

课堂上，教师出示的图片一方面可以引发学生的思考，另一方面还能起到巩固教学成果的作用。当学生看到图片上所展示的事物时，就会结合学过的知识，在心里产生一种“原来如此”的感觉。

6. 提高教师的素质

教师在备课时经常使用图片，并综合声音、文字等信息制成课件，也势必会提高教师的计算机使用水平，为课程资源整合奠定基础。同时，教学图片库中资源丰富，且与教材同步，可以使教师的备课更有的放矢，从而节约大量时间，让教师有更多的时间与精力去学习、钻研专业知识，及时为自己充电，从而有效提高自身的综合素质。

课堂上，教师穿插使用图片，其简单的线条、简洁的文字或者简明的数字，都能使抽象难懂的知识、复杂不易表述清楚的识记材料变得直观明了，使知识内容变得简要概括、一目了然。

利用图片进行课堂教学，教师除了必需具备渊博的专业知识、灵活驾驭课堂的能力外，还要深入钻研教材。对此，教师要遵循以下四条原则：

1. 把握学生的认识规律的原则

有些教材中的知识是学生很少接触甚至没有接触过的事物及其有关知

识。这时，教师在课堂上用图片教学时，应从形象、感性的具体事物入手，以学生的已有知识为铺垫，采用启发式，通过教师讲图、学生读图的方式，对所学知识进行分析、归纳、判断，从而帮助学生完成从直观到抽象、从感性到理性的认识过渡，进而使学生真正学会新知识。

2. **实际性原则**

在课堂上使用图片时，教师要结合学生的生活和知识水平的实际情况，要综合考虑学生的接受能力，做到有的放矢，而不要要求过高，否则可能会适得其反。

3. **思想性原则**

在用图片进行教学时，教师还应该考虑到图片的思想性，因为教师教学生，不仅要传授给学生知识，还要向他们传递思想。这种思想的传递，如果单靠抽象的说教，是难以被学生记住、领会的，但如果加上形象的图像辅助，效果就不一样了。

4. **针对性原则**

各学科教材的图片所反映的内容多种多样：一些图片反映的是教学重点，而一些图片则是对教材内容的说明。教师在有限的课堂时间内不可能也没必要对每一幅图片都进行详细的讲解、说明，而应根据教学内容的多少、图片所反映内容在课堂中的重要程度来选择运用，否则就有可能冲淡文字内容的教学，也有可能会导致完不成教学任务。

图片和课堂的结合应该是精彩的，但在课堂上又不能以图片代替有关的文字，这就要求教师有一定的驾驭课堂的能力。一些学科的教材图片多，有时一课内容会有很多图片，如何利用这些图片、什么时候插入图片、如何插入，有许多课堂技巧。这需要教师逐步学习、领会，不断研究和改进自己的课堂，掌握学生的实际知识水平，从而尽可能地激发学生的学习兴趣，提高课堂效率。

（二）通过图片授课，改变学生的认知方式

1. **利用图片帮助学生理解知识**

地理是一门特殊学科，课堂上，教师常常需要借助图片把具有时空和地域因素的复杂事物表示出来。比如，电视台每天播出的天气预报，就是通过地图说明天气变化的。

图片在地理课堂中起着不可替代的作用，因为图片可以把抽象的内容，如地理事物在空间的分布及其内在联系，更为直观、形象地表现出来，这是语言文字难以做到的。

王革是辽宁省大连市第71中学的高级地理教师。他非常喜欢在课堂中运用图片帮助学生加深对知识的印象和理解。

在“撒哈拉以南的非洲”一课上，王老师就使用了大量的图片。

这节课内容多而杂，需要学生了解撒哈拉以南的非洲的位置、范围和主要国家；了解本区主要的地形，并描述地形特点；了解非洲黑人原始居住地的分布，简单描述自然环境特点；能够读图说出本地区的主要气候类型，并描述其主要特点。

在课前准备阶段，王老师把学生分成三个小组，让他们收集了一些与这个地区相关的图片。

上课后，通过复习，王老师把学生的思维带到了撒哈拉以南的非洲。接着，王老师让学生以学习小组为单位，一起来了解这个地区，并且互相传阅每个小组收集的文字资料和图片资料。

当大屏幕上出现撒哈拉以南的非洲的全景图时，王老师指着这张图动情地说：“世界上有五亿多黑人分布在撒哈拉以南的非洲中部和南部，占整个撒哈拉以南的非洲总人口的90%以上。所以，撒哈拉以南的非洲又被称为‘黑非洲’。”

接着，王老师介绍道：“这个地区的黑人分属几百个不同的部族。他们都有各自的语言、风俗习惯和原始宗教。他们能歌善舞，在音乐、绘画等方面有着极高的艺术才华。黑人大多会击鼓，能够根据不同的需要击打出各种鼓声……”

说到这，王老师把自己和学生收集到的黑人民俗图片材料展示出来，然后问：“谁知道这里有哪些主要国家？它们绝大多数是发展中国家还是发达国家？今天我们就去了解一下这个地区的自然环境。”

与此同时，大屏幕上出现了撒哈拉以南的非洲地图。

王老师继续说：“我们从地图上可以清楚地看到赤道穿过这个地区的中部，北回归线穿过这个地区的北部，南回归线穿过这个地区的南部。所以说，撒哈拉以南的非洲绝大部分地区位于热带。在这幅图里，我们还看到一个大岛、一个半岛和一个海湾，并且还发现这个地区周围还有海洋。谁能告诉我，它们分别是什么？”

有一名学生马上回答：“老师，它们分别是马达加斯加岛、索马里半岛、几内亚湾，此外这个地区周围有红海、印度洋、大西洋，还有著名的好望角。”

“说得好！这说明你在课下预习并读图了。”王老师表扬学生。

接着，王老师又出示一张欧洲西部的地图，说：“大家看看这幅图，与以前学过的欧洲西部相比，撒哈拉以南的非洲的海岸线有什么特点？”

“它三面邻海，海岸线比较平直。”一学生回答。

之后，王老师又在大屏幕上播放了一张撒哈拉以南的非洲的地形图。

“下面，请大家在图中找出撒哈拉沙漠、埃塞俄比亚高原、东非高原、南非高原、刚果盆地、尼罗河和乞力马扎罗山，然后说一下撒哈拉以南的非洲属于什么地形。”王老师说。

学生齐答：“典型的高原大陆。”

过了一段时间，大屏幕又换成了撒哈拉以南的非洲的气候图。王老师问：“通过看图，同学们发现了什么？”

“撒哈拉以南的非洲主要是热带雨林气候、热带草原气候、热带沙漠气候，以热带气候类型为主，所以说它是一个典型的热带大陆。”

“还有吗？”

“老师，我还看到这里的气候分布是以赤道为中心，南北半球对称分布的。”

“不错！不同的气候条件下，自然景观是不同的。”说着，王老师开始给学生播放自己制作的幻灯片：“所以，从撒哈拉以南的非洲的景观图中，我们看到这里全年高温多雨，植被茂盛，应该是热带雨林气候；这里明显有干季和湿季的区分，应该属于热带草原气候，所以草在湿季茂盛，在干季枯萎，另外还有许多野生动物；而这里则终年炎热干燥，寸草不生，应该属于沙漠广布的热带沙漠气候。因为撒哈拉以南的非洲有大面积的热带草原分布，所以这里有很多野生动物生活。接下来，我们看一下同学们课前收集的关于在非洲热带草原上生活的野生动物的图片。”

说完，王老师把用自己和学生收集的图片制成的幻灯片放给学生看。

看了一会儿，王老师问：“刚才大家都看到了，大部分生活在热带草原的野生动物都善于奔跑。现在请大家想想，它们的这种生活习性是不是与生活环境的气候特点有关啊?”

王老师一边说，一边在黑板上迅速地画了一幅图：“这是撒哈拉以南的非洲国家乍得首都恩贾梅纳年内各月的气温曲线与降水量柱状图。请大家依此分析一下热带草原的气候有什么特点。”

一学生答：“分为明显的干湿两季。因为我们从图上可以清楚地看出恩贾梅纳各月气温都在20℃以上，可以说是终年高温；降水在7～9月相对较多，1～4月和11～12月相对较少。”

“没错！这种气候使得这里湿季时风调雨顺，植物繁茂；干季时缺水少雨，植物一片枯黄。因此，野生动物只有不断锻炼自己的奔跑能力，才能在干季时迁徙到热带雨林边缘水草肥美的地方继续生存。所以，热带草原上的动物都有随着水草迁徙的特征。”又一学生补充。

“回答正确！其实除了拥有丰富的野生动物资源外，撒哈拉以南的非洲还有其他十分丰富的资源。大家先看看这里的资源分布图，同时还有你们自己找的图片。”

过了一会儿，王老师问：“大家发现了什么?”

“这里的水、可可等非常多，还有象牙。”

“黄金、金刚石、铜、铀等也很多。”

……

“是啊！这是一块富饶而美丽的土地。”王老师总结道。

就这样，通过大量的图片，王老师精彩地完成了这堂课。

心理学研究表明，人接受外界的信息主要靠眼和耳，而眼睛接受的信息要大大多于耳朵接受的信息。除了形象直观外，图片还具有趣味性强的特点。课堂上教师使用图片辅助教学，可以调动学生的形象思维，变抽象的语言材料为生动具体的形象。

图片是地理课堂的第二语言，可以让学生直接获取许多地理知识。正是了解到这一点，王老师在课堂上通过运用一些图片，吸引学生的注意，帮助学生强化记忆。在“撒哈拉以南的非洲”一课上，王老师就运用了大量的图片，一步步引导学生学习，并且收到了不错的课堂效果。

这堂课的任务比较重，课本上的图片多是静止、抽象的，于是王老师让学生自己收集了一些动态图。具体讲课时，他每讲一个内容，就让学生看一次图；每讲一个知识点，就让学生看一次图。这样，在他引导性的讲解与图片形象性的双重刺激下，学生对知识的印象就不知不觉地加深了。

对那些抽象、难以理解的知识，教师可以借助一些图片，吸引学生，进而让学生了解得更快，让课堂更受到学生的喜爱。

2. 巧用插图激活学生的思维

多年的经验让浙江省衢州一中的徐国辉老师发现，历史教材图片的大量增加，其中一个重要目的就是为了激发学生学习的兴趣。为此，课堂上他特别注重以图引文，以图激情。

上“北洋军阀统治的建立”一课时，徐老师向学生展示教材中的插图，一幅漫画——《刀大杀人多》，让学生思考如下问题：

(1) 画中的猿猴指的是哪个人？

(2) 他从谁手中夺得了权力？

(3) 请列举刀大杀人多的史实。

(4) 其中的失败说明了什么问题？

这四个问题让课堂气氛马上活跃起来。学生们产生了迫切探究的认知心理，积极主动地进行思考。通过深入分析，最后学生讨论得出：猿猴指袁世凯，他从孙中山手中夺得了权力。“刀大”指权力大，刀大杀人多的史实有镇压二次革命、刺杀宋教仁、为复辟帝制铲除阻力等。袁世凯能夺权的原因有实力的强大，帝国主义的支持，资产阶级的软弱性，其复辟的失败说明了逆历史潮流必将失败。

这样，徐老师通过充满讽刺意味的漫画让学生对教学内容有了更深层的了解。有趣的课堂教学激活了学生的思维，改变了学生的思维习惯，促进了学生的积极思考，使学生能充分运用所学知识，加深对教材知识的理解，进而提高学习效率。

历史教材很多内容是用文字表达的，但文字具有抽象的特点，无法向学生直观地反映历史事件或历史现象，而其中配备的插图形象直观，一目了然，具有容易记、记得深刻的特点。以上案例中，教师充分使用课文插图为课堂服务，用那些融知识、思想于一体的插图，带领学生重温了一段波澜壮阔的历史，激活了学生的思维。

苏格拉底说过：“教育不是灌输，而是点燃。”插图是教科书的一个重要组成部分，它改变着学生的认知方式，很大程度上也改变着教师的教学方法和学生的学习方法。

"教无定法"，只有适合学生的需要和兴趣，才是最受学生欢迎的课堂。上课时，教师不妨适时地运用一些插图辅助教学，让学生产生新鲜感，激发学生进一步学习的欲望。

（三）图片课堂的实施策略

如果问学生他们最喜欢的娱乐方式是什么，相信很多学生都会说出这样一些答案：看电视、上网、看漫画。可见，如今学生接受信息最常见的方式之一就是看图像或图片。所以，不得不说当今社会已经进入了一个读图时代。换言之，不管是娱乐还是接受信息，学生最喜欢的形式就是图像。

教师在课堂上怎样借助图片让学生学得更多更好呢？

1. **根据课堂需要设计图片**

在课堂上，教师可以根据课堂内容的特征、重点，有针对性地设计一些图片，帮助学生掌握基础知识。

教师可以一边讲一边画图，学生则一边听一边记，这时学生的注意力会随着教师的笔和语言自然地转移，这样在听课过程中学生就做到了视听结合、手脑并用，注意力更加集中。

2. **学会利用教材中的插图、挂图**

教材中的插图、挂图是教学内容的重要组成部分，是表达课文内容必不可少的。一幅好的插图、照片可以充实或者简化课本有关内容的文字叙述，起到"以图释文，图文结合"的作用，这不仅使教师的教学更形象、直观，还有助于激发学生的求知欲，加深他们对知识的理解。教师应精心研究，合理运用。

3. **学会使用电化教学**

投影、幻灯、电影、录像中的图片直观、形象，有助于学生感知。电化教学是现代化教育的组成部分，是优化课堂、提高课堂效率的有效途径之一。这些教学手段以其直观、形象、生动、感染力强等独特的长处显现出极强的生命力，解决了很多传统教学难以解决的问题，并且取得了良好的课堂效果。

教师在使用图片进行课堂讲解时，还应该注意以下几点：

（1）要精心选择相关图片，不能传达负面信息，必须兼顾学校德育为重的要求，不能在图片中给学生展示奢华、攀比、危险等负面信息，要传递给学生正确的价值观、世界观。

(2) 教师在课堂上使用的相关图片不能太多，否则容易喧宾夺主，导致学生忘记了课堂目标。

(3) 课堂上使用的相关图片与非课堂相关图片既要区别也要联系使用。非课堂相关图片大多数情形下只是起到点缀、吸引学生注意力的作用，主要应选择与课堂内容或者课堂程序相关的动画图片。

(4) 课堂图片的大小要适当。一张幻灯片上插入图片的大小影响着学生的注意力，过大则容易将学生的注意力转移到研究图片的色彩等上去，使学生忽视对知识理论的接受。

图片就好像是戏剧中的序幕，能帮助学生酝酿情绪，集中精力，充分调动学习的积极性、主动性，引起学生对图片所包含的内容的好奇心，并最终帮助他们加深对知识的了解与印象。

在追求生动化的课堂中，教师应该科学、有效地运用图片，借助“看图识文”“借图说理”等课堂手段来培养与发展学生的观察分析能力、想象能力，达到“以图激趣”“以图引思”“以图启智”的目的。

引入竞赛的课堂

(一) 引入竞赛使学生不甘落后

在非洲的大草原上，生活着羚羊和狮子。

每天清晨，太阳从东方冉冉升起的时候，羚羊也会从睡梦中醒来。它想的第一件事就是，自己必须比跑得最快的狮子还要快，否则，自己就会被狮子吃掉。

与此同时，狮子也刚好从睡梦中醒来。它在想：我要想得到美餐，不挨饿，就必须比跑得最慢的羚羊快。

于是，在广袤的非洲大草原上，狮子和羚羊生死追逐的场面每时每刻都在惊心动魄地上演着。

木秀于林，要靠竞争；鱼化为龙，要靠竞争。课堂上，教师如能适当使用竞赛，会使学生产生一种向上的动力。

针对学生争强好胜、表现欲强的心理特点，教师可以在课堂上模仿和借鉴电视综艺类节目《幸运 52》《正大综艺》《三星智力快车》等，开展知识竞赛活动，让学生在“赛中学”“学中赛”。这既能提高教学效率，扩大学生的知识面，又能培养学生的集体主义观念和竞争意识，使课堂从沉闷走向活跃。

竞赛课堂是对现在教学形式的革新，由现在的课堂学习、课外练习巩固变为课外预习。在这种课堂上，学生通过自主探究、合作学习基本掌握学习内容，教师进行知识检测、整合、巩固和深化。

1. 竞赛课堂的教学环节

竞赛课堂包括自学讨论、竞赛评议和总结反馈三个教学环节。

（1）自学讨论

讲授新课前，教师根据教材内容和学生实际设计出自学提纲，要求学生根据提纲自学并分组讨论。期间，教师巡回指导，随时解答学生提出的疑难问题。

学生通过自己看书、读图（表）、讨论、思考获取知识，这是培养学生自学能力、体现学生主体作用的重要途径。通过让学生自学讨论，教师将学习的主动权交给了学生，而学生则获得了更多的学习自主权。

（2）竞赛评议

经过自学讨论，学生对教材的主要内容已基本了解，教学过程进入第二个环节——竞赛评议。教师将全班学生分成若干个小组进行小组竞赛，抽到签的一位学生代表自己的小组发言，回答教师的提问，其他学生担任评委，对答题者的发言进行评议，允许学生根据自己的理解发表不同的见解。在学生评议的基础上，教师进行归纳总结。

（3）总结反馈

若要实现教学效果的优化，教师就应在教学过程中及时总结反馈。总结反馈，即教师在学生自学、竞赛、评议的基础上，拿出预先设计好的体现教学重点、难点的试题，让学生进行抢答比赛，把所有问题都在课堂上解决，从而切实减轻学生的课业负担，优化课堂结构，提高教学效益。

教师设计的题目要具有层次性，能使不同层次的学生都有自我表现的机会，增强学生学习的信心和勇气，让他们能主动、自觉地参与课堂活动。反馈的过程还是一个发现问题的过程，便于在以后的教学中进行矫正和补救。

采用竞赛课堂，让求知欲旺盛的学生直接参与课堂，体现了以学生为主体的教学原则，给了学生自我表现的机会，激发了学生的学习兴趣，让他们主动地变“要我学”为“我要学”，使他们真正成为学习的主人。同时，在讨论、竞赛、评议的过程中，学生也提高了自学能力、分析问题和解决问题的能力，发展了潜能，在轻松、愉快、民主、和谐的气氛中求知、成长。

2. 竞赛课堂的作用

教师在课堂中引进竞赛机制，有以下几方面的作用：

（1）提高学生的学习兴趣

学生的好胜心特别强。为了表现自己，为了能获得好成绩，很多学生都会积极主动地参与竞赛性质的活动。竞赛可以带来轻松的课堂氛围，提高学生的学习兴趣。

(2) 激活学生的思维

学生是课堂的主体，发挥学生的主体性是课堂教学研究的永恒主题。第斯多惠说："教学的艺术不在于传授的本领，而在于鼓励、唤醒、鼓舞学生学会用手、用舌、用头脑去工作。"在竞赛课堂上，强烈的竞争气氛可使每个学生的思维呈现出主动性、独立性、多样性等特征，进而激活学生的思维。

(3) 提高学生的语言表达能力

与竞赛课堂相比，其他课堂主要以教师讲为主，学生听得多，说得少，语言表达能力得不到培养，所以经常能看到这样的现象：当教师提问时，学生的语言组织能力很差，有些学生回答问题时面红耳赤，甚至结结巴巴。

竞赛课堂就能很好地解决这个问题。为了把问题答对，学生在竞赛中会尽快将语言组织好，全面而又有逻辑地表达出来。这样，不仅提高了学生的语言表达能力，还提高了学生的应变能力。

(4) 加深学生对知识的理解，扩大学生的知识面

学生有很强的集体荣誉感，为了能使本组在竞赛中获得好成绩，他们听讲会格外认真，唯恐漏掉一个知识点。这有利于他们理解和掌握课本基础知识。

有专家曾做过对比实验：开展知识竞赛的班级对课本基本知识点掌握的正确率高达92%，而非实验班级则只有73%。由于比赛题目涉及知识广泛，不仅包括课本的主要知识点，还涉及政治、经济、历史、文化、军事等大量的课外知识，长期坚持可拓宽学生的视野，扩大学生的知识面。

(5) 培养学生的合作精神

竞赛课堂可以使学生融入集体，为了集体的荣誉而学习，主动参与活动，从而增强集体的凝聚力，提高学生的团结协作精神。

例如，课堂中开展的"听音画画""听音传话"或"会话表演"等竞赛活动都要求组中的学生紧密团结，才有望取得最后胜利。如果有一个学生稍有不慎，就会全盘皆输。这就要求学生之间要通力合作，积极互动。

这些竞赛活动无形之中也会促使优生去帮助差生，培养学生之间团结合作的精神，实现共同提高的目的。

(6) 培养学生的责任意识

竞赛规则会让学生认识到自己在竞赛中的表现不仅决定自己的成绩，还决定着本小组其他成员的成绩；不仅要对自己的学习负责，还要对所在小组的其他同伴的学习负责；不论是谁，违反规则都要受到处罚，只有人人遵守规则，才能保证比赛的正常进行。这不仅对培养学生的责任意识和规则意识意义重大，对学生今后的发展及事业的成功也是至关重要的。

(7) 使学生养成良好的心理素质

有竞赛就会有胜负。当胜利时，学生自然雀跃欢呼，沾沾自喜，洋洋得意；而失败时，学生往往会出现精神不振甚至垂头丧气的现象。此时，教师要不失时机地给予正面引导，教育学生正确对待“胜”与“败”的结局，使他们树立起正确的竞争意识，拥有勇于面对挫折的良好心理素质。

(二) 通过竞赛让学生获得自我肯定

“解一元一次不等式举例”是在学生掌握了一元一次不等式的概念和不等式性质的基础上学习的，是初中数学的基本内容。在新课程标准的指导下，教材对解一元一次不等式的内容作了大量的删减，难度也降低了许多。

浙江省台州市黄岩实验中学的数学高级教师解林红有着丰富的教学经验，对新课程的实施更是充满热情，十分投入。她知道，如果按传统的教学方式去处理教材，这节课只需列举几个例子，然后让学生模仿例题的解法做几个练习，就万事大吉了，但这样教是不符合新课程理念的，学生的学习应当是一个生动活泼、主动和富有个性的过程。在这一思想的指导下，解老师大胆创新，运用竞争式教学法，使整节课高潮迭起。

上课伊始，解老师就说：“今天，同学们先来组织个竞赛。竞赛的规则是：以原来的小组为单位，最快且最准确地完成投影上所有题目的小组是胜者，但前提必须是全体组员都准确地完成所有题目。完成后的小组要及时报告，由老师来组织评定。”

第一轮竞赛开始，屏幕上显示以下题目：

解一元一次方程：

(1) $x+5=-1$　　(2) $4x=2x-5$

(3) $10-4(x-4)=2(x-1)$　　(4) $\frac{x+1}{6}-\frac{2x-5}{4}=1$

看到题目，全班学生精神振奋，情绪高涨。他们积极参与，埋头计算，都希望自己的小组能拿第一名。

“裁判长”解老师对较早完成的第五组、第三组进行了认真检查。她把这两组的完成情况放在实物投影仪上进行展示，让全体学生对这两组的整个解题过程进行评判。最后大家达成一致意见：第五组虽然完成速度最快，但一个成员在第3题去括号时错了一个符号，而第三组的全体成员均准确无误。因此，本轮比赛的冠军是第三组。

紧接着进入第二轮比赛，屏幕上显示的题目如下：

解一元一次不等式：

(1) $x+5>-1$　　(2) $4x\leqslant 2x-5$

(3) $10-4(x-4)<2(x-1)$　　(4) $\frac{x+1}{6}-\frac{2x-5}{4}\geqslant 1$

全班学生马上拿起笔进行运算，但完成第（1）（2）两小题后，很多学生渐渐慢了下来。很明显，难度有了提高。一些学生甚至不再动笔，陷入了沉思。

突然，学生小张站起来说：“老师，我做完了！”

很多学生不可思议地看着他，睁大了眼睛，一脸的惊讶：“不会吧，我们才刚刚做完第（2）题呢。”

同上轮一样，解老师也是在屏幕上展示先完成的两个小组的解题情况，师生共同探讨评判，最后决出获胜小组。

接下来，解老师与小张之间有一番耐人寻味的对话：

解老师问：“小张同学，你认为自己的解答正确吗？”

小张自信地回答：“正确！”

解老师笑了笑，问：“你这么快就完成，有什么窍门吗？说出来与同学们分享分享。”

小张说：“经观察，我发现这一组题目与上一组的不同之处就是把等号改为不等号。我认为没有必要重复解题过程，所以我就在上轮的解答上改动了符号。”

“只是改动了符号？同学们，你们认为小张同学的方法可靠吗？大家分组讨论一下，看看有没有新的发现。”解老师说。

同上轮一样，解老师把小张的改写过程放在屏幕上展示出来，让全班学生展开讨论。学生你一言我一语，好不热闹。在充分交流的基础上，解老师请学生谈谈自己的观点。

学习委员抢先发言："我们发现解一元一次不等式中的移项、合并，与解一元一次方程是一样的。"

"我们组观察到解一元一次不等式与解一元一次方程步骤一样，只不过方程用等号，一元一次不等式用不等号罢了。"第二组组长代表他们组发言。

"我发现去括号这一步也是一模一样。"

第四组学生急了："我们还发现最后的数值也是一样的。"

"解一元一次不等式答案的不等号，有些与题目一致，有些不一致。"

副班长那一组不甘示弱："我们发现一个规律，最后一步中的未知数的系数如是正数，不等号不变；如是负数，不等号的方向就变了。"

……

学生的发言表明他们都动了脑筋，也对一元一次不等式的解法有了一定的把握。

解老师说："同学们的发现都很有价值，说得非常好。从讨论可以看出，一元一次不等式的解法与一元一次方程类似，只是不等式两边同乘以（或除以）一个数时，要注意不等号的方向。下面我们再进行最后一轮比赛。"

屏幕上显示题目：

解一元一次不等式：

（1）$5x+15>4x-1$　　（2）$3(2x+7)\geqslant 23$

（3）$12-4(3x-1)\leqslant 2(2x-16)$　　（4）$\frac{2+x}{2}<\frac{2x-1}{3}-2$

经过解老师点评后，学生的比赛热情更高了，都积极进行着演算。

解老师提议请前面两轮比较落后的小组进行板演。在大家的批改、纠错过程中，解老师再次强调了注意事项。最后，在热烈的掌声中，本轮的优胜小组产生了。同时，本节课的教学任务也圆满地结束了。

解老师以新课程理念为指导，根据学生已经会解一元一次方程的实际情况，创新地设计了由方程向不等式过渡，通过开展小组竞赛等活动激发学生参与教学活动的热情，向学生提供了从事数学活动的机会。这既调动了学生的学习积极性和主动性，活跃了课堂气氛，又增强了学生学好数学的自信心。

同时，解老师通过让学生"试一试——猜一猜——想一想——议一议"等活动，对一元一次方程和一元一次不等式进行了对比，实现了知识的自然迁移，使学生在自主探索和合作交流的过程中不知不觉地学到了新知识，理解并掌握了一元一次不等式的解法和解一元一次不等式的一般步骤。这样的教学安排，既让学生感受到一元一次方程和一元一次不等式之间的密切联系，又体现了数学知识的整体性、连贯性，丰富了解决问题的策略。

新课标认为，教师是学习的组织者、引导者和合作者。从这堂课的教授情况来看，解老师打破了传统的教师教、学生学，教师讲、学生听的教学模式，没有让学生的学习单纯依赖模仿和记忆，而是通过竞赛来引导学生主动地参与观察、实验、猜测、验证和交流等活动，让学生在交流中学，在发现中学，在讨论中学，在求异中学，真正让他们成为学习的主人、积极的探索者。

（三）竞赛课堂的实施策略

竞赛经常可以在电视节目、文体活动中看到，它在活动中产生的作用也有目共睹。把这种方法引入课堂，也能产生非同凡响的效果。那么，教师应当如何构建竞赛课堂呢?

1. 做好赛前的准备工作

要组织好竞赛课堂，教师必须做好自己和学生两方面的准备，这样才能使整节课完整、紧凑、有序地进行，不会出现过程脱节、场面混乱甚至冷场的局面。

（1）教师的准备

课前，教师要充分熟悉教材内容，明确教学目标，设计好教学流程的每一个环节，使学生的学习过程有步骤、有计划、有秩序地进行，避免课堂的混乱无序。这样，教师不会“脚踩西瓜皮，溜到哪里算哪里”。

什么时候该点拨一下，什么时候该控制一下，教师可以在总的框架内灵活变通。这样，整节课上起来就显得结构严谨有序，过程流畅。

（2）学生的准备

上课前，教师要先通知学生将要学习的内容或将要举行的活动。学生对所授内容心中有数，就可以在课前主动去熟悉、钻研教学内容，并从多方面猜测教师出题的思路，预先训练参赛的内容，上课时师生也会配合得格外默契。

2. 合理设置竞赛题目

教师要根据教学重点、难点，合理设置竞赛题目。题目的难易、数量的多少要有阶梯性，以便于不同层次的学生回答，避免整节课就几个优秀学生“包场表演”而其他学生分不到“一杯羹”的情况，避免影响“全民参与”的积极性。

竞赛题目按难度设置，可以分为较简单的基础题、难度中等的中层题以及需要通过比较分析得出结论的提高题。基础题数量可以多点，让那些胆子较小、基础薄弱、能力相对较低的学生来做；中层题让那些成绩中等的学生来做；提高题则让那些思维活跃、发言积极、成绩优秀的学生来抢答，以凸显尖子生的个人能力。

这样设置不同层次的题型，既能满足不同层次学生的参与欲求，体现学生的自我价值，又能大大提高全体学生的参与热情和积极性。

3. 开展丰富多彩的竞赛活动

教师可以根据学生活泼好动、好胜心强、喜欢新鲜事物的特点，给他们提供各种条件，开展灵活多样、富有情趣的班级竞赛活动。

在组织活动前，教师要有意识地让学生集思广益，精心设计一些适合他们年龄特点的班队活动，如十分钟队会上的才艺表演、诗歌朗诵、百科知识竞赛、讲故事比赛和绘画比赛等，创造积极参与的氛围，使每一位学生都有所收获。

4. 把握好竞赛气氛

一节竞赛课要上得成功，很大程度上取决于教师在组织引导竞赛的过程中能否合理把握课堂的整体气氛。当课堂气氛沉闷时，教师可适时奉上一两句轻松幽默或鼓动性的话，把学生的热情和兴趣调动起来；当学生“热情似火”以致场面混乱时，教师可选择难度稍大的题型引发他们积极思考，以使课堂气氛变得严肃起来。

教师可以把“争先恐后”“七嘴八舌”的场面转变成“山重水复疑无路”的境地，等一阵寂静之后，又让个别学生胸有成竹的回答给其他学生“柳暗花明又一村”感觉。这样，得胜的学生惬意，输掉的学生也开心。

竞赛课堂对教师的课堂组织能力要求比较高，如果教师把握不当，容易造成混乱。这就需要教师在课前充分做好准备，注意竞赛题编写的覆盖性和阶梯性。在课堂上要有的放矢，注意及时关注并调整学生的学习状态。课后，教师应注意点评小组的学习情况，同时也要给获胜的学生以物质或精神上的奖励。

布鲁纳认为：“知识的获得是一个主动的过程，学习者不应该是信息的被动接受者，而应该是知识获取过程中的主动参与者。”竞赛课堂因其鲜活的形式、激励的机制，使学生处于一种紧张、兴奋的状态。只要教师认真设计，合理把控，引入竞赛的课堂将会收到事半功倍的效果。

因材施教的课堂

(一) 因材施教，让每个学生都有收获

俗话说："朽木不可雕也。"

树木枯死后所留下的树根资源，在常人眼中并不值钱，但在民间艺术家王希臣眼里却都是宝贝。他打破了世人常说的"朽木不可雕"的惯例，化朽木为神奇，让人们惊叹原来朽木也可雕。

王希臣说，朽木之所以可以雕，是因为他领悟了孔子的因材施教真谛，把那些树根集中分类，因材施艺，对每个树根进行取材、构思、造型、加工、打磨、上蜡、配座、命名，最后形成一件完美的艺术作品。

艺术家将普通人眼中的朽木稍加雕琢，使它成为举世无双的工艺精品。一废变一宝，结果大为不同。同样，教师在课堂上也要对学生因材施教，让每个学生各有所得。

"没有教不好的学生，只有不会教的先生。"这话道出了课堂的真谛。战国时期的韩非子生而口吃，不能言辩，但他在荀卿等老师的教导下，扬长避短，写出了令秦王嬴政拍案叫绝的文章。韩非子成才的故事就是因材施教的典范。

学生能否成才的关键在于教师，教师会不会教，教得好不好，会不会根据学生的实际情况进行教学才是最为关键的问题。

教师要不断提升自身的课堂艺术，针对不同学生的特点供给不同的养料，让每个学生都有收获。

1. 实施因材施教的原则

因材施教，是指教师从学生的实际出发，使教学的深度、广度、进度适

合学生的知识水平和接受能力，同时考虑学生的个性特点和个性差异，使每个学生的才能品行都得到发展。在不同的学习场合中，不同类型、不同能力水平学生的学习表现是极为复杂的，需要教师凭着自己的经验和智慧灵活设计因材施教的方法。

因材施教是实施素质教育，促进学生全面发展的最基本要求。课堂上，教师设计和施行因材施教策略应遵循以下几点原则：

（1）观察分析学生的学习特点

教师要留心观察和分析学生出现问题时的表现，从中可能发现学生独特的认知特征和动机倾向。教师要多向自己提这样的问题：为什么学生会感到困惑？为什么学生老是出现同样类型的错误？

另外，学生在学习中进展顺利也是值得关注分析的。教师从中可以发现学生擅长解决什么样的问题和学习的动力所在，分析学生在什么情况下学习顺利，在思维和理解方面有什么特点等，通过观察分析，发现学生的特性。

（2）区别对待学生

在实际中，动机因素和能力、兴趣等因素是交杂在一起的，相互作用的，因此，必须从动机的激发、维持和学习方法的指导等多方面入手，采取不同的措施让学生在自尊、自信的状态下学习，这对于能力水平较低的学生尤为重要。一定年龄阶段的学生，他们的心理特点和智力水平既有一定的普遍性，又有一定的特殊性，课堂中针对学生的共同特点和个别差异因材施教，有利于扬长避短，长善救失。

（3）根据需要，采用相应的形式

有研究表明，当教师的课堂风格与学生的学习风格相匹配时，有利于提高学生的学习成绩。比如对于喜好图像表征的学生可用图式来讲解概念，避免将喜欢安静的学生安排在教室门口坐，等等。在实际中，教师应该随时注意学生的学习情况，根据学生学习的反馈及时调整课堂。

（4）转变学生的学习风格

教师不仅要分析把握学生的学习风格，而且还要引导学生认识自己的学习风格特点，促使学生把学习风格转化为学习策略。

拉埃丁和斯泰莱在 1998 年进行的一项研究中发现，当学生学习的某个学科的材料要求与其认知风格相匹配时，他们实际的学习结果没有他们自己所预期的那么好，而在学习材料的要求与其认知风格不匹配时，他们学得却比预期的要好。拉埃丁对此结果的解释是，由于这些学生意识到了自己的学习风格与材料结构的匹配性，所以作出了相应较高的预期。

这一结果显示出，当学习者能够意识学习风格特征与学习任务要求的匹配关系时，便能够作出主动的努力。成为一名有策略的学习者至少要能够意识到自己的学习能力类型，能够知道完成学习任务的不同方法要求，并且能够采取不同的学习方法。学习策略不同于学习风格，学习风格是个体所拥有的比较稳定的并且往往是无意识之中偏爱的学习方式，而学习策略则是灵活、有计划的，它根据具体的学习任务的性质而改变。只有在教师有意识的培养下，学生才有可能充分了解自己，主动地扬长避短。当学生具备了学习策略的意识而且认识到自己的习惯性学习方式及其利弊时，就会主动地进行调节。

需要指出的是，因材施教并非是要减少学生的差异。实际上，在有效的因材施教策略影响下，学生学习水平的发展差异可能会更大，因为能否更充分地运用教育条件本身就是潜能高低的一个表现。在较适宜的学习条件下，潜能较低的学生能够开发出潜能，潜能较高的学生将会发展得更快。课堂上，教师对于不同水平的学生应设计不同的课堂方式，这样才能让学生各有所得。

2. 贯彻因材施教的意义

(1) 提高课堂效率

课堂是贯彻因材施教理念的阵地，也是教师改进课堂、提高业务素质的重要场所。那种认为“因材施教”是课外活动的事的观念是不全面的。课外活动对发挥学生的个性特长固然重要，但课堂对学生素质培养的重要性也不容忽视。面对基础参差不齐的学生，教师在进行课堂设计时要因材施教，让不同层次的学生得到不同程度的进步。

(2) 培养学生的学习兴趣

兴趣是最好的老师。要激发不同层次学生的学习积极性，培养他们的学习兴趣，就需要教师针对不同层次学生的需要，予以分类指导，让每个学生都能体验到成功的喜悦。

(3) 提高教学质量

课堂中，一些教师都会自觉不自觉地以优等生为中心开展课堂活动，课堂的指挥棒向优等生倾斜，后进生在课堂上表现的机会相对少一些。久而久之，这些学生与优等生的差距越来越大，最终对学习失去信心，厌倦学习，造成了整个班的总体成绩的下降。要提高整体的教学质量，不促进差生提高成绩显然是不行的。苏霍姆林斯基说过：“让每个学生都抬起头来走路。”这才是课堂的目的。

像“世界上没有完全相同的两片树叶”一样，世界上也没有完全相同的两个人，学生的个体差异是客观存在的。在学习过程中，学生存在着生理、心理、社会性和学习环境的差异。差异是因材施教的前提与基础。每一个教师要认识到这些差异并设法超越差异、缩小差异。面对智力、能力、思维、生理、心理、性格、毅力等都存在差异的学生，课堂要“以人为本”，要面向全体学生，让每个学生的个性都得到张扬。

（二）不做“大锅饭”，满足不同学生的需求

全国著名特级教师支玉恒在教学《草船借箭》一课时因材施教，根据全班学生的不同情况，分层设计问题，让每位学生都积极参与课堂，学有所得。以下是该课的教学实录：

师：今天我们共同学习一篇课文，大家一起说，学哪一课？

生：《草船借箭》。

师：谁知道这个“箭”是什么样子？

生：前边是一个三角形的铁头，中间是一根竹竿，后面有翎毛。

师：很好！大家再来看这个“剑”字，它和“箭”有什么不同？

生：“剑”后面是一个把儿，前边有剑刃子，是一种短兵器。

师：这位同学的发言中有一个词非常重要，谁注意到了？

生：他说的“短兵器”很重要。

师：对不对？

生：对！

师：是的，战场上短兵相接时，用的是这个“剑”，有手把，双面刃；这个“箭”是远战时用的，所以文中周瑜问诸葛亮“水上交战用什么兵器最好”，知道了吧？

生：知道了。

师：我再提一个问题，谁知道《草船借箭》这个故事发生在什么时候？

生：这个故事发生在三国的时候。

师：三国，都有哪三个国家？

生：有东吴、西蜀，还有一个魏国。

师：你知道东吴由谁统治吗？

生：孙权。

师：西蜀呢？

生：刘备。

师：那么魏国呢？

生：魏国原来是曹操保着汉献帝，后来曹丕篡位，当了魏国的皇帝。

师：这位同学对历史很了解，不过那是以后的事了。今天我们讲的这个故事里，曹家还没有人当皇帝，但是魏国的大权实际上在曹操的手里。对不对？

生：对。

师：大家结合预习想一想，《草船借箭》的故事讲了哪几个人物？

生：讲了周瑜、诸葛亮，还有鲁肃和曹操。

(教师板书这四个人名)

师：刚才在讲三国的情况时，曹操提到了。现在我要问，诸葛亮是谁，哪个国家的，干什么的？

生：诸葛亮是西蜀刘备的军师。

师：也是丞相，对不对？好比现在的国务院总理。周瑜呢？哪国的？干什么的？

生：他是东吴的都督。

师：什么是都督？

生：就是统帅三军的元帅。

师：对，相当于现代的总司令或国防部长什么的。鲁肃呢？

生：鲁肃是东吴的一个将领。

师：对，东吴的一个大臣。我再问一个问题，在这些人之间发生了什么事？也就是说，什么事情把这些人联系起来的？一个一个说，诸葛亮和周瑜是怎样联系起来的？

生：周瑜很妒忌诸葛亮，想用十万支箭来为难他，可是诸葛亮答应了。

师：这句话说通没有？“想用十万支箭为难他”，通吗？

生：我认为他没有说清楚。应该是，周瑜想陷害诸葛亮，想用十天造好十万支箭来为难他，可是诸葛亮说他只用三天。

师：简单地说就是周瑜让诸葛亮造箭，诸葛亮答应了，可不可以？

生：我认为您说得有点不对了，光说造箭，不说期限，那什么时候造出来都可以，应该说在短时间内造好十万支箭。

师：他的发言是要强调“短时间”内。具体的问题，我们研究课文时还要讨论，现在只说什么事情把他们联系起来——他让他造箭，他答应了，简单地说，联系起来没有。

生：联系起来了。

师：诸葛亮和鲁肃是怎样联系起来的？

生：诸葛亮向鲁肃借船，让鲁肃帮助自己造箭。

师：很简单，还能再简单吗？

生：鲁肃借给诸葛亮船，帮助诸葛亮造箭。

师：还能再简单吗？

生：鲁肃帮助诸葛亮。

师：鲁肃帮助诸葛亮，鲁肃主动帮助？

生：我认为就是“借船造箭”。

师：还是不正确。诸葛亮请鲁肃帮忙，鲁肃答应了。可以吗？

生：可以！

师：最后，我们再看看诸葛亮和曹操是怎么联系起来的。

生：最简单的回答是：曹操借给了诸葛亮十万支箭。

师：诸葛亮没去，曹操就借给他了？

生：曹操中了诸葛亮的计，借给了诸葛亮十万支箭。

师：说得再明确一点。

生：诸葛亮用计借来曹操的十万支箭。

师：很好。那谁能把这几个人的联系用一段话连起来说一下？

生：周瑜请诸葛亮造十万支箭，诸葛亮答应了，鲁肃借给诸葛亮船，帮助诸葛亮造箭，诸葛亮用计谋向曹操借来了十万支箭。

师：说得不错。刚才他说的这一段话实际上就是课文的什么？

生：主要内容。

师：如果老师现在请大家给课文分段，同学们能分不能分？

（学生沉默）

师：事情的起因是什么？

生：我认为这件事情的起因是周瑜妒忌诸葛亮，让诸葛亮在短期内造箭。

师：可以那么讲吗？

生：可以。

师：事情的结果，刚才没说，是什么？

生：诸葛亮得到了箭。

师：那么剩下的这部分内容是故事的什么？

生（齐答）：经过。

师：可以分几段。

生：三段。

师：如果我想把“经过”再分成两部分，可以不可以？

生：可以！

师：好。诸葛亮请鲁肃帮忙，鲁肃答应了。这是什么？我要求不说刚才那句话了——他请他帮忙，他答应了，不这样说了，怎么说？

生：这一部分是做借箭的准备工作。

师：好。这才是——

（教师指向曹操借箭的有关板书）

生：正式的借箭过程。

师：老师提最后一个问题，在这几段中哪一段是最主要的内容？

生：经过是最主要的内容。

师：在经过里面“准备”和“借箭”谁是最主要的内容？

生：经过中“借箭”是最主要的内容。

师：这个故事发生在三国时期，在这个故事发生的前后，三国起了变化了。现在，孙、刘已经联合起来了，共国抗御曹操。要记住这一点，对理解课文很重要：“孙、刘联合，共同抗曹”。

张敬夫说过：“圣人之道，精粗虽无二致，但其施教，则必因其才而笃焉。”每一位学生在学习特点、理解水平以及思维能力方面都存在着差异，教师面向全体的课堂提问方式容易造成吃“大锅饭”的现象，只照顾了课堂的面，结果是授课时间不足，教师精力不够，收效不大。这就要求教师在课堂提问设计中要做到因材施教，分层设计出有针对性的问题，使不同水平的学生都能得到提高，满足不同层次学生的需要。

本课例内容丰富，从多方面展示了支老师指导学生学习一篇课文时所做的工作。支老师分层设计各种问题，让每一层次的学生都能积极地参与课堂。

支老师向学生传递了学习本课所需要了解的有关知识，如“箭”与“剑”的形状、区别及各自的用途。讲这一点是为了配合课文中周瑜的一句问话“水上交战，用什么兵器最好”。支老师在这里预先点破，学习时学生就会不问自通。同时，支老师在谈话中很自然地向学生展现了这一故事的时代背景、三国的构成、统治者、课文中人物的职务。而所有这些都是支老师引导学生通过谈话得出的，有效地运用了学生的知识储备。个别内容学生不了解，支老师则直接讲出，也是一种及时、必要的补充。特别是“孙刘联合，共同抗曹”这样的形势介绍，对学生理解故事的发生、发展和人物言行具有重要的作用。

在这一课例中，支老师还引导学生从认识故事中人物的相互联系入手，引出了课文的主要内容，使学生从整体上把握故事的脉络；由此又推演出文章的段落结构、段内层次和文章的重点内容，让学生在逐段学习前对全文内容有所了解。这不但显示了课堂设计的巧妙，也体现了教师因材施教的教学理念。

在学生发言时，支老师时时注意培养学生的语言能力和思维能力，要求他们说话简练、有逻辑性，这体现出教师注意培养学生的各项能力。

（三）因材施教课堂的实施策略

课堂上经常可以看到这样的现象：有一部分学生能跟上教师的进度，而一部分学生却只能茫然地呆坐在座位上，甚至还有学生因听不懂课而转做其他与课堂无关的事情的。一个班的学生因为智力水平不同、原有知识水平不同等原因，学习基础存在较大差异。教师不能因为要顺利完成课堂任务而对学习起点低的学生置之不管，教师在课堂中应因材施教，使每一个学生都能各尽其才，学有所用。

课堂中有差异，就会有矛盾；有矛盾，就会有活力。那么，教师应如何因材施教呢？

1. 充分了解学生

了解学生是因材施教的基础。教师对学生的一般知识水平、接受能力、学习态度及每个学生的兴趣、爱好、知识储备、智力水平以及思想、身体等方面的特点要充分了解，以便从实际出发，有针对性地开展课堂教学。如对反应迟钝的学生，教师要激励他们积极进行思考，勇于回答问题和进行争辩；对能力较强而态度马虎的学生，要给他们一点难度较大的作业，并严格要求他们精益求精；对语言表述缺乏条理的学生，要多让他们在课堂上复述和发言，以克服其不足；对注意力不集中、学习不专心的学生，要多暗示、提醒、提问，培养他们的自控能力；对视、听觉不好的学生，要让他们坐在比较适合的地方；对学习很轻松或有困难的学生，要加强个别辅导，给能力强者开点“小灶”，增加课业，对学困生给予特殊帮助或补课。

2. **课前下足工夫**

课前，教师要下足工夫，以使讲课内容生动有趣，讲述知识通俗易懂，提出问题由浅入深。对于不太难的问题，应让成绩偏差的学生回答，并及时加以肯定、表扬。对于稍难的问题，教师应引导学生回答。教师要注意不宜提出太难的问题。另外，还要注意观察学生的面部表情，针对具体情况，及时调整课堂。

3. **提供自由、开放的学习空间**

开放的学习内容、开放的提问、开放的练习等都能解除学生，特别是学困生的心理负担，使学生自由地思考、大胆表露自己的想法，为每一个学生积极参与提供了可能。为学生创建一个开放的学习空间，主要包括以下两点：

（1）设置的学习内容要有开放性

为了满足学生的学习需求，教师首先要做一个有心人。这样，教师就会发现，一道习题、一个问题，只要稍加改动，就能创造出可供学生自由选择的弹性化内容和自由发展的思考空间，不同层次的学生的多样化学习需求得到了满足，全体学生的思维和能力也就能得到更好的发展。

（2）讲究提问技巧

课堂提问的针对性、关键性、及时性直接影响着学生的思维方向和教学质量。教师巧妙的提问，可以使原先单一的问题变得开放，让每个学生都有表现自己的机会。

4. **合理设计问题**

教师要对课堂内容进行适度的整合与拓展，创设问题情境，把知识点细化和分解，分层设计问题，让学生通过独立学习逐步解决问题。教师应注意把握提问的策略，让各类学生都有回答问题的机会。针对学生智能的差异，教师在课堂提问、例题讲解、巩固练习上应有所区别，既保证“面向全体”，又兼顾“培优”“育中”“扶差”，使学优生“吃得好”“跑得快”，学中生“吃得饱”“跟得上”，学困生“吃得了”“不掉队”。

充满幽默的课堂

(一) 运用幽默，让学生在快乐中学习

某教师在“循环小数”一课上导入这样一个故事：

从前有个庙，庙里有个老道，老道给道童讲故事，讲的故事是：从前有个庙，庙里有个老道，老道给道童讲故事，讲的故事是：从前有个庙，庙里有个老道，老道给道童讲故事，讲的故事是……

学生听到这里，已经掌握了故事的规律，明白了下边的内容，于是一边笑一边接着讲下去……此时，教师做了个暂停的手势，说：“同学们很聪明，你们怎么知道老师下面要讲的内容的？”

学生回答：“老师一直在不断地重复讲这句话。”

教师说：“我们今天要学习一种类似的数，大家想不想学呢？”

学生异口同声地回答：“想！”

这一教学导入，教师抓住了循环小数的特点，利用了一个古老的幽默故事，不但极大地调动了学生的学习热情，而且为学习循环小数做好了铺垫，让学生的学习非常轻松。

幽默能够引发喜悦，带来欢乐，使人获得精神上的快感。

幽默是一种艺术。恰当地运用幽默已经成为许多优秀教师课堂成功的法宝和秘诀之一。正如教育家斯维特洛夫所说：“教育家最主要的，也是第一位的助手是幽默。”教师在课堂中若能适当地使用这种艺术，会让教学变得更加丰富有趣。在课堂中，幽默有这样一些作用。

1. 激发学生的学习兴趣

有人曾做过这样一个实验：给一个班的学生播放视听材料后，结果发现

学生对含有幽默色彩的内容记忆最深。

海因·曼麦曾说过："用幽默的方式表达严肃的真理比直截了当地提出来更能为人接受。"有幽默的课堂会使学生如沐春风，在精神上产生愉悦、振奋甚至是心旷神怡的感受，进而产生强烈的学习兴趣。

幽默课堂能激发学生浓厚的学习兴趣，同时也集中体现了教师的课堂智慧。生动形象、诙谐风趣、含蓄夸张的课堂语言是幽默的精灵，可以将学生牢牢地吸引住，促使他们积极主动地参与课堂。

2. **活跃课堂气氛**

对学生来说，良好课堂气氛的感染要胜过教师长篇大论的说教千百倍。因为幽默风趣的课堂语言可以使课堂气氛变得和谐而愉快。

教师以生动有趣、诙谐幽默的语言讲授知识，可以让学生直接感受到教学的乐趣，产生轻松愉快的情绪体验，从而活跃课堂教学气氛，使学生摆脱苦学的烦恼，进入乐学的境界。

3. **使学生树立学习信心**

幽默课堂作为教师高雅情致的流露，得益于教师豁达的胸怀、乐观的态度。教师的幽默会潜移默化地影响学生的性格，使学生具有乐观豁达的气度和积极进取的精神，能正确面对困难和挫折。教师的一个浅浅的微笑、一个姿势动作，都可以折射出幽默之光来。此外，教师可用喜剧化的方式来制造幽默，缓解学生的紧张情绪。

某学生朗读时声音总是放不开，于是教师做出倾身侧耳细听的样子，并将手贴在耳背，这种幽默的姿势逗笑了其他同学。该学生一笑之后，就放声朗读了。幽默课堂意趣高雅，能解除学生的紧张心理，帮助学生树立学习信心。

4. **使学生强化对知识的理解和巩固**

幽默能把课堂内容具体化、形象化，有助于学生理解知识；幽默课堂是教师智慧的表现，它富于启发性，学生必须通过积极的思考和想象才能会意，这就会促使学生加深对教材内容的理解。

5. **使学生消除疲劳，振奋精神**

课堂是一项精神高度集中的活动，出现疲劳是正常现象，此时来一点幽默能引起欢乐和愉悦，消除疲劳，使师生在整堂课中保持振奋的精神状态。

对此，心理学研究已经给出了科学的解释：娱乐会使大脑皮层出现一个新的兴奋灶，根据负诱导规律，紧张脑力劳动所引起的皮层兴奋区域得到了休息，从而起到了消除疲劳、调节神经活动的作用。

6. **拉近师生感情**

幽默在人际交往中可以起到缓解紧张关系的作用，它可以冰释误会、释解责难、和缓气氛、淡化矛盾、减轻焦躁。

苏霍姆林斯基认为：“假如教师缺乏幽默感，就会筑起一道师生互不理解的高墙，教师不理解儿童，儿童也不理解教师。”

幽默课堂能使学生感到教师的人情之美和性格优点，从而缩短师生间的心理距离，达到“亲其师而信其道”的效果。在“亲其师”的氛围中，学生的智慧之花才会开放，课堂效果才会理想。

此外，幽默课堂因其语言含蓄、机智，似和风细雨，可以消除师生间的隔阂，使教师显得和蔼可亲，平易近人，使学生抛弃拘谨、胆怯与紧张，从而促进师生合作，教学相长。

7. **有效调控课堂纪律**

良好的课堂纪律是有效学习的保证，但一些学生因注意力易分散、意志品质不强、教学内容枯燥、教学方法单调以及外界事物的干扰等原因，会出现上课走神、做小动作等现象。教师发现后，固然可以对其进行批评教育，但课堂教学往往也会受到影响。这时，教师如能幽默处之，将会收到意想不到的课堂效果。

英国学者鲍门在《幽默教学：一门表演的艺术》一文中指出：“理想的教师应当达到艺术化的教学水平，善于利用幽默来激发学生的兴趣，使学生学得更好。”

幽默为课堂注入一脉新鲜血液，有了它，课堂如同磁石般富有吸引力，成为学生流连忘返的殿堂；有了它，课堂将更出色。值得注意的是，幽默必须以为课堂服务为准则，并努力做到恰到好处。

赞科夫说：“好的课堂教学要有幽默，要有笑声。”幽默是智慧的海洋，教师应该用幽默丰富课堂教学，让课堂更精彩。

（二）运用幽默，让学生在愉悦中领悟知识

1. 运用幽默的语言，加深学生对知识的理解

上海特级教师钱梦龙教《故乡》一课时获得了巨大成功，他的最成功之

处就是利用幽默风趣的语言激活了课堂气氛，充分调动了学生质疑问难的积极性，使学生在各自课前理解的基础上获得了新的理解。

以下是钱老师《故乡》一课的教学片段：

钱老师说："我先检查一下大家自读课文以后对有些东西是不是理解了。同学们在回答问题的时候，尽可能不要看书。如果实在忘了，怎么办呢？"

一名学生小声地说："偷看一下！"

钱老师重复地道："偷看一下？这位同学说得好啊！"

其他学生大笑。

"大家别笑，偷看也是一种能力！"钱老师说。

学生又大笑。

钱老师接着说："如果同学们一眼扫过，就能马上找到自己所要找的那个词、那个句子，不也培养了能力吗？不过，请注意，考试的时候，可不要培养这种能力啊！"

就这样，一堂课在学生的笑声中展开了。钱老师的一番幽默话语，使学生的学习劲头十足，不断有问题提出。

一学生问："老师，为什么小说写了闰土以后，又要写杨二嫂呢？"

"这个问题问得好。要反映农村萧条、破产的景象，写一个闰土就够了，为什么还要写个杨二嫂呢？"

钱老师讲到这停了下来，看学生个个满脸疑惑，就接着说："要解答这个问题，我们先明确这么一点：杨二嫂变了没有？"

学生齐答："变了。"

"过去的杨二嫂，请你们给她的名字加上定语。"

一生答："豆腐西施杨二嫂。"

"对！大概杨二嫂年轻时长得蛮漂亮的，注意打扮，豆腐店因为有了杨二嫂，生意特别兴旺。现在她变得怎样了？请你们给现在的杨二嫂的名字上也加个定语。"

"圆规。"学生答。

钱老师继续问："豆腐西施杨二嫂变为圆规杨二嫂。作者为什么要写出杨二嫂的变化呢？"

"杨二嫂这样的人也破产了，更不用说闰土了。"一学生答。

"讲得好！老师很欣赏你那'更不用说'四个字。请你再说一说，杨二嫂现在变得贫困了，是从哪些地方看出来的?”

“她向我要那些破烂木器。她拿了母亲的一副手套塞在裤腰里。”

“她还拿了碗碟。”

“还有她拿了狗气杀，飞也似的跑了。”

“哈哈，对啦！她连狗气杀也要。不过碗碟是她拿的吗?”

该生看了看书，说：“不是。”

钱老师补充道：“碗碟是她在灰堆里发现的。至于谁放的碗碟，我们不知道。她说是谁放的?”

“闰土。”一生答。

这时，有学生提问：“老师，闰土为什么要把碗碟埋在灰堆里?”

“闰土把碗碟埋在灰堆里，这是谁说的?”

“老师，你刚才说是杨二嫂。”

钱老师笑着说：“那么，究竟是不是闰土埋的呢?”

学生齐答：“不是的。”

“为什么？同学们根据哪一点可得出这个结论?”

一生答：“杨二嫂挖了埋在灰堆里的碗碟后，就自以为很有功劳，拿走了‘我’家的狗气杀，这就是杨二嫂说谎的目的。”

“可能是‘我’埋的，以便暗暗地让闰土得到许多碗碟。”另一生答。

“哦，原来是这样啊!”钱老师说。

“老师，我有疑问，如果说是闰土埋的，杨二嫂怎么会知道呢?”

“这里有个问题：闰土会偷东西吗?”

学生肯定地说：“不会!”

“不会？大家说说不会的原因。”

“书上说‘母亲对我说，凡是不必搬走的东西，尽可以送给他，可以听他自己去拣择。’这样，闰土尽可以明着拿，根本用不着偷埋。”

“有道理！也很有说服力！老师都被你说服了。我们解决问题，都应该到书中去找根据。那么，是谁埋的呢?”

学生齐答：“杨二嫂!”

“为什么？要以文为证。这可是法制社会，没有证据却乱说话，是要受法律制裁的!”

学生大笑说：“不知道是谁埋的。”

"这就对了，就是不知道。这个是'历史的悬案'。但有一点是可以肯定的，杨二嫂以这个作为理由拿走了狗气杀。这样写是为了说明什么呢?"

学生答："杨二嫂贪小便宜。"

"这个问题大家解决得真好，我特别高兴。我曾经看到杂志上也议论过这个问题，结论大概是闰土是绝不会偷埋的，理由呢？跟这几位同学说的完全一样，大家如果写了文章，也可以在杂志上发表了嘛!"

学生大笑。

于是，大家暂且把这个"历史悬案"放下，又有一个学生说鲁迅所以写杨二嫂这个人物是要反映旧社会的妇女问题时，钱老师又幽默地来了一句："好啊，这位同学考虑问题可真广，还考虑到了妇女问题！这问题提得很高级!"

一堂课一直在学生愉快的笑声中展开，而学生也从争论中悟出了不少道理。

课堂气氛是影响课堂效果的一种因素，也是构成课堂艺术情境的重要组成部分。在课堂中，教师适当地用一些幽默风趣的口语能有效地活跃课堂气氛，使学生精神愉快，思维活跃，积极地参与教学，与教师共同创造出良好的课堂效果。

苏霍姆林斯基曾经说过："教师的语言修养在很大程度上决定着学生在课堂上的脑力劳动的效率。"《故乡》一课上，课堂气氛始终是活跃、积极的，其中的奥秘之一就是钱老师在课堂上善于使用幽默。其实，钱老师完全可以一句话就把这堂课要讲的知识点说透："杨二嫂举报了埋在灰堆里的碗碟后，就以此为借口，拿走了'我'家的狗气杀。这件事情，反映了杨二嫂爱贪小便宜的心理。请大家把这点记录一下。"这样一来，教师省事了，学生也听得懂，但是学生却未必能完全细节化地理解文章的每一句话的布局与安排，自然，学生也就对这堂课的知识点不会产生多么深刻的记忆。

钱老师在幽默中让学生一举两得：既享受到了快乐，又习得了知识和能力。学生也在笑声中感受到了钱老师的平易近人以及精神上的乐观向上。这比起个别教师干巴巴的填鸭式课堂，要高明很多。

2. 通过角色扮演激发学生的学习兴趣

全国著名特级教师于永正是一位精神矍铄、幽默风趣的老教师。他在数十年小学语文教学生涯中取得成就的"法宝"，就是利用自己的幽默特色创造出“幽默”课堂。

于老师上的每一节公开课，都会吸引很多教师来观摩。

上课前，礼堂里躁动不安，喧闹不已，但于老师一站上讲台，下面就鸦雀无声。在几十分钟的课上，随时能听到于老师幽默的话语，感受到学生轻松积极的学习状态，更能从听课教师开心的笑声中感受于老师的课堂魅力。

下面让我们来欣赏于老师上课的一些片段。于老师教学古诗《草》，进入了复习阶段。

师：同学们，回到家里，谁愿意把新学的古诗《草》背给妈妈听？（找一名学生到讲台前面来）好，现在老师暂时当你妈妈，你背给我听好吗？想想回到家里怎么跟妈妈说。

生：妈妈，我今天学了一首古诗，背给你听，好吗？

师：好。

（该生背诵）

师：我的女儿太棒了，老师刚教完的诗就会背了。

师：哪位同学愿意回家背给哥哥听？（找一学生到讲台前面来）现在老师当你哥哥，你该怎么说呢？

生：哥哥，哥哥，我背首古诗给你听，好不好？

师：哪一首？

生：《草》，今天老师才教我们的。

师：弟弟，这首诗哥哥也学过。他是唐朝大诗人李白写的。

生：哥哥，你记错了，是白居易写的。

师：反正都有个“白”字。

（全班学生大笑）

师：我先背给你听听：离离原上草，一岁一枯荣。野火烧……不尽……哎，最后一句是什么？我不记得了。

生：是“春风吹又生”。

师：还是弟弟的记性好，谢谢你。

（众生又笑）

师：现在谁愿意背给奶奶听呢？（又点名让一生到讲台前面来）现在，我当你奶奶，你奶奶不识几个字，没有什么文化，耳朵还有点聋，请你注意啦！

生：奶奶，我背首古诗给您听，好吗？

师：好。背什么古诗？

生：背《草》。

师：草？那么多花儿不写，为什么写草啊？

生：因为草有一种顽强的精神，野火把它的叶子烧死了，可是第二年春天，它又长出了新芽。

师：哦，我明白了。你背吧。

（生背）

师："离离原上草"是什么意思？奶奶怎么听不懂？

生：奶奶，这句诗是说，草原上的草长得很茂盛。

师：还有什么"一岁一窟窿"呢？

（学生大笑）

生：奶奶，不对！是"一岁一枯荣"，不是"一岁一窟窿"。枯，就是叶子黄了，干枯了；荣，就是茂盛的意思。

师：后面两句我听懂了。看俺孙女多有能耐！小小年纪就会背古诗。奶奶像你这么大的时候，哪有钱上学呀。

（学生又大笑）

在于老师的课堂上，随处都能听到学生欢快的笑声。他这种寓教于乐，寓庄于谐的教学，将课堂戏剧化了。

在《草》的课例中，于老师和学生不断变换角色交流，绝不是玩花样，哗众取宠，而是为了加大言语交际表达检查和训练的力度，加深学生对作者的记忆、对诗句的理解、对诗理的感悟。这样一来，课堂更灵动，教学效果更显著。在欢乐的课堂气氛中，不仅学生会受到于老师情绪的感染，师生之间的交流也会畅通无阻，于老师的才干、学识、教学技能也很容易转化为学生的智慧。

于老师说："语文教学应当充满情趣。只有情趣盎然的课堂才能激发学生的学习兴趣，只有情趣盎然的氛围才能引领学生进入语文的自由王国。要做到这一点，就需要幽默。幽默是教学的得力助手。幽默可以使语文学习化难为易，幽默可以使课堂气氛和谐融洽，幽默可以使师生心灵对接沟通。老师笑着看学生，学生就会笑着看老师。"学习，第一是兴趣，第二是兴趣，第三还是兴趣。当学生兴味盎然地投入学习中时，学习就变成了一种特殊的享受，变成了一种精神的需要。正因为于老师一直将他的幽默融入课堂之中，他的课堂才受到学生的欢迎。

（三）幽默课堂的实施策略

美国的保罗韦地博士曾根据他收集到的九万封学生来信，概括出好教师的12种素质，其中有一条就是要具有幽默感，因为这样才会带来欢乐，使课堂不致单调。

幽默是一种课堂艺术，教师需要经过特殊的训练和学习才能灵活运用。那么，教师怎样才能培养自己的幽默感，并在课堂中恰当地予以运用呢？

1. **陶冶情操，培养幽默性格**

喜欢幽默、开玩笑的性格不是天生的，比如严谨的教师，就不太容易“放下架子”，和学生幽默一把。要想培养自身的幽默感，教师一定要有一个良好的心态，对一切都持乐观、开朗的态度。乐观与幽默是亲密的朋友。只有自己心胸开朗了，教师才可能使学生心胸开朗，才能让学生在课堂上感受到种种情趣和快乐。

2. **提高判断能力**

提高判断事物的能力，培养机智、敏捷的性格，是教师提高幽默的一个重要方面。要使学生在课堂上产生轻松的感觉，教师应该具备迅速捕捉事物本质的能力，并辅以恰当的比喻、诙谐的语言。

当然，在幽默的同时教师还应注意，重大的原则绝对不能马虎，不同问题要不同对待，在处理问题时要有灵活性，做到幽默而不落俗套。

3. **扩大知识面，积累幽默素材**

要给学生一碗水，教师要有一眼泉。教师要在课堂中创造智慧幽默，首先应该在平日博览群书，博采众长，扩大知识面，特别是要留意和搜寻与课本知识有关的资料，如逸事、对联、诗歌、谚语、童话、民间故事、民谣、歇后语、漫画、歌曲等，从中挖掘幽默精华，给教学备好足够的精选“佐料”。

幽默还是一种智慧的表现，除了拥有丰富的知识，教师还应具备审时度势的能力，这样才能适时地抓住机会，说出有趣的妙言，做出恰当的比喻。

4. **灵活运用幽默素材，修炼技能**

美国心理学家艾帕尔·梅拉别思通过许多实验总结出这样一个公式：信息的总效果＝7％的文字＋38％的音调＋55％的面部表情。可见，有了幽默素材还远远不够，还要求教师在日常课堂中不断推敲和揣摩表达技巧。

课堂表达技巧的构成要素包括语音、吐字、音量、语调、节奏、语速、语汇、逻辑以及体态语等十几项，驾轻就熟并不是一朝一夕就能够练成的，打造幽默课堂，需要教师的眉眼都要动起来，有时需要用神秘的口吻，有时需要用夸张的语气，有时需要用讥讽的态度，有时需要故作严肃，有时需要故意傻笑，而有时甚至需要以上的综合版。

课堂是一个动态生成的过程，新的问题和新的情况会不断出现，严格地遵循“预设”是不可能的，教师急中生智制造的幽默更能收到意外的效果。而这更需要教师平时的积累和灵活的反应。

5. **课后记录，延续幽默**

对于课上智慧的火花，教师在课后应及时地记录捕捉，记录的形式可以是案例、教学反思甚至是只言片语。

此外，教师平时可以多看一些有关幽默的报纸、杂志，如《演讲与口才》《幽默大师》等，养成幽默达观的气质。

列宁说：“幽默是一种优美、健康的品质。”一个教师要拥有这样优美健康的品质，除了要有正确的师生观，要有从容、超脱的气度以及机智、敏捷的个性外，还要不断推敲表达技巧，提高自身的修养和学识，精心设计教案。这样才能在教学中不失时机地创造幽默，深化教学内容，增强课堂教学的吸引力，创造宽松、愉快、和谐的课堂气氛，从而有利于调动学生的积极性，加深学生对知识的理解，促进学生健康、乐观、全面地发展。

幽默是课堂的“润滑剂”。一个呆板、不懂幽默的人很难受到周围的人的欢迎，同样，一个不懂幽默的教师也很难受到学生的欢迎。教师应努力发掘、培养自身的幽默因子，让其为自己的课堂锦上添花。

对学生有启发的课堂

（一）“不愤不启，不悱不发”

“启发”一词，源于古代教育家孔子的“不愤不启，不悱不发”。朱熹解释说：“愤者，心求通而未得之意；悱者，口欲言而未能之貌。启，谓开其意；发，谓达其辞。”孔子以后，《学记》提出“道而弗牵，强而弗抑，开而弗达”，进一步阐发了启发课堂的思想，主张启发学生，引导学生，但不硬牵着他们走；严格要求学生，但不施加压力；指明学习的路径，但不代替学生达成结论。

启发，即阐明事例，使对方因联想而领悟。启发课堂，是指教师在课堂中根据课堂任务和学习的客观规律，从学生的实际出发，采用多种方式，以启发学生的思维为核心，调动学生的学习主动性和积极性，促使他们生动活泼地学习的一种教学方式。

长期以来，启发课堂因其对学生思维发展的独特作用而备受青睐，已为广大教师所熟悉，但是启发课堂并不是立竿见影，一用就能产生良好效果的。一些教师因没有真正领会启发课堂的实质，或者对启发课堂的方法与技巧运用不当或不纯熟，在课堂中经常出现“启而不发”的现象。

造成这种情况的原因，一是有可能学生本身的学习积极性不高，不能主动地参与教学，对教师的启发引导反应迟缓；二是有可能教师的问题缺乏启发性，所提问题太抽象，太庞大，或者跳跃太大，缺乏循序渐进，致使学生的思维跟不上。为此，在运用启发式教学时，教师应遵循以下几个原则：

1. 关键性原则

启发课堂，需要教师启在关键上，启在要害上。这就要求教师分清主次，学会抓主要矛盾。一堂课是由几个环节组成的，而每一个环节也必然有一个主要矛盾，教师在抓住一堂课的主要矛盾的同时，还要善于抓住每个环节的主要矛盾，找出各个环节不同的关键和要害，一个个“启”，一层层“发”，环环紧扣，发散思维和收敛思维相结合，运用列举法、设问法、类比法、组合法、信息交合法等，使启发课堂发挥应有的作用。

2. **实效性原则**

设计启发课堂时，教师应充分了解教学对象的年龄特征、身心发展规律、已有知识水平、接受能力以及性格爱好等，做到讲求实际、讲求实效、启而有发、问而有答、因人而异、因材施教，使教学具有实效。

在这里，要注意以下两点：

(1) 作为启发的知识材料应选用大多数学生所掌握、感知过的，同时又能在记忆中得到再现的，然后在此基础上进行有针对性的启发，这样多半会出现启而有发、问而有答的教学效果。

(2) 鉴于每个学生的知识基础、理解能力、接受能力以及性格、爱好的不同，对不同学生，教师要注意运用不同的问题和方法，做到有的放矢，因人而异，而不能搞“一刀切”，用一个模式对待所有的学生。

3. **双向性原则**

双向性原则是指教师要在课堂中发扬民主，创造良好的信息交流的氛围，努力做到在愉快、和谐的情境中启发学生。

课堂中，教师是主导，学生为主体。教师的“导”是为了引导学生形成正确的思维，而不是代替学生“走路”。教师要充分唤起学生的主体意识，让他们知道自己是学习的主人。这就需要教师讲求民主、自由，讲求双向交流，真正做到启而有发，问而有答，使启发课堂发挥它应有的功能。否则，师生心理相悖，课堂气氛压抑，必然会影响学生的情绪，不利于启发课堂的开展。

要做到这一点光靠教师在课堂上的努力还不够，还需要教师平时与学生建立起和谐的师生关系。

4. **引导性原则**

启发课堂的目的在于引发学生的思考，为此，课堂上教师应引导学生动脑，使他们通过思考来主动理解知识、接受知识。实践中，教师可以从以下三方面去引导：

(1) 运用新颖充实的教学内容、生动形象的教学方法、丰富多彩的教学手段，激发学生的学习兴趣，从而激发学生产生强烈的求知欲。

(2) 在传授知识的同时，要注意引导学生学会学习，即教学生掌握学习的方法，让学生自己去探索知识。“授人以鱼，不如授人以渔，授人以鱼，只供一饭之需，授人以渔，则可终身受用无穷。”可见要教学生学会学习，授之以法是非常重要的。

(3) 引导学生发展自己的能力，这是启发课堂的目的之一。教师要注意采用各种有效的方式、方法，调动学生的眼、耳、手、脑等各种器官参加学习活动，以培养他们的注意、观察、记忆、想象、思维等多种能力，从而把传授知识与发展能力有机地结合起来，使二者相辅相成、相得益彰。

除了遵循上述基本原则外，教师还要及时更新自己的观念。在启发学生时，教师要讲究方法与技巧，不能误把“满堂问”当做启发课堂的法宝。提问启发，仅仅是启发课堂的一种形式和方法，而不是它的全部。

“满堂问”看起来很“热闹”，但如果不注意提问的对象、质量、层次，不注意启发的目的，自始至终都是一个样子、一个架势，学生始终难以进入被启发的角色。这样的问，问得再多，效果也不会好甚至还会浪费时间。

教师应认识到启发课堂的方法是多种多样的，有时教师不置一言，没有提出什么问题，仅凭一个眼神、一个手势，或仅仅作出某种暗示，都会启发学生的思路和联想，收到“此时无声胜有声”的课堂效果。

(二) 通过启发引导学生自主获取知识

全国著名特级教师、教育专家杨明明从教几十年来，钟情于语文教学讲台，重视课堂教学的实践研究，其生动朴实、不拘一格的教学风格受到全国各地专家、同行的好评。杨老师的启发课堂影响则更为广泛。

上《背篼》一课时，杨老师就是运用启发激活学生思维的。请看该课的教学实录：

师：今天，我们学一篇新的课文，题目叫《背篼》。请问，有同学知道“背篼”是什么吗?

生：“背篼”肯定是背在背上，装东西的。

生：“背篼”是用竹子做的，类似箩筐那样的，可以盛东西、装东西的。至于是不是只能用竹子做，恐怕不一定了吧？如藤条也可以编。

师：刚才我们研究了“背篼”。现在请专心听老师背诵第一段课文。

（师背诵）

师：听了老师的背诵，谁能说说什么时候、谁背着什么归来了？

师板书：（　　）（　　）背着（　　）归来了。

生：黄昏，山里的孩子，背着满满一背篼柴火归来了。

师：不错！那么，第一段中还有什么词句需要研究吗？我们边读边画。

（读完该段后，学生提问）

生：什么叫蜿蜒？

生：晚霞怎么“背”？

师：对呀，晚霞怎么背？

生：打柴的孩子回来了，为什么说“归来了”？

师：谁能回答为什么用“归来了”？（学生们摇头）我也觉得为难，但我想，学完了课文，你们肯定能回答的！那么，“背着五彩晚霞归来了”是什么意思？

生：是不是就是指“黄昏”，换一种方式讲时间？

师：大家说呢？

生（齐答）：对！

师：那么，这“蜿蜒”是什么意思？

师（见举手的不多）：那么我们再来读读课文？

生（读完后）：我知道，是指“弯弯曲曲的山路”。

师：噢，想过吗？这“蜿蜒”两字为什么是“虫”字旁？

生：蜿蜒是指蛇虫爬行的样子吧？

师：学得很不错，我们就按这样的方法，继续研究，课文共有几节？

（生数后答有七节）

师：接下来的学习任务是：1. 读通课文；2. 读准字音；3. 找出本文的重点词句。哪位同学还记得什么叫重点词句？

生（回忆学过的单元目标提示）：能表示课文主要意思的词句叫重点词句。

师：对，现在请你们开始自学，课文比较短，给大家5分钟的时间。

（生通读、读准字音，师巡查）

师：现在说说你找的重点词句是哪一句？

生："哦，山里的孩子，背篼里盛着一个勤劳的童年。"

师：都是这一节？

生：对！

师：我不明白，背篼里怎么盛得下童年，这句话是什么意思？

生：就是说，山里的孩子很勤劳。

生：就是说山里的孩子天天很勤劳。

师：他们两个谁说得更准确？

生：我认为后一个同学说得对。因为重点句中说山里的孩子有个勤劳的童年，整个童年都很勤劳，所以说天天很勤劳。

师：那么，你们知道童年是几岁到几岁吗？

生：大概是五六岁到十二三岁，也就是小学阶段。

师：对，现在，我们就抓住重点词句，深入理解课文。我们该怎么做？

（大屏幕上的单元提示为：1. 想想课文中的哪些具体事例是表达重点词句的意思的；2. 想想课文中所描写的情境；3. 围绕重点词句想想，课文主要给我们什么启发）

师：现在给大家两分钟时间，大家试着按提示的要求学习第 5、6 自然段，将体现山里孩子勤劳的具体事例画下来。

师：时间到，现在请大家用"勤劳体现在（　　）上"来回答。

生：勤劳体现在"沉甸甸的背篼"上。

生：勤劳体现在"一捧红红的山柿子"上。

生：勤劳体现在"一小捆药材"上。

生：勤劳体现在"轻轻吁了一口气"上。

生：勤劳体现在"自己积攒学费的想法上"。

师：同学们找得对，能不能这样说：勤劳不仅体现在(　　)上，还体现在(　　)和(　　)上。

生：勤劳不仅体现在（沉甸甸的背篼）上，还体现在（一捧红红的山柿子）和（一小捆药材）上，还体现在（轻轻吁了一口气的动作）上。

师：非常好！能说说大家为什么画这些词句吗？

生：沉甸甸的背篼里盛着的是满满一背篼柴火，不勤劳哪有那么多柴火可打呀？换成我，绝对是不行的。

生："轻轻地吁了一口气"是勤劳，没有劳动习惯的人放下这沉甸甸的柴火，早就瘫倒在床上了。

生："一捧红红的山柿子"是勤劳，因为他一边打柴，一边还想到邻家的小弟弟，多么热心，多么善良！

生：我觉得他自己攒学费的想法很了不起，采药是要有本领的。

师：我不明白，如果药材可以换钱，为什么他不采满满一背篼药材，而只是一小捆呢？

生：我认为，或许他的任务主要是打柴吧！

生：妈妈等着他的柴火做饭吃呢，这是他们家的燃料。

师：我们城里的孩子毕竟不太了解山里人的日子。

生：我想，可能是这样吧，药材很珍贵的，很难找的，所以他只采到一小捆吧！

师：是的，这位山里孩子边打柴、边采药，够勤劳的。现在我们来读第7自然段，看看"(　　)是勤劳的象征"。

生：汗水和泥渍。

师：互相看看，你们脸上有汗水和泥渍吗？

（生互相看，都摇摇头）

师：你们能学妈妈做做给孩子揩汗的动作吗？

（学生做妈妈撩起围裙揩汗的动作，使"撩""揩"这些不常用的动词更形象化）

师：妈妈给孩子揩汗，孩子的表情怎么样？

生：他抬起头，抿着小嘴微微笑。

师：他的"笑"是什么意思？你能说说他仿佛在说什么？

生："妈妈，谢谢你的关心！"

生："妈妈，你真好！"

师：老师这儿有四种答案，请你想想，哪一种是山里孩子的回答？A："妈妈，你看我多能干！"B："妈妈，我打的柴够烧一阵子了吧！"C："妈，我不累，您放心！"D：无言，什么话也不说，就是抿着小嘴微微笑。

学生基本选择C或D。

师：说说原因。

生：我选择C。因为山里孩子很朴实，很忠厚，不可能是A、B。

生：我选择D。我觉得山里孩子此时以笑回答是最妥的，妈妈给他擦汗他用笑回答表示感谢，用眼睛表示感谢，不用多说了。母子的心是相通的，有心灵感应。

师：说得真好！我们读一读，读出妈妈的爱，读出孩子的懂事。

（生读课文）

师：很好！除了第7自然段，还有哪一段是写妈妈的？

生：第3自然段。

师：哪一句？

生："他知道，那时妈妈高高扬起的手臂，在呼唤自己。"

师：想想，妈妈怎么呼唤？比如，孩子叫"山伢子"。

生（学样）：山——伢——子，回——来——吧！

师：挺像的，真是妈妈的手臂吗？

生：不是的，是炊烟。

师：是什么？请说准确。

生：袅袅升起的炊烟。

师：更准确些。（　　）的，（　　）的炊烟。

生：袅袅升起的，飘过林梢的炊烟。

师：这是一句比喻句，把……比作妈妈。

师：对！妈妈在招呼孩子了。他也很着急了，用哪一句话说明的？

生："他加快了脚步。"

师：他走过了哪些地方？

生：他拐过一道弯，绕过一道坎，走过一条窄窄的田埂，跨过小木桥。

师：对！山里孩子是背着沉甸甸的背篼走这条路的，你们是体会不到的。

生：我们不是山里孩子，我们没有机会。

师：想试试吗？我这里有一只背包，九公斤，你背着，我们背读第5自然段，谁愿意？

（学生纷纷要求尝试，老师请一位学生背上背包，该生在台上踱步）

师（帮学生卸下背包）：什么感觉？

生：沉甸甸的，太重了！

师：还有呢？

生：山里的孩子很苦！

师：谁再试试？

（又一学生试）

师：有什么体会？

生：累！背不动。

师：你佩服山里孩子的什么？

生：佩服他的精神，吃苦的精神。

生：佩服他的劳动能力。

生：佩服他的体质，我的身体受不了。

师：现在再想想，课文为什么用“归来了”？

生：对于我们来说，这山里的孩子确实如英雄一般，可以用“归来了”。

师：那么，你觉得这篇文章是城里人写的，还是山里人写的？

生：当然是城里人写的，山里人自己不会把自己当英雄。

师：说得不错！山里孩子确实是个可爱的孩子，是个勤劳的孩子，值得我们大家学习。学完了这篇课文给同学们什么启发？

生：我觉得我们应该想一想我们和山里孩子比还缺少什么。

师：说得好！那么和山里孩子比，我们还缺少些什么呢？

生：我们缺少山里孩子的勤劳。

生：我们还不能自己攒学费，连想都不敢想。

生：城里的孩子娇生惯养，而山里的孩子五六岁就已经能打柴了，我觉得难为情。

生：我们的童年是在享受中度过的，而山里孩子的童年是在劳动中度过的。

生：我缺少的是山里孩子坚强的意志，我想到山里去住一段时间，去体会体会。

生：我缺少的是山里孩子那种坚持不懈的精神。

师：同学们说得很对，希望你们也具有山里孩子的那种品质。

《义务教育语文课程标准（2011年版）》提倡的理念中提到，教师应创造性地理解和使用教材，积极开发课程资源，灵活运用启发课堂策略，激发学生的主动意识和进取精神。

在《背篼》课堂中，杨老师独特的课堂设计与启发课堂赢得了学生的积极反应，使课堂气氛非常活跃。

“学生为主体，教师为主导”是现代教学的指导思想。杨老师连番提出问题，引导学生自主思考问题，层层深入，循循善诱，大大提高了学生的学习积极性和主体性。

《背篼》是一篇描写山区农家孩子黄昏打柴归来的散文，文章语言简练而又充满乡土气息，是一篇教育学生勤劳俭朴的好教材。上课开始，杨老师首先问学生“背篼”是什么东西。接着，在讲到第一段“蜿蜒”一词时，又让学生根据部首猜测其意思，一步一设疑，步步启发学生思索。

深入理解课文常常是从问题开始的，而问题是否有趣，对于调动学生的学习兴趣非常重要。于是，杨老师又问“我不明白，背篼里怎么盛得下童年，这句话是什么意思”，启发学生去思考这个有趣味性的问题。这样一来，就把注意力容易分散的小学生的注意力给集中起来了，同时还巧妙地引导学生进入课文的情境中，让他们开动脑筋，培养思维能力。

为了消除学生与文章及作者之间的情感距离，把作者的良苦用心展示给学生看，杨老师创设启发式情境，采用了情境表演和有感情朗读的方法，让学生沿着文情的轨迹阅读课文，同时领悟作者寄情于景和寄情于事的写作手法。如在讲山里的孩子如何背着“沉甸甸”的一背篼柴禾归来时，为了让学生体会出“沉甸甸”的感觉，杨老师让两个学生先后上台背着“沉甸甸的柴禾”做打柴归来的表演，分别扮演一次后，两位学生都深有体会并感染了其他学生，使全体学生对“沉甸甸”的词义也有了更为深切的感受。

美国教育家杜威认为：“教师的首要任务在于唤起学生的兴趣，激发其探究的热情。”杨老师深谙此道，所以成功地启发、引导学生学习了《背篼》一课。

（三）启发课堂的实施策略

启发是教师根据课堂规律，采取各种手段来引导学生独立思考、积极思维，以使学生获取新知识的课堂教学方法体系，其实质是调动学生学习的主动性，启发学生思维，挖掘学生的内在潜能，使外部教育产生一种内化作用，提高课堂的实效性。启发时，教师要抓住事物的本质特征。如果“启不得法”便会“启而不发”。那么，教师如何启发才能奏效呢？

1. 利用激情，吸引学生的注意力

课堂不仅是师生之间的知识信息传递，更是师生之间的情感交流。课堂上，教师要像音乐指挥那样激起学生的情绪，使之思维活跃，注意力集中，从而为进一步的课堂启发奠定良好的基础。

激情启发的方法很多，常见的有以下几种：

（1）通过放录像、录音或生动讲述，使学生仿佛身临其境，产生情感上的共鸣，从而情不自禁地去思考、探索。

（2）找一件能引起学生丰富想象的物品，使学生睹物生情。在课堂上，教师要饱含感情，并通过自己健康向上的感情去感染学生，使他们从中受到鼓舞和鞭策，调动起思维积极性，体验到成功的欢乐。

2. **创设情境，让学生身入其境**

创设一定的情境，让学生在特定的情感氛围中学习，有利于调动学生学习的积极性。例如，讲动词“help”的不同用法时，某教师就利用多媒体播放了一个顾客买东西时店员问他“Can I help you”的情境和一个人落水后大叫“help”的情境，然后让学生自己体会它在不同情境中的不同含义并解释出来，这样学生不但理解了这一词的用法而且还借助情境加深了印象。

3. **巧设悬念，从疑入手**

“疑”是探求知识的起点，也是启发学生思维的支点。会不会“设疑”是衡量教师课堂技巧的标准。南宋理学家朱熹说：“读书无疑者，须教有疑，有疑者，却要无疑，到这里方是长进。”教师在课堂中要注意从“疑”入手，巧设悬念，启发学生思考。换句话说，就是教师要善于引导学生提出问题、分析问题、解决问题，即善于引导学生生疑、质疑、解疑。设疑不同于一般的课堂提问，它不是让学生马上回答，而是设法造成思维上的悬念，使学生处于暂时的困惑状态，进而激发其解疑的动因和兴趣。

启发课堂上，教师所提的问题宜小不宜大，宜浅不宜深，宜实不宜虚。“小”是指把一个问题分解成几个点；“浅”可让学生运用已有的知识探寻新的领域；“实”是说问题要提得具体、明确。这样能克服提问设疑中的盲目性，符合循序渐进的教学原则。

4. **利用联想，启发学生思考**

教师可以利用某类事物在某些特征上的相似之处启发学生从甲物联想到乙物，并学会运用分析甲物的方法来分析乙物。

例如，讲 the other 与 another 的区别时，某教师先在 another 的“an”与“other”之间画一条竖线，然后启发学生根据冠词 the、an 之间的区别去思考 the other 与 another 之间的区别，即通过分析两个冠词与两个不定代词之间的共同特征，进而从不定冠词和定冠词之间的不同，迁移思考出两个不定代词之间类似的区别。这样，不但帮助学生通过类比法解决了问题，还教会了学生一种思维方法。

英国教育家威廉·亚瑟说："平庸的教师只是讲述，较好的教师是讲解，优秀的教师是示范，伟大的教师是启发。"

善于启发是一种艺术。启发课堂的基本特征是：在课前精心设计足以启发学生思考的问题，让学生在生疑、质疑、释疑的过程中接受知识，得到能力、智力的双重训练。教师应掌握这种课堂艺术，尊重学生，相信学生，让学生从单纯的"听而有得"的被动提升到"思而有得"的主动上来。

充满悬念的课堂

（一）用悬念激发学生的探究欲望

著名评书艺术家单田芳说书时，每当故事情节发展到紧张激烈的高潮或矛盾冲突发展到剑拔弩张的关键时刻，就会用一句“欲知后事如何，且听下回分解”来吊听众的胃口，吸引人们继续听下去。这种方法在中国古典章回小说里常用，称为“悬念”设置。同样，教师在课堂中设置悬念，也能使学生注意力集中，激起学生的求知欲。

悬念，原指人们在欣赏戏剧或其他文艺作品时对故事发展或人物命运的关切心情。将悬念移植到课堂，就是让学生在焦急渴望的心理状态下积极主动地探索问题，获取知识。它是一种学习心理，是学生对所学知识感到疑惑不解而又渴望解决它时产生的一种心理状态。

1. 悬念课堂的意义

悬念课堂是20世纪60年代末70年代初由苏联教学专家M. A. 达尼洛夫等人研究提出，并得到广泛运用的一种课堂教学方法。

在课堂中设置悬念是一种行之有效的教学方法，课程的很多知识点可以通过设置悬念来帮助加深理解，增强课堂效果。好的悬念设置，可以拓展学生的知识视野，使学生把问题想深想透，“学有所思，思有所得”，达到举一反三、触类旁通、培养探索能力的目的。对学生来说，悬念课堂有以下几点意义：

（1）激发学生的学习兴趣

教师通过不断设疑、探讨、研究、解疑的链状教学，承上启下，环环紧扣，将教学活动不断引向深处。设疑、解疑的链状教学可以不断启迪学生的心灵，点燃智慧的火花，使学生产生浓厚、持久、稳定的兴趣。

在学习摩擦的利和弊时，为了激发学生对本节内容的兴趣，某教师用故事来引出课题："在儒勒·凡尔纳写的一本小说中，描写了一位名叫马蒂夫的大力士，他力大如虎。有一次，眼看一条刚从船坞滑下水的大船'特拉波科罗'号将和一艘快艇相撞，岸上的人正束手无策，只见马蒂夫一个箭步跨到大船跟前……"讲到这时，教师稍作停顿。学生急切希望知道究竟，产生了渴望学习的愿望，必然带着问题去查阅有关书籍和资料，掌握学习主动权。

（2）维持学生的学习热情

一堂课结束时，如果学生经常带着值得探讨的悬念下课，就会感受到学海无涯。课下，他们通过自身的努力看课文，查资料，解决悬念，提出新问题，不仅能锻炼自己的能力，增长自己的才干，还能领略到自我探索知识的情趣，享受到获得知识的喜悦。即使通过再三努力，仍有一时不能解决的悬念，学生也会在下一堂课中，有目的、有重点、感兴趣地听讲，这样，经过一段时间的锻炼，就会提高发现问题的能力。

（3）培养学生的创新精神

上节课留下的悬念，学生课后必然会饶有兴趣地讨论研究。悬念教学能沟通教材中上一节课和下一节课的联系，引导学生进行发散思维，培养学生的创新精神。

在讲述液体压强一课后，某教师先复习液体压强产生的原因、液体压强大小的计算方法，然后设问"大气是否也存在压强""大气压产生的原因是什么"，让学生课后自己准备实验或例子说明大气压的存在。

结果，学生设计了许多五花八门的实验。这样一来，在第一课堂和第二课堂的联系之中，学生不断提出问题、解决问题，再提出问题、再解决问题，在知识的海洋里乘风破浪。这样，就既培养了学生勇于探索的精神和意志，又不断激发出学生新的发现、创新的激情。

2. 实施悬念课堂的原则

苏霍姆林斯基认为："如果一个教师能使学生的面前出现疑问，那么事情就办成了一半。"悬念课堂的目的就在于抓住学生的好奇心理，巧设悬念，以疑激学，促使学生在高涨的求知欲中探求新知识，引发学生学习知识的兴趣。课堂中，教师悬念激疑的创设，一般要遵循以下几条原则：

(1) 悬念的趣味性要强

好奇心是学生探究问题、进行创造性思维的内在动力。而趣味性强的悬念设置则能最大限度地激发学生的好奇心，从而使学生积极主动地投入新知识的学习中来。

(2) 悬念要具有延伸性

一堂课的结束，并不意味着知识和思维的终结。“学贵存疑”，学生对新事物易产生好奇心，喜欢追根问底，倘若教师能在课堂结束时巧妙设置悬念，则可以使学生在掌握本节课所学知识的基础上，又产生探求新知识的欲望。

(3) 悬念要具有障碍性

教师要准确把握新知识的生长点，在新旧知识的衔接处设疑置难，而且这种设置对于学生来讲，是要有一定障碍的，不能让学生轻而易举地解决掉。这样以“障碍”造成“悬念”，能够使学生心中始终有一个目标，从而激发他们学习的主动性。

除了要遵循以上原则之外，教师设计悬念时，还注意以下几点：

第一，在具有悬念设置可能性的教学内容上设置贴切的悬念，不制造生硬不妥帖的悬念；第二，坚持科学性，避免出现科学性错误，否则会使课堂陷于困境，误导学生，产生适得其反的效果；第三，悬念的设计要为突破教学重点、难点服务，不能让可有可无的悬念占用宝贵的课堂时间，干扰学生的注意力，影响教学效果；第四，悬念的设计要力求新颖、巧妙，新奇的悬念更能激起学生的兴趣和思维活动；第五，所设计的演示、探究类悬念应具有较强的可操作性，对器材或环境条件要求较高、实验现象不明显的实验或探究活动应予以舍弃。

(二) 设置悬念，让学生乐于探究

1. 精心设疑，制造悬念

牛献礼是河南省实验小学的一名优秀数学教师。他认为，教师应依据教材内容抓住学生好奇心强的心理特点，精心设疑，制造悬念，使学生处于一种“心求通而未达，口欲言而未能”的不平衡状态，从而引起学生的探索欲望，促使其积极主动地参与学习。

下面是牛老师在课堂中设置悬念的几种方法：

(1) 激疑，让学生在困惑中活跃思维。“学起于思，思源于疑”，疑能使学生在心理上感到困惑，产生认知冲突，进而拨动思维之弦。适时激疑，可以使学生因疑生趣，由疑诱思，以疑获知。

在教“体积的意义”时，牛老师巧妙地利用《乌鸦喝水》的故事向学生激疑：“为什么瓶子里的水没有增加，丢进石子后水面却上升了呢?”

一石激起千层浪，课堂上顿时活跃起来，学生原有认知结构中的有关长度、面积等方面的知识都被激活了。他们各抒己见，有的说因为石子有长度，有的说因为有宽度，还有的说因为有厚度、有面积等。正当学生为到底跟什么有关系而苦苦思索时，牛老师看准火候，及时导入新课，并鼓励学生比一比，看谁学习了新课后能够正确解释这个现象。

这样，通过“激疑”打破了学生原有认知结构的平衡状态，使学生充满热情地投入思考，一下子把自己推到了主动探索的位置上。

(2) 巧问，引领学生思考的方向。一个恰当而耐人寻味的问题，可激起学生思维的浪花。课堂上牛老师经常结合教学内容精心设计问题来吸引学生的注意力，唤起学生的求知欲。

在教“圆的认识”时，牛老师提出问题：“同学们，你们知道自行车的车轮是什么样的吗?”

学生回答：“是圆形的。”

“如果是长方形或三角形的，行不行?”牛老师继续问。

学生笑着连连摇头。

“如果车轮是椭圆形的呢?”说完，牛老师随手在黑板上画出椭圆。

学生急着回答：“不行，没法骑。”

牛老师紧接着追问：“为什么圆的就行呢?”

学生一听，马上活跃起来，纷纷议论。

牛老师这一系列的提问不仅使学生对所要解决的问题产生悬念，而且为随后的教学提供了必要的心理准备。学生“找结论”的思维之弦绷得很紧，而且这样找到的结论，理解、记忆起来也很深刻。

在“分数的初步认识”一课上，牛老师安排了这样一个游戏：请学生用手指表示每人分到的苹果个数，并仔细听老师要求，然后做。

他先说：“如果有 4 个苹果，平均分给两个小朋友，请用手指个数表示每人分到的苹果个数。”学生很快伸出 2 个手指。“如果有 2 个苹果，平均分给两个小朋友，请用手指个数表示每人分到的苹果个数。”学生很快伸出1个手指。

牛老师拿出一个苹果，接着说：“现在只有一个苹果，也要平均分给两个小朋友，请用手指表示每人分到的苹果的个数。”这时，许多学生都难住了。有的学生伸出弯着的一个手指，牛老师问：“你这表示什么意思?”

该生回答：“因为每人分到半个苹果。”

牛老师进一步问：“你能用一个数来表示‘半个’吗?”

学生立刻被问住了。

此时，学习一种新的数（分数）成了学生自身的欲望。就这样，牛老师通过创设悬念，激起了学生解决问题的欲望。

(3) 示错，教学生鉴别学习方法。不仅成功是一种收获，有时错误也是一种难得的教学资源。课堂中，牛老师有意收集或编制一些学生易犯错误而又意识不到的方法和结论，使学生的思维产生错与对的交叉冲突和悬念，然后再引导学生找出致误原因，使学生克服思维定式。

教“四则混合运算”时，牛老师出示了一道容易出错的复习题：36－36÷3。

果然，许多学生的计算步骤如下：36－36÷3＝0÷3＝0。只有个别学生的计算步骤是：36－36÷3＝36－12＝24。

这两种情况正在牛老师的意料之中。他顺水推舟，把这两种计算过程写在黑板上，让学生讨论这两种计算方式哪种正确。

顿时，学生议论纷纷。有的说第一种解答正确，有的说第二种解答正确。学生个个情绪高涨，兴趣盎然。牛老师马上顺势引入新课：“到底哪种解答方法正确呢? 我们学习四则混合运算后，就知道答案了。”接着他开始讲授新课。结果这堂课的教学效果非常好。

实践证明，教师有目的地设计一些容易做错的题目，展示错误，造成悬念，能培养学生的学习主动性。

(4) 设障，巧妙链接新知。牛老师准确把握新知识的生长点，利用新旧知识的矛盾冲突，创设悬念，促使学生积极思考。在教“循环小数”一节时，他出示两组题：

①1.6÷0.25，15÷0.15；

②10÷3，14.2÷22。

学生很快计算出第一组题的得数，但在计算第二组题时，学生发现怎么除也除不完。

“怎么办?”“如何写出商呢?”学生的求知欲与教学内容之间形成了一种“不协调”。好奇与强烈的求知欲望使学生的注意力集中指向困惑之处。

牛老师就这样用障碍造成悬念，使学生在学习循环小数时心中始终有不解之惑，激发了学习的主动性。

在讲“圆周长计算”一课时，牛老师也用此方法。他先出示了两个圆片，让学生测出它们的周长。当学生用绕线、滚动方法测时，牛老师设置障碍：“怎样测校园里圆形花坛的周长?”

有学生说：“可用绕线方法测。”

这时，牛老师又设了一障碍，将一个小球系在绳子一端，手捏住另一端旋转，问：“这个圆还能用刚才的方法测吗?”

学生纷纷摇头，此时，牛老师问：“我们能不能探索出计算圆周长的普遍规律呢?”

教师恰当的引导又一次激起学生的探究欲望。他们更加认真地操作、观察、思考、实践，终于发现了圆周长计算的公式。

(5) 求变，培养学生的发散思维。求变就是在教学中对典型的问题进行有目的、多角度、多层次的演变，使学生逐步理解和掌握此类问题的一般规律和本质属性，也使学生对学习始终感到新鲜、有趣。

在学习了分数应用题后，牛老师出示两个条件：男同学 25 人，女同学 16 人，让学生根据所给条件自己提出问题和解答问题。学生提出了以下很多不同的问题：

(1) 男同学是女同学的几倍?

(2) 女同学是男同学的几分之几?

(3) 男同学比女同学多几分之几?

(4) 女同学比男同学少几分之几?

(5) 男同学比女同学多百分之几?

……

牛老师问：“还能提出其他的问题吗?”

这样的变换使学生再度进入问题的探索之中。

这种求变，对培养学生的发散思维、对发挥学生的思维潜力．起到了很好的创设情境的作用。

一些教师认为，数学课比较枯燥，不像其他学科那样可以让学生接触很多具体而形象的东西，所以比较难上。确实，数学课本身的抽象性让一些学生在学习过程中不能积极参与。然而，目前数学教学在新课程理念的指导下，已经逐步让学生在学习过程中体验到了学习的成功与快乐。

为了上一节引人入胜的课，牛老师时时注意并适当地设置一些悬念，激发学生的学习欲望，吸引学生的注意力。这种做法值得其他教师学习与借鉴。

2. 设计悬念，延伸知识

《少年闰土》向读者展现了一个机智勇敢、聪明能干而又知识丰富的农村少年。它节选自鲁迅的小说《故乡》，如何引导学生去完整地阅读《故乡》，体会《故乡》真正的思想呢？安徽省安庆市大观区海口中心学校的汪东义老师在教完该课时，是这样结课的：

师：少年时代的闰土健康活泼、聪明能干、知识丰富，给我们留下了深刻的印象。30年过去了，“我”又和闰土见面了。同学们，你们现在能想象得出这时的闰土是什么样的吗？

（学生经过一番思索后开始发言）

生：我想30年后的闰土应该是黑黑的脸，身体高大健壮，头戴一顶旧毡帽，显得很酷。

师：能说说你的理由吗？

生：闰土长年累月地在外边劳动，风吹日晒，皮肤肯定是黝黑黝黑的，加上经常干体力活，所以他的身体一定很强壮，显得很酷。

师：很好！其他同学还有什么看法吗？

生：我想，那时候的闰土应该是这样：那紫色的圆脸一定变成红润润的了，也不那么害羞了，见到人总是打招呼，日子也过得不错。

师：你为什么这样想呢？有什么依据吗？

生：因为他家种的西瓜非常好吃，他子承父业，成了一个种瓜专业户，肯定攒了不少钱。

（该生的解释引起其他学生大笑）

师：你想象力非常丰富。还有谁要发言？

生：我想，到那时闰土已经是一个成熟稳重的男子汉了。他还是那样知识丰富，肯定还会讲非常精彩的见闻给“我”听。

师：同学们想得都很好，但是，请大家看看这幅画。

（教师出示中年闰土的图像，同时配乐朗读有关中年闰土肖像描写的那段话）

学生听着朗读，看着中年闰土那一脸憔悴、懦弱、麻木时，一片哗然。

有的学生甚至喃喃自语道：“怎么会是这样的呢？这就是那个曾经见多识广、充满活力的闰土吗？”

师：同学们，也许大家都感到惊讶，但这的确是30年后“我”所见到的闰土的样子。那么，为什么会这样呢？课后请大家仔细去阅读鲁迅先生的作品《故乡》，你们将会从中找到答案。

“学贵存疑”，有疑是学生进行探究活动的动力。一堂课只是整个教学内容体系中的一小部分，把一节课的结尾作为学生学习新知的延续，有利于学生运用已有的知识去探求新的知识，形成积极的学习迁移。

案例中，汪老师先让学生想象中年闰土的形象，然后引导学生阅读鲁迅先生的小说《故乡》。这不但激发了学生探究的兴趣，还使得学生的探究自然由课内延伸到课外。

悬念课堂，给学生留下需进一步探究的悬念。这样，学生的学习意识才会持久强烈，才更有助于培养探究精神。

教材是一种重要的课程资源，但它不是唯一的。《少年闰土》一课虽完而探究未完，由课内向课外适度延伸有利于激励学生进一步阅读探究，真正体现“课内外沟通、学科间融合、扩大阅读面”的大语文教育观。好的课堂需要教师像汪老师那样积极设置悬念，引导学生去利用课外学习资源，用课外书籍中获得的知识巩固课堂所学。

（三）悬念课堂的实施策略

悬念是由未知通向已知的一道神奇的“门”，打开这道“门”豁然开朗之时，不知不觉悬念已解。于是，一切就淡了；但是，“门”未开时，扑朔迷离，揣测连绵，人人都急切地想知道答案。课堂中，教师如能巧设悬念，必会起到事半功倍的作用。但悬念的设置绝非随意而为，其本身是一门艺术，必须讲究合理性、技巧性。那么，课堂上，教师如何设置悬念呢？

1. 在课始设置悬念，引导学生入境

授课伊始，设置悬念，能使学生很快进入最佳的学习状态，同时激发学生强烈的求知欲，使之全神贯注于本节课的课堂活动之中。常用的方法有两种：

（1）以生活设疑。学生对日常生活中的一些现象，往往只知其然，而不知其所以然，以这些知识设疑，能使学生在强烈的好奇心中持续展开探究。

（2）以实验设疑。实验能以鲜明、生动、直观的现象与意想不到的效果有效地激发学生的兴趣，使他们产生探究动机。

2. **在重点处设置悬念，启发学生的思维**

在重点处恰当设置悬念对于教学目标的实现极为关键。教师平铺直叙的讲课方式容易分散学生的注意力，不利于学生积极思考。因此，教师可以将教材重点，有计划地设计成一系列问题，引导学生积极探究，发表看法，从而获得比较完整深刻的认识。

3. **在难点处设置悬念，为学生搭桥**

教材中的一些内容由于难度较大，直接讲述不易理解。此时，教师可采取架梯搭桥的办法，设计一些阶梯式思考题，让学生通过一段时间的思考后，找到答案，茅塞顿开。

4. **在新旧知识链接处设置悬念**

教材的前后章节之间往往体现了知识的内在联系，如果教师不揭示出来，就可能使学生“只见树木，不见森林”，知识体系难以形成。教师可在各知识点的衔接处设疑，提醒学生注意，自然过渡到下一个知识点的学习。

“氧气”一课中“氧化反应”这一概念的定义是“物质与氧发生的反应”，而学生看到的例子都是物质跟氧气的反应，便很可能误认为氧就是氧气。某教师就向学生强调“氧不是氧气，为什么呢”，由于学生所学知识有限，教师只需先强调而不必过多解释，让学生带着疑问继续学习。

5. **在无疑处设置悬念，使学生深化理解**

课本中，一些知识貌似简单但蕴涵着丰富的智力发展因素，教师应善于从教材中挖掘这些在学生看来不成问题的问题，拓展他们的探究空间。

6. **在结尾处设置悬念，埋下伏笔**

一堂好课应言已尽而意无穷。教师可于结尾处，根据知识的系统性，承上启下地提出新的问题，延伸学生的探究欲望，为下节课的学习埋下伏笔。

设置悬念课堂，教师应注重合理性，讲究策略，力求做到条理分明、语言精练、清晰度高、针对性强。这样的悬念才能激起学生思维的浪花，荡起学生智慧的涟漪，让学生产生克服困难、探求新知识和解决问题的愿望和动力。

赞科夫说：“教学法一旦触及学生的情绪和意志领域，触及学生的精神需要，这种教学法就能发挥高度有效的作用。”课堂中，教师应适时、熟练地设置悬念，运用其提升自己课堂的艺术性，使课堂真正成为学生喜欢的地方。

让学生获得赏识的课堂

（一）利用赏识让学生产生满足感

一天，理发店的徒弟给一位顾客理完发，顾客照照镜子说："头发留得太长了。"徒弟不知道如何对答。师傅在一旁笑着解释："长发使您显得含蓄，这叫深藏不露。"顾客高兴而去。

第二天，徒弟给另一位顾客理完发，顾客照照镜子说："头发剪得太短了。"徒弟又不知如何对答。师傅笑着解释："头发短使您显得精神、朴实、厚道。"顾客听了欣喜而去。

第三天，徒弟给第三位顾客理完发，顾客说："时间花得太长了。"徒弟无言。师傅笑着说："为'首脑'多花点时间很有必要，您没听说'进门苍头秀士，出门白面书生'?"顾客大笑而去。

第四天，徒弟给第四位顾客理完发，顾客有些不高兴地说："20分钟就解决问题，太快了吧。"徒弟不知所措。师傅抢答说："如今时间就是金钱，'顶上功夫'速战速决，为您赢得了时间和金钱。"顾客欢笑告辞。

晚上打烊，徒弟怯怯地问师傅："我没一回做对过，您还每次替我说话，您说说这里的道理。"师傅宽厚地笑道："每一件事都包含了两重性，有对有错，有利有弊。我之所以替你打圆场，原因有二：对顾客来说，是讨他喜欢，因为谁都爱听吉言；对你而言，既是鼓励又是鞭策，万事开头难，我希望你以后把活儿做得更加漂亮。"徒弟很受感动。

从此，徒弟越发刻苦学艺，技艺日益精湛。理发店的生意也越来越红火。

这个事例说明赏识对一个人成才的重要性。赏识指对一个人的言行、举止、所作所为予以肯定、表扬和鼓励，从而激发他的自信心，调动他的积极性。赏识的本质是爱。

威廉·詹姆斯说：“人类最深刻的愿望是被赏识。”爱听好话，这是人的正常心理。获得他人和社会的认可，这是人的正常需要。在生活上，在工作中，我们都希望受到别人的称赞，得到别人的肯定。例如，当我们加班加点，拼命工作后，虽然很累，但能得到领导的一句表扬或者同事的一句称赞，心里就十分满足了。大人尚且需要赏识，更何况未成年的学生呢？他们更希望得到教师和同学的认可、表扬和鼓励。

1. **赏识教育的内容**

注重赏识的课堂的奥秘在于让学生觉醒，让他们坚信自己是有能力的，从而激发他们对学习的兴趣，挖掘他们的潜能，让他们成为一个自信有为的人。赏识教育的内容可以用 20 个字表示：走近生命、发现潜能、唤起自信、善待差异、引导自选。

(1) 走近生命

“走近生命”强调教师要克服教育的“目中有分”“目中无人”的倾向，真正做到以人为本。教育的终极目标绝不能仅仅是分数意义上的“成绩”，也不能仅仅是功利意义上的“成功”，而应当是幸福意义上的“成长”。生命是学生自己的，教师不要随便去打搅，但可以靠近他，可以了解他。这就是“走近生命”所要表达的意思，是对教育目标的一种思考、一种选择。

(2) 发现潜能

当教师真正“走近生命”以后，就一定会惊喜地“发现潜能”，发现每个学生身上都蕴藏着巨大的不可估量的潜能。学生的智能潜能和道德潜能是不可估量的，其发展所能达到的高度也是不可估量的，教师一定要强化这种认识。

(3) 唤起自信

如此巨大的潜能怎样才能把它开发出来呢？关键是要“唤起自信”。现在，一些教师在课堂上总是故意打击学生的自信。他们只是关注成绩前几名的学生，关注拔尖的学生，对那些考得不好的学生不闻不问。久而久之，这些学生的自信心受到伤害，就会产生自卑的心理。将来，如果学生带着这样的心理走向社会，将会对他们的发展不利。

课堂上提倡赏识，正是从不歧视每一个学生、相信每一个学生出发，唤起学生的自信。

（4）善待差异

教育必须要解决怎样让每一个学生都拥有自信这个问题。在课堂教学改革中，有的教师取消了按分数排名次的做法，有的教师取消了百分制，采用等级制，但这些做法总是治标不治本。追其根源，是教师没有“善待差异”。

每一个学生的个性、习惯、爱好等都不一样，教师要“善待差异”，要给学生更多的衡量尺度，甚至还要专门为某些学生量身定做一些特定的尺度，从而让每一个学生找到成功感，找到自豪感，“昂起头来做人”。

（5）引导自选

为每一个学生找到成功感，找到自豪感，为他们创设特殊的评价机制，是赏识课堂对教师的要求。真正的“善待差异”是“引导自选”，即引导学生对于学习内容、进度、方式进行自主选择。

学生自己选择的东西哪怕是苦的，也会乐此不疲。所以，课堂中的赏识教学最终要落实在学生自主选择的学习机制上，教师只起引导的作用。

2. 赏识教育的意义

在课堂上，教师用赏识的眼光看待学生，对学生进行积极的评价和引导，必然会引起学生对自我优点和长处的再认识，有利于学生消除自卑心理，增加自信心，并体现出积极的行为改变。具体来说，这种积极的作用主要体现在以下几个方面：

（1）激发学生的自信心

注重赏识的课堂关注学生的优点和长处，给予学生更多的是赞许和鼓励，包含着积极的期待和暗示。在这样的课堂上，学生不再害怕教师，自信心增强，从而振奋精神，积极迎接和面对各种挑战。

（2）鼓励学生的成就动机

成就动机是人对自己认为重要的或有价值的工作力求去做并尽力做好的心理倾向。成就是相对的，但一个人追求的目标越高，得以发掘的潜力就越大，进步就越快。成就动机强的人勇于迎接挑战，并能竭尽全力追求成功。能力相近的人，成就动机高的人一般比成就动机低的人更能取得大的成就。自信心的增强往往伴随着成就动机的激发。自信心对于学生来说至关重要。

（3）增进学生的抱负水平

抱负水平，是指个体从事某种实际工作之前估计自己能达到的成就目标的心理倾向。注重赏识的课堂给学生提供了自我肯定的空间，学生因此会提高抱负水平，确立更高的人生目标。

（4）有助于学生产生积极的行为改变

学生有向上的心理需求。当教师赏识学生时，学生的这种心理需求就会被有效推动，从而促使他们以积极的态度投身到学习中，规范自己的行为，使自身获得进步并取得一定的成绩。

列夫·托尔斯泰说：“称赞不但对人的感情，而且对人的理智也起着巨大的作用。”如果沉浸在赏识中，学生就能够扬起自信的风帆，能够享受成功的喜悦，能够创造奇迹。

（二）利用赏识促进学生自信、上进

“好孩子是夸出来的”，山东省德州市陵县城关中学的刘书静老师对此坚信不疑，并在课堂教学过程中始终用赏识的眼光看待学生，竭力展现学生身上的闪光点。

（1）用表扬树立学生的自信。小强性格内向、自卑，很少与同学接触，字也写得斜斜歪歪、马马虎虎。刘老师留心观察了他一段时间，发现他英语发音很准确，课文读出来很好听。

“小强的发音好棒呀！”在一次课堂朗读后，刘老师赞叹。

以后，每次上课时，刘老师总有意叫小强起来读单词，读课文。每次小强读后，刘老师立即大加赞赏：“大家听听小强拼读的单词多标准，课文也读得流利，希望大家多向他学习，让我们一起为他加油喝彩吧！”

下面立刻响起一片掌声。

小强感到了成功的喜悦，逐渐有了自信心，慢慢抬起了头。

一段时间过后，小强在课后与同学有说有笑，每次见到刘老师总是礼貌地说一句：“老师好！”不仅如此，小强在课上也表现得越来越活跃，态度也端正、认真了。

刘老师看到时机成熟，便在一次作业批改后，给了他一张留言卡，上面写下这样一行字：“老师很高兴认识了你，也很赏识你的聪明，如果你的字再规范一些，相信不久的将来，你一定会成为老师的骄傲。”

果然，在第二天的作业中，小强的字便比以前漂亮多了。

小强继续努力，一次比一次用心。现在，他的作业每次都能得到一个名副其实的“good”。

此后，小强变得越来越开朗，刘老师依然适时提问他、表扬他、鼓励他。每次看到他脸上灿烂的笑容，刘老师的心里也总是暖暖的。

(2) 让学差生享受成功的喜悦。小蒙是英语方面的“差生”，对英语课产生了厌学情绪。为了让小蒙喜欢上英语，找到“行”的感觉，刘老师把他叫到办公室，说要给他补课。小蒙来后，刘老师按由易到难给他出了五道题，结果他只做对了一道。

刘老师心里虽然着急，但脸上却表现出惊喜的表情说：“太好了，这么难的题你竟然做对了一道，你真棒!”

小蒙不好意思地咧嘴笑了。

接着，刘老师把其中一道难做的题给小蒙讲了一遍，然后，摸了摸他的头，向他竖起大拇指，说：“老师相信你一定行!”

小蒙心领神会，拿起笔又去做其他三道题。

在自己的努力和刘老师的指导下，小蒙把剩下的三道题都做完了。

第二天的英语课上举行竞赛。当卷子发下后，小蒙发现卷子上的题就是刘老师昨天给他补课的那几道题。小蒙抬头看了看刘老师，刘老师微笑着向他点点头。几分钟后，小蒙第一个冲到老师面前，刘老师高声喊道：“小蒙第一!”

同学们的脸上都露出了钦佩的笑容，为小蒙的成功而热烈鼓掌。这时，小蒙的脸上露出了从未有过的自豪和喜悦。

(3) 鼓励学生成为“卢瑟福”。在一次习题讲评课中，刘老师无意搞错了一道题的答案。刘老师刚讲完答案，有个学生马上站起来说：“老师，您的解答有错误!”听到自己的解答有错误，刘老师虽然觉得有点尴尬，但还是微微一笑，真诚地请学生指出自己错在哪里。

明白了自己的错误，刘老师并没感觉教师的尊严和威信下降了多少，也没因“老师还不如学生”而羞怒，而是幽默地对那位学生说：“你说得很对!看来，真理确实掌握在同学们的手中啊!”

接着，刘老师赞赏地说：“这位同学的言行虽然是对我的批评，但是表现出了他对知识的渴求、对真理的探索。这种精神和行为是值得我们学习的。”

刘老师还讲了一个故事：“最初，原子结构的模型是汤姆生提出来的，可是后来，他的学生卢瑟福却通过大量实验发现，汤姆生提出的那种模型不符合实际情况，于是就否定了老师的假说，提出了一个新的原子结构模型。虽然我不是现代的汤姆生，但是我却敢肯定地说这位学生就是现代的卢瑟福!”

最后，刘老师告诫大家：“大家在以后的学习中，千万不要迷信老师、迷信教材、迷信权威，而应该相信科学、相信真理，并且敢于提出自己的见解。那时，你们就能培养出自己的创新精神和实践能力，全部成为新时代的卢瑟福了。”

受到刘老师的激励，全班学生非常感动，更加喜欢上刘老师的课了。

(4) 曲线批评，坦诚赞扬。刘老师在课堂上进行作业评定时，对学生不能掌握或做错的题，绝对不用红笔打一个刺眼的“×”。刘老师一般用圈、点、“∽”线来代替，然后在上面写上激励性的语言：“Be careful，please!”“Study hard please!” “I hope you make few mistakes.” “I think you can study English well because you are very clever!”“Think hard and I'm sure you can do well.”另外，对于写得好的学生，刘老师便会打上：“Good!”“Better!”“Best!”“Your handwriting is so beautiful，I'm proud of you!”“Come on.”“You're so great! Tsinghua is waiting for you!”对于字迹潦草的学生，刘老师便会打一个“龙飞凤舞”。每每看到这几个字，学生便会领会其中的含义，下次一定会工工整整地写，认认真真地做。

……

赏识从本质上说就是一种激励。威廉·詹姆斯发现，一个没有得到过激励的人仅能发挥其能力的很小部分，而当他获得激励后，其能力是激励前的数倍。由此可见，在学生的学习过程中，激励至关重要，任何学生都需要不断激励。

适当、合理的激励，能使学生心情愉悦，产生学习的欲望。案例中，刘老师运用鼓励性、表扬性的语言消除了学生的自卑心理，如小强由低头到抬头的变化；使学生享受到了成功的喜悦，如小蒙由对英语一窍不通到得到同学的钦佩；激发了学生探究的欲望，如学生敢于指出教师的错误；提高了学生自主学习的能力，如学生对“龙飞凤舞”的笔迹的改正。在刘老师朴实、坦率的语言激励下，学生感受到了刘老师的亲切、善良和真诚，乐意接受老师的批评、指导，并积极改正，从而使教学氛围和谐，教学效果显著。

处在学习过程中的学生就像半杯水，在有的教师眼里“一半是空的”，而在优秀的教师眼里，却总是看到“一半是满的”。前者否定，后者肯定，哪种会对学生产生积极作用呢？当然是后者。所以，教师应坚持赏识理念，对学生良好的表现要给予积极的、肯定的评价，让学生不断体验成功，以愉悦的态度继续课堂学习；对学生存在的问题要在发现其优点的基础上，客观地指出其不足与问题，让学生保持良好的学习状态。

有时教师无意间的一句赞赏，就有可能改变一个学生。教师应用赏识为学生播下梦的种子，激发他们的学习动机和热情，让他们仿佛走进春天，心中充满温暖，充满希望。

（三）赏识课堂的实施策略

陶行知说：“你的教鞭下有瓦特，你的冷眼中有牛顿，你的讥笑中有爱迪生，教师技巧的全部奥秘，就在于如何赏识学生，特别是对那些看似不起眼的学生，不能嫌弃他们、讨厌他们，而是要小心翼翼地保护他们那颗脆弱的自尊心，逐渐培养他们自信心。”每一个学生都是人才，其是否能成才，关键看教师有没有赏识的眼光。那么教师如何才能具备赏识的眼光呢？

1. **充分相信每一个学生**

每个学生的内心深处都有一个渴望，那就是渴望表现自己，渴望得到教师的认可和同学的喝彩。

在注重赏识的课堂上，教师应抓住学生渴望被关注、被重视的心理，多运用激励性的语言，带给学生更多的自信和动力，带给他们战胜困难的勇气和决心。尤其是对学习成绩差的学生，教师应尽力找到他们身上的亮点，给予他们充分的信任，为他们提供展示自己亮点的机会，并适时给予鼓励，让他们将这种体验转移到他们的学习和生活的弱项上来，获得全面发展。

例如，语文课堂上，对于朗读好的学生，教师可以这样评价：“读得真不错！听得出你是将自己的理解读出来了！”“听你的朗读真是一种享受！”“这个句子你读得多好呀！请你再读一遍，让大家仔细听听！”“老师听了你的朗读都被感动了！”当听到教师准确生动的激励性评价语言，学生的探究兴趣和情感体验就会被激发，从而真正认识到“我能行”。

教师不要吝惜自己赏识性的语言，要多鼓励，多表扬，多给学生机会，让学生尝试、品味成功带给他们的快乐，帮助他们消除自卑心理，让他们重新树立起自信心，热爱学习，热爱生活。

2. **宽容、善待每一个学生**

宽容是一种教育艺术。教师在课堂上没有厉声的训斥，没有唠叨的说教，有的是灿烂的微笑、亲切的话语，这样可以使学生的心灵得到触动，错误得以改正。

教师的宽容，可以缓和师生之间的紧张关系，使学生的逆反心理得到转变，防止学生产生抵触情绪，使“严”收到最佳的效果。倘若教师建立起一种全新的观念，以宽容大度作为自己的工作艺术，用生命的激情去塑造另一个美好的生命，就必将会得到学生的敬佩和爱戴，也会让注重赏识的课堂取得更好的效果。

3. **注重因材施教**

没有任何一种教学技法能够适用于每一个学生。在注重赏识的课堂上，教师应掌握学生的身心发展规律，注重学生的个性差异，深入了解每个学生的个性特征、生活背景、学习习惯等方面的差异，依据他们各自的特点因材施教，采取有针对性的赏识策略。

例如，对于那些性格内向、不自信的学生，教师可以对其适当地当众予以赏识，加以鼓励，用教师的关爱和班集体的力量加强其自信心；对于那些成绩优秀、容易骄傲的学生，教师则要赏识有度，必要时还可以适当地给以批评教育。

4. **评价目标要多元化**

全面提高学生的综合素质已成为广大教育工作者的共识。现代社会需要的不再是高分低能仅有知识的人，而是既有知识又能够将知识转化为生产力的复合型人才。教师需要有一双善于捕捉学生身上闪光点的敏锐的眼睛，不断赏识学生的优点和长处，让学生有一种被认可、受重视的感觉，以强化他们的成就动机，使他们养成良好的行为习惯，树立起自信心。在赏识的过程中，教师还应给学生自由的发展空间，因势利导，多角度评价，切莫强求一致。

5. **适度赏识**

对学生而言，一味的表扬起到的鼓励作用十分有限，尤其是教师在课堂上不假思索、脱口而出的随意性的表扬，不仅不能对学生产生积极的引导，反而会导致学生形成浅尝辄止和随意应付的学习态度。

课堂教学中，教师应该关注学生在学习中表现出来的情感和态度，帮助他们认识自我，树立信心，尤其是在学生智慧的火花闪现时，教师要给予充分肯定，但是，赞赏也应该有个“度”，千万不可滥用，如果只要学生一发言就说“棒极了”“真聪明”，这样的赞赏就会失去应有的价值和意义。

廉价的嘉奖会让学生产生一种惰性和依赖性，这种夸奖越多，他们就越依赖于教师的选择来决定什么是对什么是错，而不是形成自己的判断，从而会导致学生对知识和是非判断标准的掌握变得模糊和混乱。

儿童教育专家玛莉琳·古特曼认为，那些小时候经常毫不费力就能受到父母和老师廉价表扬的孩子，他们步入社会后在遇到很多的失望和挫折时，其心里感觉与现实的巨大落差会成为他们人生道路上的巨大障碍，与此同时也会因为早期缺少必要的挫折教育而使他们缺乏应付社会上是是非非的心理承受力，反而更加重他们的挫折感。

可见，过度肤浅的表扬，必然会滑向溺爱的沼泽，对学生有百害无一益，结果会害了学生。在赏识课堂中，教师要会利用赏识，着眼于学生的劳动和努力，且要有深度和力度，绝不能停留在那种肤浅而简单的表扬上。

6. **赏识与批评相结合**

赏识不等同于表扬。注重赏识的课堂主张对学生多肯定、多激励、少批评，但不等于学生犯了错误不去批评，依然不断地赏识。赏识的实质是承认差异，尊重差异。对有错误行为的学生，教师更要及时指出错误，帮助分析产生错误的原因，并根据学生的特点讲道理、讲危害，动之以情，晓之以理，进行教育和引导。

所以，赏识不等于纵容，但可以宽容，允许学生有失误，帮他们分析，充分信任他们会改进，保持他们的自信，维护他们的自尊。

一味地抱怨指责学生，只能让学生失去自信心，难以激起学生成长的潜力，甚至使学生产生抵触情绪。英国教育思想家洛克说过，教育上的错误和配错了药一样，第一次弄错了绝不能用第二次、第三次去补救，它对学生的影响可能是终生的。

在课堂教学中，教师应善于赏识学生，不仅要善于发现学生的优点和长处，为学生设置恰当的前进目标，以保持学生的自信心，也要善于发现学生的每一点进步，加以肯定，加以强化，让学生相信“我能行”，并让这种自信心成为一种定式，成为学生前进道路上的强大动力。

注重细节的课堂

（一）教育无小事，细节见功夫

一家大公司招聘新人，已经淘汰了好几批参加面试的人选。这时无论是面试者还是被面试者都感到了几分紧张。

这时，一位年轻人走进了面试办公室。他在门口看到一张小纸片，出于习惯，他弯下腰捡起纸片并顺手把它扔到了垃圾筒。

面试过后，主持面试的该公司总裁叫这位年轻人留下来，他告诉年轻人可以马上到公司参加培训，等培训合格后就可以正式上班了。

年轻人自己都有些不敢相信，因为他知道在这次招聘过程中进入面试这一关的都是精英，而且据他观察，其中有不少人的能力水平都在他之上。

总裁似乎知道年轻人的疑惑，笑着答道："这正是我找你谈话的原因，你的能力水平确实不是所有应聘者中最好的，但是只有你在面试时通过了一项最关键的考验——门口的那张小纸片是我故意叫人放在那里的。"

这位年轻人是幸运的，他的幸运不仅在于自己遇到了慧眼识英才的总裁，更在于他有对每一件小事都不疏忽的认真精神。

戴维·帕卡德说："小事成就大事，细节成就完美。"成功就是由一件又一件小事、一个又一个细节积累而成的。如果能把握住这些细节，人们就能获得成功；如果不注重细节的积累而只想一举成功，那实在是白日做梦。

教师的教学也是一样，应注意课堂细节，并精心打造一个属于自己的细节课堂。课堂细节究竟是什么？它是指发生在课堂教学过程中的充满思辨与灵性的课堂场景。它是教师的一种关注、一种体察、一种创意，充盈着灵动的智慧，洋溢着人性的光辉。它是教师教育观念的一种流露、教学风格的一种表达、教育功力的一种表现。它看似平常，却蕴涵智慧；看似简单，却孕育深刻。

关注细节，其实就是关注新课程理念能否落实到位，就是关注教学行为能否符合新课程的要求。关注细节是追求教学的合理化、智慧化、精确化，是教学达到一定境界后的品位与追求。

课堂正是有了这样灵动的细节，教学才会那样充实饱满，那样激情跌宕。教师把握住了细节，便留住了一份精彩，营造了一份美丽，那是一种心灵奔放的美、一种生命律动的美，也正是这种美让细节课堂成为最受学生欢迎的课堂之一。

1. 对细节课堂的理解

细节课堂主要说的是教学细节，它形成于特定的教学情境之中，表现为多样的格式和复杂的结构，具有独立的教学价值和意义。

“外显”表明细节是看得见、摸得着的东西，可能是对学生困难时的帮助、迷茫时的指点、失败时的鼓励、成功时的共享、出错时的包容，也可能是不闻不问、视而不见、漠然处之……

（1）教学细节是教学行为的最小单位

教学细节是构成教学行为的最小单位，是教学行为的微观分解，是教师在教学过程中，围绕教学所发出的一系列连续不断的行为中的具体行为。

（2）教学细节是外显的

教学细节是外显的，是可以从外部进行观察的教学行为或教学行为的组合。它是看得见、听得到、摸得着的东西，可能是教师的一句话、一个动作、一种表情，可能是师生之间互动的行为组合，也可以是特定情境中学生对教学的一种重要的行为反应。它不是教师和学生抽象的、内隐的思维活动和内部情感，而是这种内部东西的外显化、具体化和操作化。建立在外显性和可观察性基础上的教学细节，是教学信息输出和输入的重要信息反馈途径，学生通过观察教师的行为细节做出相应的学习行为，教师也通过观察学生的行为细节采取相应的教学措施。这样，教学细节便成为特定情境中的有效教学依据，具有重要的教学意义和价值。

（3）教学细节具有多样的表现形式和复杂的结构

教学细节具有的多样的表现形式和复杂的结构包括：①由教师自身做出的，不需要学生做出明确配合和行为反应的单个教学行为，如教师有意识的穿着、表情、动作和语言等。②由教师与学生之间所形成的一种互动、反应和连续行为。③学生按照教师的要求和教学指令延后做出的相应行为反应。

2. 细节课堂的特征

(1) 情境性

这种情境是宏观的教育文化传统、中观的学校教育文化、微观的特定的教学过程三者的相互结合，起决定作用的是特定教学过程中的微观情境。它是教师面对特定的教学对象，面对已有的教学进程，面对已经形成的心理氛围，审时度势，为推进教学、完成特定的教学任务而采取的教学行为。

例如，当课堂中学生的讨论开始偏离主题时，教师可以引导学生回到主题上进行讨论，可以放任学生继续讨论下去，也可以果断地结束学生的讨论。无论采取哪种措施，都取决于当时的情境和教师的决断，这种决断体现了教师的教学理念、控制和驾驭课堂教学的能力及经验等。

(2) 指示性

指示性，首先要求课堂细节具有“确定性”，如教师的微笑代表着赞许和鼓励，这些行为和细节是确定的，学生绝不会搞错。如果教学细节失去了确定性，也就失去了被识别的可能性，学生无法做出相应的行为反应。

其次要求课堂细节具有“喻行性”，即在确定性的基础上或明或暗地指示出应该做什么或如何做。例如，将教材上的一段文字投影出来，请学生朗读，这一细节实际上暗示学生这一段很重要，需要全面准确地理解，甚至需要背诵出来。

第三，有些课堂细节位于教学节点，具有“标记性”，标记着一个教学阶段的结束，进入了下一个教学阶段，发挥着承上启下的作用。这就要求教师应尽可能减少教学中的随意行为，坚决杜绝教学的盲目性。

(3) 教育性

教育性指的是具有较高的教育教学价值和意义。成功的课堂细节体现着先进的教育理念，符合学生心理发展的基本规律，符合教育教学的基本规律；成功的课堂细节总是体现着教师的人文关怀，体现着对学生的尊重、信任和理解，体现着教师的教学技巧、教学智慧和教学艺术。

3. 实施细节课堂的意义

(1) 是提高教学质量的有效途径

只要态度认真，教师就可以把各个教学环节正确落实，但是，如果想要把教学工作做细、做好，则必须潜心钻研，用心做事。

教师把握课堂细节的能力是在长期的教学实践中经过日积月累，通过不断地分析、比较、归纳、总结和修正而逐步形成的。它是一位教师教学经验的总结和心血的结晶，是教师的各种教学技能、技巧与各种不同的教学内容和不同的教学对象有机结合的产物，是创新的源泉和动力。

如果教师对课堂细节把握得很准确，对教学内容选材很精当，取舍很合理，重点很突出，那么，教师讲课就会从容不迫，学生听课便会轻松愉快，教学质量自然有所提高。

（2）是提高学生学习效率的重要途径

课堂是学生学习书本知识的重要场所，要提高学生的学习效率，必须提高课堂45分钟的教学质量。在教学工作中，教师只有认真钻研教材教法，才能够精心设计好每节课的教学细节，让学生的学习效率大大提高。

4. **细节课堂应遵循的原则**

（1）教材处理原则

教材是教学的根本，课程标准是教学的准绳。教材内容的处理应该在认真钻研教材和教学大纲的基础上，遵循循序渐进、科学性、可接受性和因材施教等教学原则而进行。

在教学内容的组织和安排上，教师要力求准确把握课本中知识体系的科学性和系统性，并且结合学生的学情，做到既忠实于教材，又不墨守成规、照本宣科。

（2）教法设计原则

在教法的设计上，教师应遵循因材施教、循序渐进、直观性、可接受性、理论联系实际等教学原则。

现代教育理论认为，教学活动是教和学的互相促进的活动。课堂教学的任务不单纯是传授知识，更重要的是传授学习的技巧和方法，提升学生的综合能力。所以，教师要兼顾各个层次的学生，充分体现学生的主动探索精神，体现服务意识。

在教学活动中，教师应注意引导学生开展自主性学习和探究性学习，努力培养学生的自学能力和创新意识，培养他们发现问题、提出问题、分析问题和解决问题的能力。教师还应充分调动学生的学习热情，鼓励他们树立远大理想，让他们主动参与教学，做学习的主人。

(3) 学法指导原则

学法指导的依据是学科的特点和学生的学力。教师应充分调动学生的学习积极性，努力培养学生的创新意识和理论联系实际的能力，培养学生动手动脑的学习习惯和办事一丝不苟的优良作风。

(二) 追求细节课的合理化、智慧化

以下几个教学案例片段展现了细节课堂的魅力：

1. 预设细节

一次观摩课上，某教师在教学《陶罐与铁罐》时独辟蹊径，老课新上。

一开始，教师让学生初读课文，扫除字词障碍，并用课件播放了一段陶罐与铁罐争吵的动画。

师：从刚才陶罐与铁罐的对话中，你感受到了什么？

学生积极谈感受，并交流。

师：现在让我们也摇身一变，变、变、变，现在你们也是国王御厨里的一个罐子，你将怎样读这段对话？

学生在情境体验中一次又一次地品读陶罐与铁罐的对话争吵。在课堂总结延伸时，这位老师设计了这样一个环节：

师：告诉你们一个好消息，《陶罐与铁罐》拍成了动画片，已经进入后期制作了，现在正在招聘配音演员呢，你们想来试试吗？

再次播放那段动画课件，让学生配音。

学生在教师创设的童话情境中入情入境地读课文，学生的情感在一次次朗读中流淌、升华。学生小手高举，两眼放光，课堂上充盈着生成、创造的灵动之美，同时也让人惊羡于这位教师精心的课堂预设。

2. 关注细节

某教师在教学《啄木鸟和大树》时，有学生说："大树拒绝啄木鸟给它治病，把啄木鸟赶跑了，这虽然不对，但啄木鸟也不应该到大树快枯死了，都不再去看望大树，应该再做做劝说工作。大树在病重时，也许会认识到自己不对，接受啄木鸟的治疗呢！"

这个意见很有道理，教师便抓住这个可贵的教学契机说："是啊，原来的故事中是有啄木鸟又一次上门劝说的，可是因为故事太长，课文没有编进去，现在我们来当小编辑，把这部分编进去，怎么样？"

学生兴致勃勃地续编了啄木鸟二劝大树、三劝大树的故事。在这种动态的阅读过程中，既遵循文本，又超越了文本，培养了学生的创新思维。

3. 巧用"误点"

在教学《赤壁之战》时，学生把"船帆"读成了"帆船"，于是某教师便抓住这个教学契机——指名让学生读："这一天，东南风很急，江面上波浪滔天。曹操正在船头迎风眺望，忽然有个兵士报告说：'江南隐隐约约有些帆船，趁着东南风向北岸出来。'曹操定睛一看，果然有一队帆船直向北岸驶来……"

生：他把"江南隐隐约约有些船帆"这句中的"船帆"读成了"帆船"。

师：你听得真仔细。

生：老师，为什么兵士报告说"船帆"，而曹操看见的是"帆船"呢？

师：是呀，你们想想看。同桌可以讨论讨论。

生：我想"船帆"与"帆船"侧重点不同。"船帆"侧重于"帆"，"帆船"侧重于船。

生：兵士看时一定是离得很远，只能隐隐约约看到船上的船帆，而曹操看时，他看到了带帆的船，说明船离得很近了。

生：可以这样设想，曹操站在船头迎风眺望，他向远处看，一定没看到什么，可见东吴的船还没有出现。忽然兵士来报，也只是隐隐约约看到了船帆，可见东吴的船在水天相接处刚出现，可是当曹操定睛一看，已经清楚地看到了一队帆船，可见东吴的船速度太快了。

生：老师，我接在他后面加上一句：可见东南风很急。

师：同学们分析得很精彩，补充得更棒！这可是赤壁之战以少胜多的一个重要因素：东吴这一方很好地利用了"天时"——东南风。

生：老师，我想我绝不会再把"船帆"读成"帆船"了。

4. 点击"兴奋点"

老师在教学《五彩池》时，品读完第二小节，播放图片和录像让学生欣赏。

在一片惊叹声中，老师问学生："假如你来到藏龙山，你最想做的是什么？"

有的学生说，要拍一组最美的照片，带回来做永远的留念；有的说，要画一幅巨大的彩画，把鲜艳多彩的池水画下来；有的说要写一首诗歌，赞美五彩池……

忽然，有一个学生说："我最想做的就是脱下衣服，到五彩池里游泳。"

教室里先是一阵哄堂大笑，接着，其他学生马上附和起来，一个个都兴奋极了，说自己也想去游泳。

老师当时一怔，但很快就这样问道："面对这么绚丽多姿的景色，同学们产生了许多美好的愿望。好多愿望只要你去努力，都是可以实现的。可'游泳'这个愿望，有可能实现吗？请大家仔细阅读课文，再来发表意见，能或不能都要说明理由。"

学生认真看课文后，展开了一场小小的辩论。

生："我认为不能，因为五彩池小的比菜碟大不了多少，水浅得用手指就可以碰到底。"

生："有大的呀，'面积不足1亩，水深不到一丈'，我们小孩是可以游的。"

生："对，再说水来自同一溪流，又清又干净，在这样的水里游泳一定是一种享受。为什么不能游？"

生："不能游。水是很干净，但这么奇丽的自然风光，如果有人下去游泳，把水弄脏了，不就破坏了美景了吗？"

生："我也认为不能游。课文第三小节写着'池底生着许多石笋'，去游泳太危险了呀。"

最后一位学生的意见得到了大家的赞同。老师顺势引导学生学习第三小节，探究五彩池色彩变幻的原因。

5. 挑战"疑点"

在教学《一夜的工作》时，学生对"花生米并不多，可以数得清颗数，好像并没有因为今夜多了一个人而增加了分量"这句话产生了两种看法，一种看法是花生米增加了，另一种看法是花生米没增加。

教师及时抓住这个疑点并作了如下细节处理：一是通过去掉"好像"一词进行句子比较，二是通过"两杯绿茶"从情理上进行判断。

最后学生一致得出：花生米的数量增加了，只是周总理原来吃得更少，所以增加了也看不出来了。这一细节的分析让学生更加深刻地体会到周总理生活的简朴。

6. 在文本意蕴丰富处打造细节

在教学《惊弓之鸟》一文时，教师出示课文中的句子：更羸笑笑说：

“不是我本事大，是因为我知道，这是一只受过箭伤的鸟。”

师：更羸此时为什么“笑笑”？他在笑谁，为什么而笑？请同学们自己用心去读课文，看谁能读懂这里的“笑笑”。

学生很有兴趣地默读课文，思考。

生：更羸在笑魏王：魏王啊魏王，你也会这么大惊小怪，今天我就表现给你看看。

生：更羸先说不用箭就能把大雁“射”下来，魏王“信不过自己的耳朵”；当大雁被更羸“射”下后，魏王是“大吃一惊”；最后，更羸才把原因分析给魏王听。

生：我觉得更羸是为自己而笑：哈哈，想不到一点小小的奥妙就赢得了魏王的赞赏。这是得意的笑。

生：我认为更羸的笑不是得意忘形，而是胸有成竹的笑，从“只要一拉弓，就能把大雁射下来”可以看出更羸对这件事很有把握。

生：这是谦虚的一笑。虽然他很有把握，可他还是说：“我可以试一试。”所以他的笑不是哈哈大笑，而是淡淡地“笑笑”，谦虚地一笑。

生：我觉得更羸是在笑那只“惊弓之鸟”：大雁呀大雁，你虽然受过箭伤，但也太胆小了，听到弦响就被吓成这样了。不是我害了你，而是你自己害了自己呀。

……

教师对课文中小小的“笑笑”的处理，留给学生感悟的空间却这么大，让学生很自然地对整篇课文做整合思考，发现“笑笑”背后的丰富意蕴。

老子曾说过：“天下难事，必作于易；天下大事，必作于细。”它精辟地指出了想成就一番事业，必须从简单的事情做起，从细微之处入手。一心渴望伟大、追求伟大，伟大却了无踪影；甘于平淡，认真做好每个细节，伟大将不期而至。这就是细节的魅力。

注重细节是提升教学智慧的必经之路，而新课程的教学改革最终要在课堂教学的每个细节上实践和体现。重视细节，正是新课程教学改革的一个重要特点。

上述课例中的教学片段给我们展示了细节课堂的方方面面，让我们知道：关注细节，就是关注新课程的理念能否落实到位以及教学行为是否符合新课程的要求；关注细节，就是追求教学行为的合理化、智慧化，是具有品位的教学境界的体现。

(三) 细节课堂的实施策略

在实际教学过程中，教师该如何打造自己的细节课堂，并让其成为学生最受欢迎的课堂呢?

1. 注重在日常人文关怀中寻找细节

课堂上，教师是引导者，学生是学习主体。教学面对的是个性各异的学生，他们都渴望教师的关怀和激励。作为学生成长道路上的引领者，教师要用一颗敏感而细腻的心去关注学生，要让细节教育回归“生命关怀”的本质，触动学生的心灵，让灵动、智慧的人文光辉盈溢在课堂内外。

教师应真正树立“以人为本”的理念，处处注意维护学生的尊严、自尊心，时时在意学生的一举一动，这样，学生才能在轻松、愉快的氛围中充满自信地主动学习。精彩的细节课堂只有在民主和谐的教学氛围中才能产生，只有关注这些细节，给生命以关怀，整个课堂才会是温暖的、美妙的、精彩的。

2. 积极捕捉教学过程中的细节

苏霍姆林斯基说:“教育的技巧并不在于能预见到课的所有细节，而在于根据当时的具体情况，捕捉一些有价值的细节，巧妙地在学生不知不觉之中作出相应的调整和变动。”当“意外”出现时，教师不应置之不理，也不应简单化处理，将答案直接告诉学生，而应敏锐地捕捉“意外”，抓住教育时机，巧妙引导，将教学活动引向深入。

教学不是预设教案的机械执行，而是重新生成、不断组织的过程，使人性不断张扬、发展、提升的过程。在具体教学中，教师需要有一双“发现”的慧眼，善于捕捉有价值的细节，抓住教育时机，生成别样的精彩，使课堂焕发生命活力。

3. 在精心备课中把握细节

有些课堂细节表面上看似信手拈来，实质上却是教师的匠心独运、蓄意安排。它的背后是一种理念，一种思想。细节的设计源于教师对教材、学生、环境的深刻理解与把握，源于对各种教学资源的有效整合和利用。它既不是浅尝辄止的表面作秀，也不是为刻意追求精彩亮点而创设的应景之作，它是教师在对教材深刻理解和把握的基础上的巧妙创设。

备课是应对学生在课堂上学习和心理反应的准备，根本立足点在于备学生。备学生，教师既要考虑上课前学生不同的认知基础、能力水平、情感取向，更要预测学生在课堂上的学习情况和心理反应，这是成就细节课堂精彩的关键。

4. **在教学设计上重视细节**

在教学过程中，旧课复习、新课导入、课堂提问、板书设计、课堂讨论、教学效果评价与反馈等具体步骤都属于细节。关注这些细节，教师才能更好地研究如何设计更有效的教学。

例如，一位教师在讲授普希金的《假如生活欺骗了你》时，就巧妙地设计了“铺垫”的细节。在简单介绍了课文与作者之后，老师对学生说：“《假如生活欺骗了你》是什么样的小诗呢？让我们听听几位成年人对往事的回忆吧。14 岁那年我读到了《假如生活欺骗了你》，第一次读这首诗时我就知道，我不会忘了这首诗，它将成为我生活的一部分；我 17 岁时最喜欢的普希金的诗句是‘假如生活欺骗了你，不要悲伤，不要心急’。这首诗，已陪我度过许多难过的时刻。我喜欢这首诗，它让我体会到许多人生的哲理。这是第一首吸引我的诗，初中时读到的，很感动……我算是跟这首诗一起长大的吧。”

教师没有按照常规直接引导学生进入课文，而是独具匠心地插进了一些“读后感”，而这个特别的细节会立刻引起学生的兴趣，激发他们进一步学习的欲望。如果在教学过程中有更多这样的细节被关注、被实践，那么，教学一定是创新的、主动的、吸引人的，而不是被动的、灌输的。

“一沙一世界，一树一菩提。”细节决定成败。细节虽小，却能折射出教育的大理念、大智慧。美丽的课堂，呼唤细节来装点。

教师应该静下心来，去发现、研究课堂中的细节。教师只有敏锐地发现这些精彩的细节，耐心扣问，静静倾听，深入挖掘，有效生成，才会走进学生的心灵，促进学生的发展，从而，使自己的课堂走向艺术、走向深刻、走向成功。

温故知新的课堂

(一) 温故知新，把新旧知识巧妙融为一体

著名作家巴金的读书方法十分奇特，因为他是在没有书本的情况下进行的。

读书而无书的确算得天下一奇了，这到底是怎么回事呢?

巴金说：“我第一次住院治疗，每天午睡不到一小时，就下床坐在小沙发上，等候护士两点钟来量体温。我坐着，一动也不动，但并没有打瞌睡。我的脑子不肯休息。它在回忆我过去读过的一些书，一些作品，好像它想在我的记忆力完全衰退之前，保留下一点美好的东西。”

原来巴金的读书法就是静坐在那里回忆曾经读过的书，这实际上就是“温故而知新”。巴金通过回忆，将过去读过的书拿出来一点点地咀嚼，就像牛反刍一样，能进一步消化吸收。每回忆一次都会有新的理解、新的认识、新的收获。

巴金先生“温故”而“知新”，教师也可借此法融新旧知识为一体，让学生用已知知识去了解、解释和掌握未知知识，让他们在巩固旧知识的基础上学习新知识，从而形成系统化的知识结构。

温故知新是指在课堂上，当学生理解新知识有困难时，教师引导他们用学过的旧知识来理解新知识，通过新旧知识的联系，减少学生的困惑与挫折，提高学生听课的兴趣。

1. 温故知新课堂提出的背景

审视目前课堂，以下问题值得教师关注：

(1) 较少关注学生的学习起点

课堂较少关注学生的学习起点，包括知识起点和经验起点，跳跃大，使

学生学起来力不从心。从学生的认识规律看，知识的形成和掌握往往是在旧的知识基础上学习新知识，并使新旧知识相互融通，从而促进迁移，发展智力，形成能力。

（2）忽视必要的复习环节

课堂上，一些教师片面强调情境引入，往往一下子触及新知识，学生在没有旧知识的支撑下进行学习，显得措手不及，不利于掌握新知识。

（3）忽视知识的内在联系

中小学教学内容是前后有序又不断发展着的一个整体，一节课的内容往往是整体中的一个有机环节，但是少数教师却忽视了这一点，他们的课堂标新立异，不注重知识的内在联系，前后知识脱节，显得零乱无序。

新课程下，教师要克服以上问题，继承和创新传统课堂，“温故知新”便是行之有效的方法之一，在探索新知的过程中，引导学生加速新旧知识的联系，促成知识由无序向有序、由片段记忆向整体记忆发展，进一步提高学生思维的广度和深度。

2. 温故知新课堂的内涵

孔子在《论语》中说：“温故而知新，可以为师矣。”其中的“温”是温习、复习的意思；“故”是指旧的，已经学过的知识。其意就是：借助温习旧知识，从中得到新的认识和体会，这样的人可以做老师了。

学生对新知识的学习是以旧知识为基础的，新知要么是在旧知的基础上引申和发展起来的，要么是在旧知的基础上增加新的内容，或由旧知重新组织或转化而成。“温故知新”在今天的课堂中有更深层的意义，联系旧知识，除了可以巩固并加深理解旧知识，使旧知识系统化以外，还可以更好地让学生循序渐进地探寻、推知、学习、掌握新知识。

温故知新课堂有以下几种含义：

（1）了解学生的原有知识情况

奥苏伯尔指出：“影响学习最重要的因素是学生已经知道了什么，教师要根据学生的原有知识状况进行教学。”“根据学生的原有知识状况进行教学”是教育心理学对课堂教学理论和课堂实践伟大的贡献。课堂上，温故知新的首要任务就是要了解学生的原有知识情况。

（2）根据学生的实际情况进行教学

教师应根据学生的经历、体验、生活经验、思想方法、智力基础等组织课堂教学。如果说知识状况是显性的，那么学生的这些基础则是隐性的，往往容易被教师所忽视，因此更有必要强调。

(3) 组织有意义的教学

温故知新是在新旧知识间的联结与转折上进行的，借助迁移进行学习，可以充分发挥学生的形象思维优势，促进学生更深地理解知识。

苏霍姆林斯基在《给教师的建议》中说：“在我看来，教会学生借助已有的知识去获得新的知识，这是最高的教学技巧之所在。”这说明，能借助已有的知识去获得新的知识，并把它们串联在一起，形成一个体系，是教师最应该掌握的课堂技巧之一。

学习是一个不间断的过程，因为知识是一个有机整体，但在具体学习中，学习却是由无数单个的课程组成的。学生学到的知识，往往就像还没有串成项链的珍珠一样，是散的。为此，教师在课堂上引导学生温故而知新，让这些知识连成串，就能像珍珠串成项链一样，价值倍增，让学生既能掌握新知，又能复习旧知。

(二) 以旧导新，让新知不陌生

孙明霞是山东省泰山学院附中的生物课高级教师。课堂上，孙老师经常引导学生在回忆旧知识的基础上来构建新知识。“藻类植物”一课，孙老师便是运用此法进行教学的。

孙老师首先问：“上一堂课，同学们很容易就想起了上学期学过的生态系统、生物圈等概念。那么，谁能描述一下生物圈的范围呢?”

一学生回答：“生物圈包括大气圈的底部、岩石圈的上部和水圈的大部。”

孙老师马上强调：“生物圈给地球上的所有生命提供了生存的环境和所需要的一切条件，那么，假如地球上没有植物将会怎么样?”

“其他生物，比如人和动物等，就会因为缺乏食物而无法生存了。”

孙老师又问：“在生态系统中，植物被定义为什么?”

“生产者。”一生回答。

“为什么是生产者？它能生产什么？谁能说一下?”孙老师问。

“它能生产有机物，能生产氧气……”

“还能转化能量，就是吸收太阳能，变成化学能。”一生补充。

在此基础上，孙老师进一步启发学生："看来，地球上的绿色植物确实非常重要。那么，同学们能不能概括一下绿色植物在整个自然界中的作用呢？"

学生们纷纷表达自己的观点。

"植物能给人和动物提供食物。"

"植物能够净化空气，改善气候。"

"植物能制造氧气供给动物呼吸。"

"植物能美化环境、保持水土平衡。"

"植物能为人类提供木材制作家具。"

"植物能当柴烧，可以做饭。"

……

"很好！同学们回答得不错。现在，请大家看一看开篇的俄国植物生理学家说的那段话，然后想想怎么解释。"

学生立即翻开课本，阅读了开篇的一段话并陆续举起手来。

经过回答、补充，学生基本形成了统一认识。

"这句话的意思就是它能吸收太阳能，利用叶绿体进行光合作用，制造有机物，所以能养育地球上其他的生物，也就是能为其他生物提供食物。"

"'使巨大的涡轮机旋转'是指它储存了能量，为某种机械的运转提供了能量，就像是汽车需要汽油一样。"

"'使诗人的笔挥舞'，就是说，植物使环境变得很美，诗人看见了就忍不住写诗赞美它。"

孙老师肯定了学生的回答，然后和学生一起总结出植物的三点作用：第一，通过光合作用制造了有机物，可以为所有生物提供食物；第二，通过光合作用释放出氧气，维持了大气中氧气和二氧化碳的相对平衡与稳定；第三，吸收太阳能，并将其变成化学能储存在有机物中，供生物和人类生产活动需要。

在此基础上，孙老师又问："植物在生物圈中是非常重要的，那么，哪位同学知道地球上共有多少种生物吗？"

有学生回答："30 多万种。"

孙老师点点头，说："看来我们有些同学有个很好的预习习惯，所以他就知道得很具体，但是我们不可能一个个地来认识这 30 多万种植物，那就要认识它的类别，了解不同种类的植物的特征。其实，植物学家们也正是为了便于研究而把植物分成了不同种类的。他们是根据什么进行分类的呢？比如，老师随便列出松树、苹果树、桃树、杉树、樱桃树这些植物，你们如何给它们分类？”

“老师，我们可以把它们分为两类：桃树、苹果树、樱桃树是一类，松树、杉树是一类。”

“为什么这样分呢？”

“因为它们的形态不一样。”

“那植物分类学家是根据什么分类的呢？假如你是植物学家，你会根据什么进行分类？”孙老师继续问。

“我们会根据植物的生活环境、形态、结构、作用、习性、繁殖等特点进行分类。”

“你们这样分类很正确。其实，科学家们也差不多是这样分的。他们也是根据植物的形态结构、生殖特点等来划分的。他们共分了哪些类群呢？”

“分为苔藓植物、蕨类植物、裸子植物、被子植物四类。”

为了让学生记住这些植物类群的名称，孙老师找了几个学生分别写到黑板上，并让他们说说哪些字容易写错。

“藻类植物的‘藻’，有的时候会忘记‘草字头’或者先写了‘三点水’。”

“还有蕨类植物的‘蕨’也容易写错。”

“了解了植物的种类，我们就该先认识藻类植物了。”说着，孙老师拿出一个装了半瓶含有大量藻类植物的水的小玻璃缸问：“同学们见过这样的水吗？”

“见过。”

“什么时候，在哪里见过？”

一学生说：“养鱼的水时间久了就会变成这样。”

又一学生说：“池塘的水就是这样的。”

孙老师进一步明确道：“池塘里的水通常是在春天气候变得温暖以后就会变成这样的。那么，为什么水会变绿，里面有什么东西存在呢？”

“藻类植物。”

“没错！的确是藻类植物。那么，你能由此获取哪些信息呢？”

在孙老师的启发下，有的学生说："藻类植物非常小，用肉眼我们看不到。"

有的学生说："藻类植物是生活在水中的。"

有的学生说："藻类植物是绿色的，它有叶绿体，能进行光合作用。"

这时，孙老师又出示了衣藻的图片让学生观察它的细胞结构和上学期学过的植物细胞的结构是否一样。

仔细观察后，学生得出结论："它们都有细胞壁、细胞膜、细胞核、细胞质、叶绿体等结构，唯一不同的是它有两根鞭毛，这能使它游动；它的叶绿体形状特殊，是杯状的。"

孙老师问："它有没有像我们经常见的大树一样的根、茎、叶等器官？"

"没有。"

孙老师又问道："是不是所有的藻类植物都是单细胞的？"

"不一定吧。"

接着，孙老师又让学生观察玻璃缸中的水绵，并挑起一点给他们看："这种能用肉眼看到的植物也是一种藻类植物，那么它是不是单细胞的？"

"不是！"

待学生否定后，孙老师又让学生观察水绵的显微图，结果发现，它是多细胞的，就像是一个个长筒状的细胞连接起来，而且它的每一个细胞结构都是相同的。

最后，学生们一致认为：水绵的细胞结构也和其他植物细胞一样，唯一不同的是它的叶绿体形状是带状的，螺旋排列在细胞质中。

"水绵个体比衣藻大，它是多细胞的。那么，它有没有根茎叶呢？"孙老师问。

学生很肯定地说："没有！"

"你们有什么根据呢？"

"水绵只是一些细丝，没有看到它有根。"

孙老师又提醒学生："我刚才说它的细胞特点时有一句话能证明，是哪句话呢？"

学生马上就想到了老师说的"它的每一个细胞结构都是基本上相同的"，然后由此进一步明确了藻类植物"没有根、茎、叶等器官分化的特征"。

认识了淡水藻类，孙老师又让学生认识海藻。

在观察了海带、紫菜等植物的图片和标本后，学生了解到这些植物体内除了叶绿素还有其他色素，所以它们呈现不同的颜色。

孙老师问："这些海藻有没有根茎叶的分化呢?"

"有！因为它有大的叶片，还有根可以固定在岩石上。"一学生答。

"没有！因为刚才我们总结时已经说过了'藻类植物没有根茎叶'。"另外一名学生提出不同的看法。

孙老师说："真正的叶上是有叶脉的，而真正的根除了固定还有吸收作用。"

"哦！原来那并不是真正的根和叶。"学生恍然大悟。

"我们已经认识了藻类植物。那么，它在整个生物圈中有什么作用呢?"孙老师继续问。

学生结合自己的理解和课本里的插图，有的认为："藻类植物能够光合作用放出氧气，维持大气中氧含量的稳定，能给鱼类提供饵料，维持生态平衡。"有的认为："对人类来说，它能食用、药用等。"

"其实，还有非常重要的一点就是，藻类植物释放的氧气占空气中氧气的95%。"孙老师补充道。

孙老师的补充让学生更加明确了藻类植物在生物圈中的重要作用。

孙老师又问："除了课本上所列举的作用，藻类植物是不是还有其他的作用呢? 如果不知道，当你想知道它的更多作用时，我们有没有其他办法?"

"有！可以上网搜索!"

"除了具有重要作用，藻类植物是否还有害处呢?"

"有，比如说赤潮。"

"很好！同学们，如果你们想了解更多关于藻类植物的知识，可以在课后上网搜索相关的文章来阅读，开阔知识面，但要注意别沉迷网络。现在，我们回过头来看看这堂课的学习，有多少知识属于新知识呢?"

学生把知识回顾了一遍，有的说："没多少。"

"只有一点，就是藻类植物的特征，但也不是完全新的。"

"藻类植物在生物圈中的作用及其和人类的关系，但也不算是新知识。"

"真正新的知识可能就是知道了'藻类植物'这个词。"

……

在这堂课上，孙老师引导学生在回忆旧知识的过程中逐渐构建了新的知识体系，让学生在不知不觉中掌握了预设的学习目标。

美国教育家奥苏贝尔认为，有意义的学习的根本要素是新知识与学习者的原有知识建立一种合理和本质的联系。他说：“假如让我把全部教育心理学仅仅归结为一条原理的话，那么，我将一言以蔽之。这就是：影响学习的唯一重要的因素就是学习者已经知道了什么。要探明这一点，并据此进行教学。”

对旧知识的回忆本身就是一个对学过知识进行系统化的过程，而在其基础上学习新知识，无疑又是与新知识进行连接，让新旧知识成为一个更大的系统。

“藻类植物”一节课的内容全部文字（除实验）还不足300字，再加上几幅图片，并且学生平时对藻类植物关注很少，藻类植物的微小又让学生感到抽象，如何让初一年级的学生轻松愉快地学好该课，孙明霞老师颇费脑筋，她以教材开头的一段俄国著名植物生理学家的话作为引子来说明绿色植物在生物圈中的作用。

孙老师在设计这节课的时候确定了三个要点：一是首先要让学生明确植物在整个自然界中的作用；二是认识藻类植物的主要特征和生活环境；三是了解藻类植物对生物圈的作用和与人类的关系。

假如孙老师按部就班地讲述和让学生观察，也很容易完成教学任务，但可能不会给学生留下深刻印象，并且容易给学生一个每一堂课都要学这么多东西、记不住的感觉。孙老师发挥了自己的优势，尽可能在回忆旧知识的基础上来构建新知识。这种课堂设计体现了孙老师深厚的专业功底和对课本总体把握的能力。

如何利用教材来教而不是一味地依赖教材、被教材牵着走，这是摆在每一个教师面前的难题。孙老师用自己的课给我们做出了很好的回答，学生于谈笑间不知不觉地学到了知识，建立起自己的知识框架。

（三）温故知新课堂的实施策略

虽然教育被分为小学、初中、高中、大学等阶段，但是知识却没有分为这几个阶段，而是被某条线紧紧地连接在一起的。教师有责任帮助学生找出一条串联知识的线，帮助他们把这些知识的“珠子”连在一起。只有这样，学生才会在课堂上认真听教师的讲解，对知识有更深层的理解与掌握。那么，教师在运用“温故知新”进行课堂引导时，具体可以采用哪些方法呢？

1. **巧用旧知识导入新课**

知识具有严密的逻辑体系，就学生的学习过程来说，某些旧知识是新知识的基础，新知识又是旧知识的引申和发展，学生的认识活动也总是以已有的旧知识和经验为前提的。每学习一个新知识，教师都应尽可能地带着学生复习有关旧知识，充分利用已有的知识来搭桥铺路，引导学生运用知识迁移规律在获取新知识的过程中发展思维。学生在复习旧知识的活动中，其认知结构会再度获得同化或顺应，进而利用既有的知识与技能去探索问题。

例如，某教师在教学“复式条形统计图”一课时，出示了2008年奥运会申办城市两轮投票结果的两张单式统计图。教师先让学生复习条形统计图的知识，再向学生提出要求：能不能设计成一张统计图，既能看出第一轮投票情况，又能看出第二轮投票情况？于是，一个个丰富多彩的学生设计展现在教师面前：有把第二轮接在第一轮上面的；有把第二轮靠在第一轮旁边的（有的左右有空隙，有的左右没有空隙）。

2. **建立系统的知识框架，使知识的条理更清晰**

在学习过程中，有的学生经常会出现“一听就懂，一看就会，一做就错”的现象。这是因为学生学到的知识缺乏系统化，所学知识是零散的，没有融会贯通，在运用时的效果就没有预想得好。课堂上，教师应有意识地引导学生进行归纳、总结，帮他们建立一个系统的知识框架，加强新旧知识的前后联系，这样的课堂将更能吸引学生的注意力。

例如，某教师在讲电阻串联时，一下子就把弹簧、电容器、电阻的并联和串联全部讲到了。通过联系新旧知识，学生不但很容易就掌握了新知识，而且还提升了对课堂的兴趣，注意力也都高度集中起来。

3. **着眼基础，使知识融会贯通**

教师要把本堂课最基本的知识讲精、讲透，然后再让学生通过学习重点内容，掌握思考、解决问题的方法，做到举一反三，触类旁通，温故知新。那么，教师如何在课堂上“着眼基础”呢？

（1）梳理比较，沟通联系

教师在课堂上需要对知识进行梳理比较，沟通联系。

比较是“温故知新”课堂的基本方法。通过比较，教师可以以旧引新，以新带旧，促进学生巩固、明晰知识，加强知识之间的联系。

例如，学习“圆柱体积公式”时，教师可组织学生将其与长方体、正方体的体积公式进行比较，找出它们的相同点和不同点。通过认真思考，合作研讨，学生的思路逐渐清晰：回想长方体、正方体的体积公式；利用转化思想，把圆柱切割拼凑成长方体；根据长方体的体积公式推导出圆柱的体积公式。这样的训练，有效地培养了学生的归纳比较能力，使知识得到迁移。

（2）拓宽思路，提升学生的思维品质

“温故知新”这个“新”要求学生除了对掌握的知识能够举一反三，还让学生对所掌握的知识进行拓宽延伸，进而发展和深化学生对知识的个性理解。这就需要教师引导学生对某一知识点从不同的方向、不同的层次横向拓展、纵向深入，激发学生的潜能，点燃其思维火花。

例如，学习用比的知识解决问题时，学生调查到一栋楼10户人家共用一个总水表，一个季度各户分水表的合计度数少于总水表20度，损耗度数怎样付费？教师可引导学生讨论发现方法：平均分、按用水量的比例分配、自愿分担等。

4. 联系各学科的知识，建立新旧知识的联系

以上几种方法，都是在本门课程之内建立新旧知识的联系。其实，像语文、历史、数学、政治等学科与别的学科都有着千丝万缕的联系。如某历史老师在讲商鞅变法时，就讲到了语文中的成语典故“徙木赏金”和“立木为信”。

每节课的教与学都不是孤立的，都有承上启下的作用，都是旧知识的拓展与深化。在新课开始之前，对与本节课内容有关的知识与技能进行复习与巩固，既能弥补学生旧知识掌握中的缺漏，又能使学生很快投入学习新知识的最佳状态，为完成本节课的教学做好准备。运用“温故知新”课堂培养学生良好的听课习惯不是一朝一夕的事，需要每位教师进行坚持不懈的创新。

牛顿说过：“如果说我比别人看得更远些，那是因为我站在了巨人的肩上。”教师带领学生探索新知识也一样，应该以旧知识为基点，让学生站在旧知识的“肩膀上”，在旧知识的基础上探索新知识，对新知识产生更大兴趣，产生更强烈的探索欲望，从而也使自己的课堂更受学生欢迎。

教师善于"偷懒"的课堂

课堂是向学生传授知识的主渠道、发展学生能力的主阵地。打造灵动高效课堂，离不开教师的个人魅力，离不开教师的大胆放手，教师只有学会"偷懒"，把课堂的时空还给学生，才能真正让学生自主参与、合作探究、实现能力的提升。所谓"偷懒"，就是要求教师在课堂上精讲精授，注重启发、引导，尽量把课堂还给学生，放手让学生投入探索知识的过程中，充分发挥学生的主观能动性，挖掘学生的潜能，让学生在动脑思考、动口交流、动手操作的过程中理解教材，体验学习的乐趣，掌握学习方法。

(一)"懒"得游刃有余

教师要"懒"一点，需要打破传统说教式、注入式的教学思维。《基础教育课程改革纲要（试行）》明确指出："改变课程实施过于强调接受学习、死记硬背、机械训练的现状，倡导学生主动参与、乐于探究、勤于动手，培养学生收集和处理信息的能力、获取新知识的能力、分析和解决问题的能力以及交流与合作的能力。"教师作为导演，本不该那么累，但是大多数教师总是喜欢做一些越俎代庖的事，事无巨细，全力而为，结果得不偿失。所以，把教师"懒"出来的时间交给学生，定会让教师教得轻松而学生学得愉快。

1. **把握讲解技巧**

(1) 以"问"代讲。把该讲的内容以问题的形式抛给学生，给学生留出思维的时间与空间，但教师要提的问题一定要经过精心筛选，突出教学重点与难点，疑而不难，具有可探究性，引人入胜。尽量避免"是不是""对不对""可不可以"等随意性大且几乎不假思索就能回答的简单问题，要启发学生思考问题，发表见解。

以下是武胜县沿口初中唐贤贵老师执教的《雪》的片段：

师：同学们还有哪些疑问，可以提出来。

生：“博识的人们觉得他单调，他自己也以为不幸否耶”这句话怎样理解？

师：哪位同学帮帮忙？

生：用单调和不幸来衬托北方的雪如粉如沙。

生：因南方的雪不坚硬不灿烂，所以博识的人们觉得他单调，他自己也以为不幸。

师：联系前边一句话，这其实也暗含了“课文写雪，为什么开篇写雨”的问题。大家可以讨论一下。

生：作者写雪，把“雨”和“雪”作对比，借以引出下文的“江南的雪”，以“暖国的雨”的单调衬托了江南雪花的娇艳明媚。

生：本文的中心是写雪，以描写雨来开篇，用了带戏谑色彩的发问，起笔有意给人留下了很大的思索空间，也为下文留下了伏笔，别开生面。

生：课文开篇用“冰冷”“坚硬”“灿烂雪花”这些写“朔方的雪”的特点的词语，把“暖国的雨”与“朔方的雪”联系起来，为结尾以“雨”收束全文埋下伏笔，使文章前后呼应，浑然一体。

……

在有效引导学生分析了课文的主要内容之后，针对课文中的疑难问题，唐老师不是直接指出，而是巧妙地让学生质疑。这样处理，既能让唐老师很好地把握学生的学习情况，又调动了学生参与的积极性。在学生质疑后，老师又顺势将问题还给学生，并在学生回答后，接着抛出另外还需要学生理解和掌握的重要问题，引导学生抽丝剥茧、层层深入地分析，让学生将自己的理解和感悟表达出来，点燃了学生思维的火花，培养了学生的表达能力。

(2) 以“做”代讲。实践操作能很好地激发学生的学习兴趣。教学过程是师生双边活动，新课程更加重视和强调师生对话、合作与交流，重视学生动手操作，作为学生探究新知识的重要方式之一的动手操作已越来越受到教师的喜爱。教师可以根据实际将要讲的内容有针对性地设计成学生实验、表演等实践活动，让学生亲自参与，依靠主体学习活动在学和做的实践中自主训练，从而获取新的知识和技能，培养探索和创新精神。

以下是武胜县万善小学颜丽老师在执教“认识轴对称图形”时的教学片段：

教师请学生拿出课前准备的学具——心形和长方形纸片，让学生动手折一折，认真观察，看看发现了什么，先在组内交流，然后各组分别汇报。

（生动手折纸，并讨论交流）

师：你们发现了什么？

生：发现它们的两边一样。

生：发现长方形横着折或者竖着折两边都可以完全一样。

师：请你上来展示一下。

师：同学们有没有发现折了的纸片比没有折的纸片多了什么？

生：多了一条竖线。

生：线的左右两边是一样大的。

生：沿着竖线把纸片对折，两边会重合。

师（小结）：像这种沿一条直线对折后，两边的部分能完全重合的图形就是轴对称图形，折痕所在的直线叫对称轴。

（课件出示：轴对称图形、对称轴的概念。学生在组内讨论什么是轴对称图形，什么是对称轴）

师：老师这里有一个图形（等腰梯形），我也把它折一折（故意折成不对称的形状），展开，请问这条折痕是它的对称轴吗？

生：不是。

师：那它是不是轴对称图形呢？

生：不是。

生：是。

师：看来，大家的意见不统一，我请一位说是的同学来说一说为什么。

生：因为你没有折对。

师：请你上来折一下。

（生上台折纸）

师：你们现在有什么发现吗？

生：如果折得不对，就不会对称，但它还是轴对称图形。

生：就是说对称轴没有找对。

师：对称轴在哪里啊？

生：中间那条竖线。

师：看来，我们在对折的过程中，有可能由于方法不当，把轴对称图形折成不是轴对称图形，所以同学们在对折时一定要先认真观察，再选择正确的对折方法。

……

“认识轴对称图形”这节课是在学生认识了对称现象的基础上进行的。在整堂新课的教学中，老师都是让学生动手操作、相互交流、自主讨论，不作过多的讲解、评价、示范，让学生真正感悟到数学知识来源于生活，培养了学生自主学习的能力，让学生真正成为课堂的主人。

(3) 让学生讲。设计一些内容让一些学有余力的学生上讲台讲解，学生的理解或许会更有见地，学生的表述或许更能得到其他学生的理解，也许教师会大有收获。当然，这并不排除一些学生讲得不好，甚至完全错误。不妨这样想：这是给学生的锻炼机会，相信自己的学生吧。

以下是武胜县华封初中胡中友老师执教“文艺复兴与新航路的开辟”一课的教学片段：

师：同学们刚刚在自学的基础上进行了组内讨论和交流，达成了一定共识，现在开始展示交流。

(幻灯片展示：议议新航路开辟的原因和条件有哪些?)

生：我们组认为新航路开辟的原因是由于西欧商品经济发展扩展市场的需要以及陆路商路被阻。条件有生产的发展、知识的进步以及科学的发展，如帆船的改进，罗盘针的运用，“地圆说”的传播等。

生：我补充一下，我们不能忘了西班牙和葡萄牙两国财力的大力支持。

生：我也补充一点，如果没有几位航海家丰富的航海经验和探索冒险精神也是不可能完成航海的。

师：看来同学们自学得比较充分，我们掌声送给刚才发言的几位同学。下面我们请各组展示一下你们画的几位航海家所走路线的简易图。

(各组派代表上讲台举小白板展示示意图)

师：我们请第三组代表给大家讲解，掌声鼓励一下。

生(指着白板)：哥伦布横穿大西洋发现新大陆——美洲；达·伽马向东最先到达印度，找到一条东西方海上航路；麦哲伦向西走完成环球航行……

生（自动站起来）：我发现他刚才的说法有一个问题，麦哲伦在菲律宾被杀，没有完成环球航行，完成环球航行的是他的部下。

师：对，我们为××同学的细心和主动鼓掌。

……

（幻灯片展示：拓展练习——有人说哥伦布给美洲人民带来了灾难，也有人说哥伦布给美洲人民带来了近代欧洲文明，你怎么看待哥伦布及其航海?）

师：大家在组内讨论2分钟，再请同学讲解。

（2分钟后）

生：我比较赞成哥伦布给美洲人民带来了灾难，没有哥伦布，美洲人民不会遭到血腥掠夺和杀戮。

生：我反对，我认为哥伦布给美洲人民带来了近代欧洲文明，没有他也许美洲现在还是原始社会，现在还在刀耕火种呢。

生：我认为他们两人的观点都比较片面，我们评价历史人物和历史事件要记得老师说的“一分为二”，辩证分析。我们既要看到欧洲殖民者给美洲带来的灾难，也要看到他们也给美洲带来了近代文明。

师：对，我们评价历史人物、历史事件要客观、全面，而不是只带着个人好恶，感情用事。

……

能让学生讲的就“放手”让学生讲，“借”学生之口，“行”教学之实，这样，课堂灵动，活而不乱，形散而神聚，学生的主动性发挥得淋漓尽致。更为重要的是，学生自己思考了、说了、做了，这样得出的知识才能真正内化为他自己的能力。

2. **选择有效的方法**

在课堂教学中，要以学生为中心，充分发挥学生的主观能动性。教师要做学生建构知识的帮助者、促进者，而不是知识的传授者与灌输者。

（1）运用多种教学方法。教学到底有哪些教学方法，因为受不同的教学目的任务、不同的教学内容、不同的教学对象、不同的教学条件等诸多因素的制约，各个国家的提法很不一致。就是在同一个国家，各学派的提法也有很大的差异，这构成了教学方法的千差万别、多种多样，然而各种教法都离不开“讲”“导”和“做”，有其共同性的属性，是个性与共性的统一。因此，在教学实际中，教师应根据自己的教学实际做认真的选择，创造性地发展和运用多种多样的教学方法。

(2) 变革教学方式。教师要坚持理论联系实际，提倡灵活采用启发、讨论、研究等教学方法，鼓励多种教法的综合运用，重视小组合作探究学习，强调师生、生生之间的多向互动，重视讨论和交流，反对注入式和教条主义。

教师要遵循让学生主动参与、主动历练、主动探究的原则，精心组建学习型组织并充分发挥其效能，综合考虑学生的性格特点、兴趣爱好、学习能力、学业成绩等因素，将全班学生平均分成若干学习小组。在学生自主学习时，先由教师提出有一定难度、一定探究价值和开放性的讨论题目，明确学习目的和要求，引导学生独立思考，开展自由研讨甚至争论，教师进行个别指导和个别答疑。讨论结束后，各学习小组汇报讨论情况，展示学习成果，最后由教师进行总结并给予学生恰当的评价。小组合作探究教学通过营造独立思考、自由探索、勇于创新的良好环境，给学生搭建了研究平台，既有助于提高学生的学习兴趣，又能充分培养学生的思维、语言表达、沟通协调等多方面的能力。

武胜县民族小学的刘芳老师在马尔康上“写建议书”一课时，就地取材，从马尔康优美的环境谈起，引出学生对家乡的热爱之情。接着，刘老师话锋一转，抛出一个问题：随着工农业生产的发展、牧业养殖业的繁荣，人们无节制地开采资源，使我们这美丽的家园遭到了一些破坏，一些地方的森林不再那么茂密，天空不再那么湛蓝，青青草原不再那么美丽，梭磨河水也几度被污染。你注意到这些现象了吗？说说你都注意到了哪些破坏环境的现象。

她话音刚落实，教室立刻热闹起来。

生：注意到了，河边有很多垃圾。

生：汽车排出很多尾气。

生：人们随手把垃圾扔进梭磨河。

生：乱砍树木。

生：用水后忘关水龙头。

师：不关水龙头，这是什么现象？

生：浪费现象。

师：对于我们的环境，除了有污染，还有资源被浪费的现象。她说到了浪费现象，你也注意到浪费现象了吗？

生：公路上很多垃圾桶被人破坏了。

师：这是破坏公共财物的现象，但也是不爱我们家园的表现。还有哪些破坏环境的现象呢？

生：捕杀动物。

生：工厂生产排放很多浓烟。

生：家里开着电视、电灯，屋子里却很久没有人。

生：有些人把没吃完的饭扔进垃圾桶，浪费粮食。

师：谁知盘中餐。

生（齐）：粒粒皆辛苦。

师：生活中破坏我们美好家园的行为还有很多。刚才老师听了大家说的现象，大致包括空气污染、生态破坏、生活垃圾这些现象和浪费水、浪费电、浪费粮食等浪费资源的现象。看到这些现象，你内心的感受是什么呢？

生：想呼吁人们保护地球。

生：难过。

师：那还不行动吗？咱来个环保“金点子”好吗？

生（齐）：好。

师：刚才提到的问题怎么解决？为保护我们美丽的家园，大家应发挥集体的智慧，通力合作。现在按座位就近分成小组，确定一名组长，组织小组成员讨论，每个人都要发言，提出自己的建议，每组选一个记录员。对于刚才提出的破坏环境或者浪费资源的现象，选择其中一个，简单分析产生这些问题的原因，提出解决问题的办法，小组将解决问题的办法分条记录下来。

（课件出示合作学习要求、记录要求，学生分小组讨论，教师巡视指导）

师：看大家热烈地讨论，我很感动。有的小组讨论了一个问题又讨论另一个问题。下面我们来看看各组对哪些问题进行了分析和讨论。谁来做你们小组的代言人呢？

生：我们小组讨论的是梭磨河水的污染问题。

问题：河水中的垃圾越来越多，该怎样去保护河水呢？

原因：人们不自觉，随手扔垃圾。

建议：让领导发出倡议，呼吁人们保护梭磨河水。

师：你表达得非常有序，条理清晰。除了让领导发出倡议，你认为从小学生的角度应该做些什么呢？

生：我们可以先给家长讲道理，再让他们带动村民一起保护环境。

师：用你的小手牵动家庭、村里的大手，真是一个金点子。

师：梭磨河是我们的母亲河，还有哪些小组也讨论到了这个问题，说说你们组的金点子，想想如何处理这些垃圾。

生：垃圾就是人们生活中不需要的物品，比如塑料袋，人们往往用完随手就扔掉了。

师：怎么解决？

生：让政府出面不生产塑料袋。人们提着篮子买菜，买生活用品，还可以用布袋，不用塑料袋，少用一次性物品。

生：在电视里播广告，向人们宣传善待地球就是善待自己，善待自己就是善待未来。

师：想得越来越远了。善待地球，从善待母亲河做起。

师：这是一个方面，其他小组又讨论了哪些问题呢？

生：我们组讨论的是浪费水资源的问题，如不拧紧水龙头，让水白白流走。原因是人们不自觉，没有节水意识。

建议：洗菜水冲厕所，洗脸水用来浇花。

师：重复利用，节约水。还有什么金点子？

生：在水龙头旁写一条标语："你们都是好孩子，关心关心我吧，别让我哭得那么伤心。"

师：多感人的语言，把自己当做水龙头，把水龙头拟人化了，水龙头的水就好似我们的眼泪呢，多珍贵啊，你还不爱惜吗？真是金点子。

生：在洗手池旁边放一个容器，将洗手的水存下来，可以用来拖地、冲厕所。

师：这个主意不错，向你们校长好好建议建议吧。

师：大家还讨论了哪些现象呢，又是怎么解决的？

生：我们组讨论破坏森林资源的现象。农村有的人为了自己盖房子，到树林去砍树木，这样就破坏了森林资源，造成水土流失。我们的建议是多植树。

师：你们组建议多植树造林，你们知道植树节是什么时候吗？

生：3月12日。

师：你参加过植树活动吗？

生：有的参加过，有的没有参加过。

师：如果没有参加过，明年的植树节请你一定记住参加。

师：这一问题，还有什么办法解决？

生：到村长那里，请求村长利用广播告知村民不要乱砍树木，并号召村民植树。

师：好点子。一是从意识上改变村民，二是从行动上要求村民植树。但如果这些人还是不听，该怎么办？

生：罚款，处罚。

师：对于那些教育不了的人，还可以用法律的手段去制裁，以保护我们的森林。

……

通过这节课，我们可以看到，刘老师先明确小组合作的学习要求，并巧妙引导，让学生在讨论中既有具体的研究目标可选择，更有话可说，学生在合作探究中思考、分析、学习，在交流汇报中拓展、延伸，在不知不觉中将生活与学习结合了起来，一步一步地找出了问题，分析了原因，明晰了解决办法，有效地扫除了写建议书时无建议可写的最大障碍。这样的小组合作学习真正让学生参与了探索知识的全过程，这不正是我们大力倡导和努力追求的吗？

(3)“授人以鱼，更要授人以渔”。教师在教学中要注重学法渗透和指导，引领学生逐步学会学习。学习方法对于一个人的可持续成长非常重要，学生掌握了好的方法，就是获得了打开知识宝库的钥匙。要熟练掌握一定的学习方法，虽然与学生的悟性和积累有关，但是也离不开教师的指点和潜移默化的渗透。明智的教师总在思考如何教给学生学习方法。

魏书生到台湾访问，给学生上课，问学生：“学古诗词要做些什么？”

学生回答说：“解决生字，理解词语，学会翻译，会背诵、默写。”

“学习生字还要老师吗？”

“不用，书上有。”

“词语呢？”

“不用，注释上有。”

"作者还要介绍吗?"

"不用，书上写得很详细。"

"还用我范读吗?"

"不用。"

一会儿，学生背会了。有个学生说："老师，您给我翻译翻译吧。"

这时魏老师说："我这个人有个特点，谁能猜着?"

一个男孩说："老师，我知道，你懒。"

"你怎么知道?"

"你从上课到现在，什么事也没干。"

魏老师说："大家试着翻译翻译，用已知推未知，也可查资料，实在不行，大家商量商量吧。"在学生试着翻译的过程中，魏老师的课也结束了。

看了这个资料，我们可以感受到魏书生老师教学的精到之处。魏书生曾谈到，他的语文基本是教学生自学的，老师基本不讲，学生大部分时间高高兴兴地自学。不会的看看书，查查资料；再不会，大家商量；其他时间引导学生看课外书，引导学生养成学习语文的习惯。教育界有句名言："教是为了不教。"正是魏老师的"懒"，"憋"出了学生们的"勤"，"憋"出了学生的主动学习。

3. 讲究语言艺术

语言是教师使用最广泛、最基本的信息载体，是教师用来传授知识、进行教育的重要手段。一个好教师首先应该是个语言大师，在进行教学活动时，他应该能用妙趣横生的语言激发学生的兴趣，能用通俗、生动、易懂的语言引导学生的学习活动，启发学生去探索、追问、挖掘；能根据教材文本内容的主次、详略、难易程度不同，确定自己相应的语速语调；在导入、提问、讲解上充满技巧，富有趣味性，能把一些抽象的、概念化的、专业的术语用非常灵活的语言表达出来，让学生听明白他讲的课，让学生觉得有意思，进而学到有用的东西而不仅仅是记住一些枯燥的理论。

以下是武胜县烈面中学的雷莉老师执教《米洛斯的维纳斯》的教学片段：

老师先用故事的形式介绍维纳斯。

师：同学们，这个古老的传说让我们对维纳斯有了一定的了解。那么这位最美丽的女神究竟有着怎样的美貌呢？让我们一起来看看。

（幻灯片出示“断臂的维纳斯”，生观察图片）

师：同学们，维纳斯美吗？

生：美。（声音不整齐）

师：她美在哪里呢？

（生翻书，沉默）

师：看来同学们是被维纳斯的美惊呆了吧，她美得让大家都说不出话了，或者让大家言不由衷了。

（生笑）

师：同学们，我再问一次，请你们抛开一切的客观因素，说出你的真实感受，维纳斯美吗？

生（异口同声）：不美！

（全班哄堂大笑）

师：那同学们告诉我，你为什么觉得她不美呢？

生（七嘴八舌）：她没有手臂。

师：是啊，同学们看到了一个关键问题，她是残疾人。一尊没有手臂的残缺的雕像怎么就有那么多人欣赏甚至是崇拜呢？

（生思考）

师：同学们，下面我们就让清冈卓行先生来为我们解读断臂维纳斯之美。请大家快速阅读课文，思考作者在观赏这尊雕像的时候生出了一个怎样的奇怪的念头以及他为什么会产生这样的念头，请在文章中找出。

（生阅读课文，7 分钟后）

师：同学们，文章读完了，你们找到作者那个奇怪的想法了吗？

生：“她为了如此秀丽迷人，必须失去双臂。”

师：同学们，从课文中我们知道，在创作这尊雕像的时候，她可是完整的啊，只不过因为历史的原因，她将自己的双臂遗失在了遥远的地方，现在已经无法找到了。那么在作者心中，她为什么必须失去双臂呢？

生：“那失去了的双臂正浓浓地散发着一种难以准确描绘的神秘气氛，或者可以说，正深深地孕育着具有多种多样可能性的生命之梦。”

生：“米洛斯的维纳斯虽然失去了两条由大理石雕刻成的美丽臂膊，却出乎意料地获得了一种不可思议的抽象艺术效果，向人们暗示着可能存在的无数双秀美的玉臂。”

师：同学们找得非常完整。请注意这里的几组关键词：神秘、多种多样、可能性、抽象、无数（课件出示幻灯片）。原来，在作者看来，正是因为失去的双臂，维纳斯才具有神秘的美。

师：那现在我有个想法，毕竟残缺的东西会让我们感到遗憾，那我们能不能试着给她复原手臂呢？请你谈谈你心中完整的维纳斯。（出示幻灯片）

生："她的左手掌上托着一只苹果，也许是被人像柱支托着，或者是擎着盾牌，抑或是玉笏？是一座显露着入浴前或入浴后羞羞答答的娇姿的雕像。"

生："她可能不是一座单身像，而是群像中的一个人物，她的左手搭放在恋人的肩头。"

师：刚才两位同学都准确地在课本中找到了作者所描述的想象中的完整维纳斯形象，但是现在，我希望大家能够发挥你自己的想象，谈谈你心中的完整的维纳斯，好吗？

（课堂开始热闹起来，大家七嘴八舌地议论着）

……

"良好的开端是成功的一半"。在导入新课时，雷老师语言自然、简练、风趣，抓住了学生的心理，激发了学生的情感，吸引了他们的注意力。在讲解和分析过程中，雷老师循循善诱，通过通俗易懂和富有启发性的问题，给学生创造了想象的空间和思考的余地，启动学生多向思维，极大地活跃了课堂气氛。

在阅读课上，一学生捧着书本打瞌睡，老师马上想到的是利用机会对学生进行一下教育："××同学太不认真了，一到学校就打瞌睡，怎么能学得好呢？……"老师越讲越生气，足足浪费了好几分钟宝贵的课堂时间，学生也十分羞愧，像犯了大错。无独有偶，另一老师也遇到相同的情况，但他的处理就不一样了，他故意找"借口"："××同学昨天晚上一定学习到很久，虽然这么困，但还是坚持读书、学习，真是个好孩子，但是希望大家以后都恰当地安排好学习和休息的时间，只有劳逸结合，才能保持良好的学习状态。"此时学生的睡意全无，接下来还给老师的是洪亮的读书声。

两种不同的思维方式，两种不同的处理问题的角度，其结果也各不相同。哪种更能让学生接受，达到理想的效果显而易见，后者也正是教师智慧的体现。

(二)“懒”在充分准备上

1. 掌握学情，了解自己的学生

学情，包括学生的固有知识结构、认知水平、情感态度、学习习惯以及班级舆论氛围等。要想在课堂上合理地控制讲授时间，就必须在备课时最大限度地把握学情。(1) 了解学生的基本情况，如年龄、男女比例、家庭情况、消费水平、宗教信仰等，通过对这些情况的了解，教师会对学生的接受水平、价值取向、心理状况、生活习惯等有一个较为准确的判断，这对安排讲授内容和选择讲授方法具有重要的参考价值。(2) 了解学生的学习状况，如学习成绩、学习兴趣、参与习惯、自学状况等，这有助于掌握学生的实际学习水平，提高师生间多向交流的效果。(3) 了解学生对本学科的认知程度。据此，教师才能提高教学的针对性，调动学生的学习动力，使他们保持良好的学习心态。教师要善于从学生身心发展水平和实际学习的兴趣需要出发，鼓励学生质疑、发表自己独特的想法。可以说，只有熟悉了自己教学的对象，才能知道什么时候可以放手，什么地方该放手，才能把握好课堂“管”与“放”的分寸。

2. “吃透”教材，有足够的相关知识储备

学生的学习主要是循着教师的思路进行的，而教学思路清晰与否取决于教师对教材的熟悉和理解程度。(1) 教师要把握教材内容的基本脉络。每一门学科都有自己内在的逻辑结构，抓住了本学科的理论体系，也就抓住了本学科的核心。(2) 教师要把握教学内容的关键问题、疑难问题。找准这些问题，并将其钻研透彻，在课堂上才能做到提纲挈领、画龙点睛。(3) 教师要把握教学内容所涉及的相关问题。教学不能完全拘泥于教材，对与本学科有关的知识，教师均应涉猎，并可在适当时机将其作为教材知识的延伸和拓展有机地纳入教学内容之中。在“吃透”教材的基础上，教师才能根据不同的教学内容和目标来选择与使用不同的教学方法，发挥多种教学方法构成的方法体系的综合功能。

3. 教学设计要预留空间

教师在进行教学设计时要具有开放意识，对教学目标、教学内容、教学过程、教学方法等都要预留空间，要将教师的设计与学生的学有机地结合起来，为学生发现、创造、展示提供更多的机会，特别是为不同个性特点的学生提供广阔的发展空间。师生之间要平等对话，对教师而言，意味着教学不单是传授知识，更是知识的理解与分享；对学生而言，平等对话有利于个性的彰显和创造能力的发展，上课将变成学生快乐成长和自我完善的过程。如此，教学将达到一个完美的效果。

4. **合理运用现代教学手段辅助教学**

现代教学手段具有传统教学手段所没有的趣味性、直观性，它可以通过文字、符号、图表、音频、视频、动画等形式呈现教学内容，使知识概括化、系统化、形象化，能充分调动学生的学习兴趣，突破教学的重难点，帮助学生正确理解教学内容，增强记忆，使学生在愉快、轻松的环境中获得知识，从而更轻松地达到教学目的，提高学习效率。教师应熟练地掌握如电脑、投影、交互式电子白板等现代教学手段的运用技巧。合理采用现代教学手段辅助教学，能让课堂更富有生机、活力，但如果课件不优或运用时机不当，不仅达不到优化课堂教学的目的，反而有画蛇添足之嫌，干扰、影响课堂教学的效果和教育质量，甚至影响学生思维的发展。现代教学手段的运用一定要与科学的教学方法有机结合，用到当用之处，该用之时，真正起到画龙点睛的作用。

参考文献

1. 孙泽文. 互动课堂教学的历史演进与当代研究综述 [J]. 内蒙古师范大学学报（教育科学版），2008，(10).

2. 王秀村. 实现互动式教学的六项措施 [J]. 学位与研究生教育，2003，(5).

3. 娄阿芬. 构建师生互动式课堂教学的尝试 [J]. 浙江教育科学，2005，(5).

4. 刘良慧，张先华. 教育观念的革命 [M]. 重庆：重庆大学出版社，2001.

5. 赖大亮. 浅谈课堂中的谜语教学 [N]. 赣南日报，2010-2-22.

6. 申江. 谜语知识大全 [M]. 北京：学苑出版社，2004.

7. 高帆，李秀华. 名师营造课堂氛围 [M]. 重庆：西南师范大学出版社，2009.

8. 张芸. 启发式教学方法探索——创设问题情境 [J]. 天津教育，2004，(2).

9. 宁连华. 数学探究教学中的"滑过现象"及预防策略 [J]. 中学数学教与学，2007，(2).

10. 章荣庆，吕福松. 教育学 [M]. 北京：人民教育出版社，2003.

11. 巴洛赫. 曾守锤，刘华清译. 合作课堂，让学生充满活力 [M]. 上海：华东师范大学出版社，2005.

12. 魏书生. 班主任工作漫谈 [M]. 桂林：漓江出版社，2005.

13. 厉平. 幽默，教师的第一位助手 [J]. 湖州师范学院学报，2004，(6).

14. 郭敏. 幽默让化学课堂快乐起来 [J]. 化学教与学，2010，(1).

15. 章银杰. 历史课教学中如何设置悬念 [J]. 中学历史教学，2006，(1).

16. 周弘. 教你如何赏识孩子 [M]. 北京：华语教学出版社，2001.

17. 于步军. 教学要关注细节 [J]. 新课程研究，2010，(5).

18. 刘然. 走向理想课堂——新课程小学语文课堂教学细节解读 [M]. 北京：高等教育出版社，2005.

图书在版编目（CIP）数据

最受学生欢迎的课堂/刘俊，周德兴主编. —南京：江苏教育出版社，2012.10

ISBN 978-7-5499-2334-2

Ⅰ.①最… Ⅱ.①刘…②周… Ⅲ.①课堂教学—教学研究—中小学 Ⅳ.①G632.421

中国版本图书馆 CIP 数据核字（2012）第 229002 号

书　　名	最受学生欢迎的课堂
主　　编	刘　俊　周德兴
责任编辑	严明瑗　马春霞
出版发行	凤凰出版传媒集团
	凤凰出版传媒股份有限公司
	江苏教育出版社（南京市湖南路 1 号 A 楼　邮编 210009）
苏教网址	http：//www.1088.com.cn
集团网址	http：//www.ppm.cn
照　　排	润星之源文化有限公司
印　　刷	三河市华润印刷有限公司
厂　　址	河北省三河市杨庄镇杨庄村
开　　本	787 毫米×1092 毫米　1/16
印　　张	17.5
字　　数	286 千字
版　　次	2012 年 10 月第 1 版　2012 年 10 月第 1 次印刷
书　　号	ISBN 978-7-5499-2334-2
定　　价	30.00 元
邮购电话	025-85406265，85400774　短信　02585420909
E - mail	jsep@vip.163.com
盗版举报	025-83658837

苏教版图书若有印装错误可向承印厂调换

提供盗版线索者给予重奖